武道지침서

무도지침서

지 은 이 김정행·김창우·이재학

초판인쇄 / 2007년 11월 7일
초판발행 / 2007년 11월 16일
발 행 인 / 이 광 호
발 행 처 / 대한미디어
등록번호 / 제 2-4035 호

전화 / (02)2267-9731
팩스 / (02)2271-1469
www.daehanmedia.com

ISBN 978-89-5654-174-7 93690
정가 13,000원

※ 잘못 만들어진 책은 구입처 및 본사에서 교환해 드립니다.

武道지침서

김정행·김창우·이재학 공저

저자서문

　현시대의 무도교육은 전근대사회를 비롯한 현대 사회에서 다양한 사회적 가치를 지니고 변화와 발전을 거듭하였다. 즉 전근대사회의 무도란 인간의 생명을 유지하고, 국가와 가족의 안위를 위한 무력적(武力的) 수단으로 사용하였다. 따라서 무도 신체문화는 자연 생성과 소멸의 과정을 거쳐 선인들의 생활과 관습 또는 구전을 통해 과거 사회로부터 현대의 사회로 전해져 일련의 변화과정을 통해 다양한 형태적 체계를 형성하여 그 역사적·사상적·사회적 문화 변용을 시도한다.

　문화변용의 원인은 그 시대가 창출한 역사적 사건, 사회 경제적 배경, 그리고 다양한 정치적 이념 등에 의해 무력은 보다 정교한 신체활동으로 발전한다. 이와 같은 무도는 근대를 전후로 새로운 신체문화를 형성하여 더욱 체계적이고, 조직적인 무도 신체문화로 발전하고, 경기화를 추진하는 한편, 그에 따른 수련적인 측면을 중요시한다.

　그러나 현대무도는 지나친 경기화에 따른 무도수련의 내면에 내재한 정신적인 가치의 상실을 우려하는 측면을 부각시키고 있었을 뿐만 아니라, 수련중심에서 벗어나는 실천철학의 부재라는 문제를 대두시켰다. 특히 한국사회는 1980년대 이후 전통문화에 대한 관심의 부각은 현대 무도 신체문화에 다양한 영향을 미치는 원인으로 나타났다.

　이것은 전통문화의 계승이라는 긍정적 가치를 부여하였지만 전통성을 확립하기 위하여 자신의 무도는 한국 고대사회의 역사성을 가지고 있으며, 타 무도는 외래 유입 무도 또는 한국 역사의 작은 부분으로 인식하는 짧은 역사를 가진 무도라고 주장한다. 또한 한 개인 또는 일선 단체에서 생성된 신무도는 마치 과거의 신비한 권법 또는 무도로 과대 포장하여 무도의 상업화를 위한 역사와 전통으로 치장한다.

이러한 현대무도의 다양한 변화양상에서 나타나고 있는 한국 무도의 '역사성', '전통성', 경기화에 따른 '스포츠화', '상업화'에 대한 현대무도의 교육적 자료의 부족으로 ≪무도지침서(武道指針書)≫를 발간하게 되었다. 따라서 본서는 제1부 한국 무도의 신체 학문화 그리고 역사적 재조명에 대하여 논의하였으며, 제2부는 동양무도의 실천철학과 그에 따른 가치관에 대하여 기술하였다. 그리고 제3부는 동양무도의 실천사상에 대하여 논의하였다.

즉 제1부는 한국 무도의 학문적 기틀을 마련하기 위해 그동안 여러 학자들에 의해 논의된 무도의 개념적 논쟁을 시도하였으며, 전통무도의 유형과 형태를 제시하고 그에 따른 〈신체 학문화〉를 제시하였다. 한국 무도사의 재조명을 위해 무도학의 선행연구와 인접학문의 시대구분을 통해 한국 무도사의 시대를 전통시대의 무도와 현대시대의 무도로 구분하여 전통무도의 발전양상을 살펴봄으로써, 한국무도의 근대적 변천과정을 기술하여 한국 무도의 역사성, 전통성, 스포츠화의 특징을 제시하였다.

그리고 제2부는 동양무도의 〈실천철학〉을 살펴보기 위해 무도철학의 이해, 무도가 추구하고자 하는 인간의 도덕성 함양과 인격형성 등의 지향가치를 토대로 동양무도의 지식체계를 제시하였다. 이와 같은 무도의 실천철학을 배경으로 무도수련의 내면에 내재한 지향적 가치를 살펴보기 위해 무도의 탁월성, 무도 겨루기의 폭력성, 무도의 평화주의, 동양무도에 대한 서양철학 등에 대하여 논의하였다. 이와 같이 제2부의 무도의 실천철학과 가치는 (고)김대식박사님의 명복을 기리고자 그동안의 연구업적 중 일부를 정리하여 논의하였음을 밝혀둔다. 아울러 무도철학의 논의과정에서는 동양무도에 대한 신비주의를 탈피하기 위하여 그동안 무도철학 분야에서 대단히 심도 있는 연구를 진행하셨으며, 후학들에게 무도철학의 학문적 기틀을 마련하여 주셨기에 이 지면을 통해 감사의 마음을 전합니다.

또한 제3부는 동양무도의 〈실천사상〉 속에서 그동안 무도수련의 내면에 내재한 사상은 마치 허공에 떠있는 실체가 없는 것처럼 신비한 과정으로 이해되었다. 따라서 무도수련을 통해 자아(自我)를 형성하고, 도(道)의 경지에 도달할 수 있는 수련과정과 그 이치를 무도종목별 〈신체지(身體知)〉로 설명하였다. 신체지의 기본적 사상은 동양철학의 사상적 배경이 되는 유불선의 정신적 세계관을 토대로 살펴보았으며, 특히 일본 무도의 종목별 종합적 체계를 형성한 창시자들의 실천사상을 토대로 논의하였다.

끝으로 본서가 완성되는 과정에서 연구자들의 노력과 그동안 무도에 대한 역량을 바탕으로 각 부별로 보다 구체적이고 심층적인 내용을 제시하고자 노력하였으나 ≪무도지침서≫의 내용이 불충분하다는 것을 절감하며, 계속적인 학문적 성찰을 토대로 수련하는 학생들의 지침서가 되기 위해 계속적으로 연구하고 노력할 계획이다. 그리고 본서가 졸고이지만 한국 무도의 학문적 기초자료가 될 것이라 사료되는 바이다. 더 나아가 무도수련생의 역사적·철학적·사상적 무도신체문화를 형성하는 지침이 될 것을 믿어 의심치 않는다. 아울러 본서의 출판을 위해 노력하여 주신 송일훈박사님과 대한미디어 관계자 여러분께 감사드린다.

2007년 8월
부아골 산줄기에 자리 잡은 무도대학 연구실에서 저자 일동

목 차

제1부 한국 무도의 〈신체 학문화〉와 〈역사적 재조명〉

제1장 한국 무도의 〈신체 학문화〉 ·················· 5
1. 무도의 개념 ·················· 5
2. 전통무도의 유형 ·················· 12
3. 전통무도의 형태 ·················· 16
4. 무도의 신체 학문화 ·················· 44

제2장 한국 무도사의 〈재조명〉 ·················· 50
1. 무도사의 시대구분 ·················· 50
2. 무도의 역사적 배경 ·················· 56
3. 전통무도의 발전양상 ·················· 59
4. 개화기의 전통무도 ·················· 68
5. 무도의 근대적 변천 ·················· 76
6. 무도사의 〈재조명〉 ·················· 86

연구문제 ·················· 104
참고문헌 ·················· 106

제2부 동양무도의 〈실천철학〉과 〈가치〉

제1장 동양 무도의 〈실천철학〉 ·················· 120
1. 무도철학의 이해 ·················· 120
2. 무도수련을 통한 도덕성 함양 ·················· 125
3. 무도수련을 통한 인격형성 ·················· 129
4. 동양무도의 지식체계 ·················· 133

제2장 동양 무도수련의 〈가치〉 ·················· 143
1. 무도의 탁월성 ·················· 143

목 차

  2. 무도 겨루기의 폭력성 ················· 155
  3. 동양무도에 대한 서양철학 ············· 158
  4. 무도의 평화주의 ······················· 166

연구문제 ································· 181
참고문헌 ································· 183

제3부 동양무도의 〈실천사상〉

제1장 합기도의 신체지 ··················· 189
  1. 대동류 유술의 〈절차탁마〉 ············ 189
  2. 합기론 ······························· 193

제2장 검도의 신체지 ···················· 196
  1. 오륜서의 독행도란? ··················· 196
  2. 하찌(8)단, 무박자의 검 ··············· 198

제3장 유도의 신체지 ···················· 200
  1. 술과 도란? ··························· 200
  2. 술에서 도로 변천한 유도 ············· 201

제4장 공수도의 신체지 ·················· 204
  1. 색즉시공·공즉시색이란? ·············· 204
  2. 극진의 길이란? ······················ 205

제5장 동양무도의 〈심법지침서의〉 의미와 시사점 ··· 207

연구문제 ································· 209
참고문헌 ································· 211
저자약력 ································· 213

제1부

한국 무도의
〈신체 학문화〉와 〈역사적 재조명〉

제1장 **한국 무도의 〈신체 학문화〉**
1. 무도의 개념 / 5
2. 전통무도의 유형 / 12
3. 전통무도의 형태 / 16
4. 무도의 신체 학문화 / 44

제2장 **한국 무도사의 〈재조명〉**
1. 무도사의 시대구분 / 50
2. 무도의 역사적 배경 / 56
3. 전통무도의 발전양상 / 59
4. 개화기의 전통무도 / 68
5. 무도의 근대적 변천 / 76
6. 무도사의 〈재조명〉 / 86

연구문제 / 104
참고문헌 / 106

 한국 무도의 <신체 학문화>와 <역사적 재조명>

서언

　현시대의 과학문명이 인류사회에 준 가장 큰 변화는 전쟁의 형태 개념일 것이다. 총포류로 대표되는 화기의 등장은 우리의 신체활동을 변화시키는 계기를 마련하였을 뿐만 아니라 한시적으로 신체활동을 축소시키는 문화적 변용을 가져왔다. 특히 전쟁은 최첨단 병기의 발달과 함께 인간의 신체적 능력 또한 중요시 하고 있다. 그러므로 인간 신체능력의 새로운 신체문화를 형성하는 계기가 되었다.

　이렇듯 신체문화는 과거 전쟁수단내지는 호신위주의 안전에서 벗어나 보다 체계적인 교육방법을 도입하여 신교육의 소재로 등장하고 있으며, 무도는 새로운 문화변용을 시도하여 그 정체성을 확보하려는 노력을 기울이고 있으나 무도의 학문적 확립 체계에 대한 한계로 그 정체성에 직면하고 있다. 또한 무도의 학문적 정체성은 현시대의 무도가 지향해야할 과제를 확연히 구분하지 못하고 있는 실정이다.

　즉 무도수련이 지향하고자 하는 근본적 가치는 수련의 내면에 내재한 다양한 가치를 습득하여 자아를 형성하는 데 있다. 하지만 현시대의 무도수련은 지나친 경기화에 따른 실기위주의 교육현실에 크나큰 문제의 요소가 있다고 해도 과언이 아닐 것이다. 이러한 무도교육의 대부분은 특정 기술체계를 중요시 하지만 실재 무도의 중요성은 기술체계의 습득뿐만 아니라 무도가 지니고 있는 역사적·철학적·사회적·교육적 현상을 중요시해야 한다는 점을 누구나 부정하지는 못할 것이다.

　그리고 무도의 학문적 체계확립에 대한 신체문화와 관련된 연구는 극히 제한적으로 이루어지고 있다는 것이 현시대의 신체문화[1]인 무도의 모습이다. 이

---

[1] 신체문화란 기나긴 세월 속에서 옛 조상들의 다양한 신체적 체험이 후손들의 개개인에게 전래되어 오늘날의

와 같은 무도의 학문적 연구는 최근 가속화되고 있지만, 종목발달사 내지는 제도적 변천 등의 연구가 주류를 이루고 있다. 무도에 관한 개념을 파악하려는 연구도 이루어지고는 있지만, 개개인의 독단 내지는 특정 무도의 개념을 파악하고 있는 실정이다. 즉 무도의 개념적 논쟁을 지역적 내지는 무도가 가지고 있는 근원적 해석이나 발전적 해석으로 국한시키려는 경향이 강하게 어필되고 있다.

또한 현시대의 무도에 있어서 논의되고 있는 도·예·술(道·藝·術)에 대한 개념적 논쟁은 최근의 일이며, 그 개념적 논쟁의 주요내용은 국가 간의 논쟁으로부터 시작하여 어느 정도는 그 체계를 확립하고 있는데 무도의 기본적인 논쟁은 사전적 의미(한자를 해석하는 수준)에서 출발하여 국가별로 개념적 상위를 주장하고 있는 실정이다.

따라서 도·예·술의 개념은 특정한 단어가 내포하고 있는 의미보다는 「무武」를 통해 일어나는 일련의 과정을 중시하고, 이러한 「무」가 만들어지는 그 시대의 상황과 철학·역사·종교·사상 등과 같은 다양한 측면이 고려되어 올바른 무도의 개념이 형성되고 이해되어져야 할 것이다.

그렇다면 무도에 대한 개념은 발전상 특징이 있을 뿐 그 수련체계나 가치에서 확연한 차이를 찾을 수 없으므로, 전통적 무도가 지향하고 있는 기본적인 개념을 탈피한 현시대의 사상적 측면의 개념화를 위한 재해석이 요구된다. 즉 역사는 과거를 보는 현시대의 거울이요, 우리들의 미래의 자화상이다. 이 말은 역사를 통해 현시대의 문제점을 각성하고 앞으로 나아가야 할 방향성을 찾아 보다 더 나은 삶을 영위하라는 의미일 것이다. 이러한 삶에 있어서 신체문화가 차지하는 비중은 거대하다고 할 수 있다. 다시 말하자면 과거의 신체문

찬란한 문화로 꽃을 피어온 자랑스러운 유산을 〈신체문화〉라 한다. 즉 신체문화는 한국의 근대사회를 비롯한 현시대의 다양한 신체(무도)활동에 대한 〈역사(歷史)〉·〈철학(哲學)〉·〈실천신체사상(實踐身體思想)〉 등에 관련된 학문을 〈신체문화〉라고 함을 미리 밝혀둔다.

한국 무도의 <신체 학문화>와 <역사적 재조명>

화의 역사를 통해 현시대의 신체문화인 무도를 재조명하여 살펴봄으로써 현시대의 한국 무도 발전에 대한 지향해야할 방향성을 찾아 이를 지표로 삼아야 할 것이다.

특히 현재 무도가 정체성을 면치 못하고 있는 원인들은 다양하다. 그 중 무도의 역사성 그리고 전통성과 정통성의 문제가 있지만 이보다 더욱 시급한 문제는 무도실천철학의 부재에 따른 무도사상의 신비주의 탈피에 대한 적극적인 연구 또한 필요할 것이다. 물론, 무도의 <실천철학>과 <사상>은 2부와 3부에서 논의하겠지만 이러한 무도의 현실을 먼저 밝혀두는 것은 앞으로 무도신체문화의 학문화에 대한 방향성을 제시하는데 중요한 부분을 차지하기 때문이다.

따라서 본장의 제1장은 한국 무도의 <신체 학문화(身體學文化)>를 위하여 한국 무도의 근원이 되는 「무(武)」의 의미를 각종 사료와 자료를 토대로 조사·분석·논의함으로써 현시대의 무도 개념에 대한 재해석을 시도하였다. 더 나아가 현대 무도의 기원이 되는 각저(角抵), 수박(手搏), 궁술(弓術), 택견(卓見), 창·검술(槍·劍術)의 형태와 방법 등을 살펴보고, 현대무도의 학문적 지식체계를 제시하였다.

또한 제2장은 한국 '무도사(武道史)'의 <재조명(再照明)>을 위하여 '무도사'의 시대구분의 의미와 그에 따른 체육사의 시대구분을 검토·분석하였으며, 이를 토대로 한국 '무도사'의 시대를 구분하였다. 또한 한국 '무도사'의 시대구분을 통해 전통시대의 무도와 현대 무도의 발전양상을 종합적 체계로 분석하여 현대 한국 '무도사'의 재조명을 시도함으로써 무도학문화를 위한 기틀을 마련하는데 의의가 있다.

제1장 한국 무도의 <신체 학문화>

1. 무도의 개념

　무도·무예·무술에 대한 개념적 논쟁은 자의적 개념의 해석과 국가 간의 논쟁으로 그 체계를 확립하고 있으며, 무도의 기본적인 논쟁은 사전적 의미에서 출발하여 국가별로 개념적 상위를 주장하고 있는 실정이다. 즉 일본의 경우 무도의 개념을 역사적 발전과정에서 찾고 있다. 도요토미 히데요시(豊信秀吉) 이후 실전 전투에서 사용된 효과적인 기술이 무술이며, 실전기술의 감소·이념·문화를 계승시키기 위한 교육 수단으로 활용된 시기를 무도라 한다.
　중국 무술은 1988년 다양한 무술이 정립된 기격동작(技擊動作)을 주요 내용으로 투로(鬪勞)와 격투(格鬪)를 수련형식으로 삼아 신체의 내면과 외면을 수련하는 전통 체육의 항목으로 무술을 이해하고 있으며, 무술수련을 통한 양생(養生)에 중요한 의미를 부여하고 있다.
　한편 한국은 다양한 측면에서 무도개념을 해석하고 있다. 즉 한국무도의 개념적 논쟁은 자의적 개념의 논쟁과 무도수련에 따른 발전적 또는 진화론적 논쟁을 펼치고 있으며, 무도·무예 무술의 개념적 상·하를 주장하는 학자들도 있어 현재 사용되고 있는 용어가 매우 혼란스럽다.
　따라서 한국 무도의 개념정립을 위해 기존의 무도에 대한 개념과 자의적 개념의 논쟁, 국가적 개념의 논쟁, 발전적 개념의 논쟁이 의미하는 바를 살펴 그 내용을 검토·분석함으로써 현대무도의 새로운 개념이 모색되어야 할 것이다.

 한국 무도의 <신체 학문화>와 <역사적 재조명>

1) 자의적 개념의 논쟁

무도의 자의적 개념은 중국의 설문해자(說問垓字)에 의해 해석하는 방법과 자전적 의미(字典的 意味)의 술, 예, 도(術, 藝, 道)의 의미로 해석하고 있다. 무도개념의 자의적 해석에 대하여 김정행(1997)은 「무武」의 의미를 다음과 같이 해석하고 있다.

「무武」는 원래 갑골문에 표시되어 있는데 큰 도끼형의 무기(武器)와 발(바닥)의 형상이 결합한 형태이다. 즉 「무」란 「과戈」와 「지止」의 합성어로 「과」는 큰 도끼형의 무기를 그린 글자로서 「창槍」을 뜻하지만 「지」는 곧 「지趾」의 원자이고 이때 「족足」의 하반부도 「지」가 '그치다, 멈추다'로 쓰인 것은 발목으로 지면을 밟고 멈추는 것에서 변한 것이며, 「지」의 의미는 어디까지나 발로 걸어 다닌다는 「지趾」였다.

그러므로 「무武」는 무기를 갖고 발로 걸어가는 것, 요컨대 방해와 곤란을 뚫고 거칠게 돌진하는 것을 말하며, 우생오(于省吾)의 <석무(釋武)>에 「무」란 창(創)을 가지고, 정벌하여 위세를 과시하는 의미로 풀이하고 있다. 이러한 「무」의 의미는 인간이 생존을 위한 투쟁에서 무기를 이용하여 타 부족을 정벌하고, 그 위세를 과시하는 모습을 글자로 만들었기 때문이다. 그 결과 「무」는 본래 무기로 정벌하여 위세를 과시하는 의미로 사용되었다.

하지만 「무武」의 자의적 해석은 인간사회의 발전과 사상의 변화에 따라 그 개념을 달리하였으며, 정벌을 통한 「무」의 과시는 「무」의 개념을 변화시키는 계기가 된다. 즉 중국 춘추시대 초(楚)와 진(晋)나라의 격전에서 초나라가 승리하자 참모가 병사의 시체를 모아 무덤을 높이 쌓을 것을 제안하자 장왕이 말하기를,

대저 「무武」란 과(戈:창)를 지(止:멈추게)하는 것이 「무武」가 아니냐…(중략)…무라는 것은 포악함을 막고 군사를 모아 대의(大儀)를 유지하고, 공(功)을 정하며, 백성을 걱정하고, 재물을 풍부하게 하는 것이다.

이와 같이 초나라의 장왕은 「무武」의 개념을 무력을 그친다는 의미로, 「무」의 사용에 대해 포악함을 막고, 대의를 유지하며, 백성을 살피고 잘살게 해야 한다고 갈파하였다. 춘추시대는 계속되는 전쟁에서 백성들의 피해와 희생을 수반하는 그 시대적 상황에서 승자가 된 장황이 「무」의 절제를 통해 「덕德」을 보이려는 의지가 「무」의 개념을 변화시키는 계기가 된 것이다(심성구, 2001).

그러나 현재 무도의 개념 해석은 한자의 해석 수준에서 진행되어 왔으며, 가장 보편적으로 통용되고 있는 의미에 대해 양진방(1999)은 다음과 같이 설명하고 있다.

무술은 술(術)의 자의(字意)에 바탕을 둔 기술, 그리고 기술의 실천적 측면을 강조하여 생사를 건 대인격투 기술이라는 본질적 가치를 강조하는 관점을 말하고, 무술은 정신적 측면의 의식이 발달하지 못하고, 강조되지 않았다는 점을 주장 한다.
무예는 예(藝)를 예술, 표현의 미 등과 관련하여 해석하여 기술이 실천적 가치를 넘어 미적, 예술적 경지를 지향하는 관점을 의미하고, 자의적 의미에 근거하여 술(術)보다 한 차원 높은 기술적 차원을 무예로 이해하려는 이들도 있다.
무도는 도(道)의 자의와 일반적인 의미에 관련하여 무도를 기술성을 초월하는 정신과 철학성에 강조를 두는 수련관으로 이해하는 경우가 많다.

따라서 무도는 술·예·도의 경지가 따로 분리되어 존재하거나 하나의 단계에서 다음의 단계로 진보해 나가는 계층적 개념이 아니라 무도의 본질적 기술을 체계적으로 수련하여 일정한 경지에 도달하면 기술 그 자체가 곧 예술로 승화되는 것이고, 「도道」는 「기氣」를 통해 만나는 경지로서 「기」 밖에서 「도」에

 한국 무도의 <신체 학문화>와 <역사적 재조명>

도달하는 것이 아니고 「기」속에서 「도」를 이룰 수 있는 것이다.
   결국 무술·무예·무도의 개념은 특정한 단어가 내포하고 있는 의미보다는 「무武」를 통해 일어나는 일련의 과정을 중시하고, 그러한 「무」가 만들어지는 그 시대상황과 철학, 역사, 종교, 사상 등과 같은 다양한 측면이 영향을 받았을 때 올바른 무도의 개념이 형성된다고 볼 수 있다.

2) 국가적 개념의 논쟁

   동양 삼국[2]의 무도개념에 대한 논쟁은 국가별 역사의 발전과정에 따라 중국 무술은 건신·정신교육·군사국방·경제보급의 가치로 두어 학문적 가치가 대단히 높은 문화현상으로 이해하고 있고, 周林儀(1993)는 국술이 21세기 국제운동이 되기 위해 세계인이 요구하는 표준적인 기준마련과 국술조직의 단일화가 필요하다고 강조하였다. 林伯源(1994)은 무술을 문화현상으로 이해하고 다음과 같이 설명하고 있다.

> 중국의 무술은 철학과 종교 등의 문화적인 면이 침투되어 영향을 미쳤고, 또 한편으로는 민족정신과 민족풍습, 민족예술, 민족과학 및 윤리도덕관 등에 영향을 주고받았으며, 중국의 무술 체계는 군대와 민간 활동으로 구분하고 있다.

   중국 무술은 무예(武藝), 기격(技擊), 기공(技巧), 국기(國技)라고 하였으며, 1928년 중국 무술관(武術館)이 성립되어 국술(國術)이라는 용어로 통일되었다. 국술이라는 용어는 중국 무술로 쓰였으나 1990년 아시아경기대회부터 우슈(武術)라는 고유명사로 사용되고 있다.

---

[2] 동양 삼국(東洋三國)을 지칭하는 것은 한국을 비롯해 일본, 중국을 통합하는 명칭으로 사용하고 있으며, 전통적 신체활동은 동양 삼국별 표기와 내용의 차이는 있지만 일본의 스모(相撲), 중국의 권법(拳法), 한국의 수박(手搏) 또는 각저(角抵)와 같은 전통적 신체활동을 의미한다.

그리고 일본의 무도는 가노지고로(嘉納治五郎:1860-1938)에 의해 유술(柔術)이 유도(柔道)로, 우에시바 모리헤이(植芝盛平)에 의해 합기술이 합기도로, 후고시나 기찐(船越義珍)에 의해 당술이 공수도(空手道)로 변환하여 무도라는 개념을 보편적으로 쓰고 있으며, 오늘날의 무도를 학교체육의 교과과목으로 인정하고 있다. 특히 유도의 스포츠화는 고또간(講道館) 유도(柔道)를 창시한 가노지고로에 의해서 이루어졌으며, 술(術)을 도(道)로 바꾸어 승부법(勝負法), 체육법(體育法), 수신법(修身法)으로서의 유도를 이론화하였다.

南鄕繼正(1990)은 무도는 무기를 사용하여 생명을 걸고 싸우는 승부라고 말하고, 阿部忍(1992)은 무도에 대한 개념을 체육학적 경지에서 설명하고 있다.

    체육학적 경지의 무도는 오랫동안 존속되어온 일본 고유의 유산으로 극기의 자주적인 학습을 통해 일본을 지각하는데 깊은 뜻이 있고, 심신의 건전한 발달과 민주적 성격 육성이 목적인 동시에 장래의 생활력을 높이고, 인류의 평화적 책무로서 강건한 신체 및 교육활동으로 정의하였다.

또한 한국은 무술, 무예, 무도 등의 다양한 명칭을 사용하고 있으며, 김창룡(1995)은 무술과 무도, 무도와 병술의 명확한 개념적 구분을 위해서는 미학이론에서 기술과 예술을 구별하는 방법의 차용을 제안하였다.

    무술과 무예의 개념에 대해 무술은 문자 그대로 기법, 기술, 체계 등으로 번역되어 군사기법, 군사기술, 체계 등으로 나타내는데 사용된다. 이러한 무술 용어는 전적인 것은 아니나 주로 무사계층에 의해서 발전되고, 실행되어온 싸움기법, 기술, 체계 등을 지칭하는데 사용되고, 무예는 무(武)와 예(藝)의 합성어의 의미로 무술보다 일반적이고 범위가 넓은 용어로 보며, 개별 무술을 포괄적으로 암시하고 있는 것으로 보고 있다.

이상에서 살펴본 바와 같이 무술·무예·무도의 개념에 대한 역사적 발전과정은 실전 전투의 상관성, 「무^{武}」의 수련에 있어서 정신의 의미, 수련방법으로서 실전형 중심과 격투 중심의 수련 등의 변인이 있다. 즉 다양한 유파의 발생, 수련방법의 문제, 전문 무술가 등장과 이에 수반하는 기술관의 대두 등에 주목할 수 있다.

결국 동양 삼국의 무도에 대한 개념은 발전상 특징이 있을 뿐 수련체계나 가치에서 차이점을 발견할 수 없다. 따라서 무술·무예·무도는 새로운 개념으로 정착하면서 이미 보편적 개념의 가능성과 지역적 전통문화라고 하는 제한된 개념으로서의 한계를 동시에 지닌다고 볼 수 있다. 보편적 개념은 무술무도 이전의 개념, 즉 전통시대의 개념과는 확연한 차이가 있음을 인식하고, 현대 무도가 지향해야 할 과제에 따른 무도개념의 해석이 요구된다.

3) 발전적 개념의 논쟁

무도 개념의 발전적 논쟁은 무술·무예·무도의 기본적 개념을 발전사적 측면에서 보는 것으로 무도는 무술, 무예를 포함하는 술·예·도라는 발전적 해석으로 이해하고 있다. 즉 일본의 역사 속에서 발전되어 온 무술(유술)·무도의 발전적 도식은 무도의 기초적인 실용성, 실전적 효용성 중심의 무술이 기술적으로 정교하고, 무술의 실전적, 실용적 차원을 넘어 수련자의 정신·인격적 발전을 목표로 하는 교육적 또는 종교적 가치의 실현을 추구하는 것을 무도로 인식한다.

허건식(2002)은 무도의 발전적 개념에 대하여 다음과 같이 논의하고 있는데,

> 무(武)+술(術)은 싸움의 술, 전쟁, 무(武)+예(藝)는 가치, 예술, 진선미의 추구, 무(武)+도(道)는 가치, 규범, 질서, 공동체 유지로 해석하고 있다. 그리고 일본 학자들은 오다 노부가나(織田信長)[3], 도요토미 히데요시(豊信秀吉), 도쿠가와 이에야스(德川家

康)에 의해 이루어진 일본의 통일 이전 약 500년간 지속된 전란의 시기에 발전한 실제 전투에서 효과적인 무(武)의 술(術)을 무술이라는 개념으로 보고 있다.

그리고 도쿠가와 이에야스(德川幕府設立) 이후 실전적 전투기술의 효용성이 감소한 후 무사들이 무술의 수련을 이전의 자신들 이념과 문화를 계승시키기 위한 교양교육의 수단으로 삼으면서부터 나타나기 시작한 실전적 용도를 배제한 기술관을 무도라고 이해한다.

특히 최복규(1995)는 무술과 무예에 대한 개념 정의의 연장선 위에서 일본 무도의 개념을 설명하고 있다.

무도는 무술보다 오래 되었고, 무도라는 용어의 연대는 에도시대 초기에 발견되었으나 거의 모든 류(類)에서 도쿠가와 이에야스 시대 이후의 무도는 거의 절대적인 것이 되었고, 대부분의 류(類)는 무도라고 일컬어지던 봉건시대의 무술로부터 유래한 체계적인 교육방법이 있었는데 이것은 고대(古代) 무술의 류(類)에 의해 추구되는 것보다 훨씬 더 목적 달성을 위한 교육적인 방법이라는 의미가 강했다.

결국 무술·무예·무도의 발전적 이해는 전쟁이 사라진 이후 무술 수련문화는 유파의 발생, 전문 무술인의 등장, 그리고 도장의 발생과 도장 중심의 수련체제, 무도의 경기화 등의 변화양상을 보인다. 이와 같이 무도수련이 극도로 양식화하여 실전적 효용성이 극도로 약화되고, 정신수련 또는 교육적 가치가 주된 수련의 목적이 되면서 나타난 수련문화를 무도라는 개념으로 보고 있다.

---

3) 오다 노부나가(織田信長)는 일본 후지와라 씨[藤原氏] 출신의 무사로서 본명은 기치호시(吉法師), 뒤에는 사부로(三郞)라고 했다. 그는 아시카가 바쿠후(足利幕府)를 무너뜨리고 일본 전국의 반 정도를 자신의 지배하에 통일시킴으로써 오랜 봉건전쟁을 종식시켰다. 그는 사실상의 전제군주로서 중앙정부를 안정시키고 전국통일을 이룰 여건들을 조성했다.

한국 무도의 <신체 학문화>와 <역사적 재조명>

2. 전통무도의 유형

한국 무도의 유형을 파악할 수 있는 자료로는 유물과 역사적 사료를 들 수 있다. 대표적인 유적으로 고구려 고분이 있는데 만주의 길림성 통구(通構:고구려의 서울)와 평양부근의 용강군, 대동군, 강서군 등지에 걸쳐 50여기가 잔존하고 있다. 이들 고분은 낙랑을 매체로 하여 중국 한대의 양식에 영향을 받은 흔적들이 나타나고 있다.

고구려 고분은 묘실의 구조와 벽화의 내용 및 양식에 따라 발전단계를 3기로 구분하고 있다. 초기의 고분은 4-5세기에 축조된 것으로 풍속화적인 요소와 약간의 불교적인 요소가 가미되었다. 안악 3호 고분(357), 덕흥리 고분(408), 약수리 고분 등이 있다. 중기고분은 5-6세기에 축조된 것으로 불교적 색채가 강하고, 도교적 요소가 나타난다(국립민속박물관, 2003).

이와 같은 유적에 표현되어 있는 무도 사료는 벽화의 그림을 통해 짐작할 수 있으며, 벽화에 표현되어 있는 그림은 각저도(角抵圖), 수렵도(狩獵圖), 기마도(騎馬圖), 수박도(手搏圖) 등이 그려져 있어 유적의 벽화를 토대로 무도의 기원을 찾고 있고, 역사서는 '왕조실록(王朝實錄)'4), '무도서(武道書)'5), '사서

---

4) ≪고려사(高麗史)≫는 조선 초기 김종서, 정인지 등이 세종의 교지를 받아 만든 고려시대의 역사책. 세가 46권, 지 39권, 연표 2권, 열전 50권, 목록 2권 총 139권으로 되어 있다. 1392년(태조1) 10월 태조로부터 이전 왕조의 역사책을 만들라는 명을 받은 조준, 정도전 등은 1396년 37권의 ≪고려국사≫를 만들어 바쳤다. 이와 같은 고려사의 무도 관련 명칭은 궁시, 수박, 격구, 각저희 등과 같은 용어가 있다.
≪조선왕조실록(朝鮮王朝實錄)≫은 조선 태조부터 철종까지 25대 472년간 역사를 편년체로 기술한 책으로 실록은 일시에 편찬된 것이 아니라 대대로 편찬한 것이 축적되어 이루어진 것이며, ≪선조실록≫, ≪현종실록≫, ≪경종실록≫이 2종류씩 있는 것은 당파싸움으로 인하여 수정·개수하였기 때문이다. 또한 고종·순종실록은 일제강점기 일본인들에 의해 이왕직이 편찬한 것으로 왜곡된 내용이 많아서 일반적으로 ≪조선왕조실록≫이라 하면 철종까지의 실록을 의미한다. 이와 같은 ≪조선왕조실록≫의 무도 관련 명칭은 궁술, 수박, 격구, 각저희 등이 있으며, 특히 궁술과 수박은 무사선발기준에 적용되고 있다. 그러나 고려사나 조선왕조실록의 기록들 대부분은 무도 관련의 명칭만을 설명하고 있어 그 형태와 방법이 정확히 설명되어 있지 않다.
5) 한국사의 역사 속에서 무도서(武道書)에 대한 표현이 적당하지 않고 '무예서(武藝書)'라는 표현이 적당하다고 보여지나, 본고에서 사용된 '무도(武道)'라는 용어를 광범위한 범위로서 사용되어 '무도서(武道書)'로 설명하였다.

(史書)', '세시풍속(歲時風俗)' 등을 들 수 있다. 〈왕조사〉에서 무도 관련 명칭은 매우 다양하게 등장하고 있으며, 각 실록별 비무장무기(격투) 무도의 명칭은 수박(手搏), 수벽(手擗), 각저희(角抵戲) 등이 있고, 무기술(武器術)에 관련된 명칭은 창, 검, 궁(檢, 創, 弓) 등이 서술되어 있다. 그러나 왕조사의 기록은 무도에 관련된 명칭만을 기술하고 그 형태나 방법에 대한 내용은 명확치 않아 현재 무도의 원형을 찾는데 상당한 무리가 따른다.

반면, 한국 '무도서'는 중국의 ≪기효신서(紀效新書)≫를 바탕으로 만들어졌으며 이 책이 조선에 알려진 것은 임진왜란 다음 해인 선조(禪祖:1593년 26년) 1월 평양성 전투 이후였다. 선조는 명나라 이여송 장군의 군대가 ≪기효신서≫의 전법으로 왜적을 격퇴시켰다는 소식을 듣고 그 전법을 연구하도록 명하여 한국 '무도서'의 시초인 ≪무예제보(武藝諸譜)≫의 기틀을 마련하였다.

≪무예제보≫는 선조(禪祖:1598년 31년)의 명(命)에 의해 ≪기효신서≫의 내용 중 6기를 뽑아 편찬한 '무도서'이다. 6기는 곤, 패, 선, 장창, 파, 검(棍, 牌, 筅, 長鎗, 鈀, 劒)의 단병기가 있으며, 기예질의(技藝質疑)·무예교전법(武藝交戰法)도 실려 있다. 특히 6기는 해설과 그림, 그리고 한글 번역문인 언해본(諺解本)을 덧붙였다. 하지만 ≪무예제보≫의 내용에는 권법이 소개되어 있지 못하다.6)

≪무예제보번역속집(武藝諸譜飜譯續集)≫은 광해군(光海君:1610년) 2년 최기남에 의해 편찬되었으며, 대권(大卷: 卷譜), 언월도(偃月刀), 협도곤(夾刀棍), 구창(鉤槍), 왜검(倭劍)의 무예 5기예를 그림으로 표현하고 언해(諺解)와 함께 일본국도(日本國圖), 일본고(日本考) 4책의 내용 중에서 지지·토속·구술·검제의 내용이 추가되어 있다.

---

6) 임진왜란이라는 시대적인 상황을 고려해 볼 때 권법이 소개되지 못한 이유는 실전성이 있는 무기술에 비해 약했기 때문인 것으로 사료된다. 즉 ≪무예제보≫는 전쟁의 수단적인 측면에서 실전위주의 무기술 사용방법을 위주로 하였으며 중요한 사실은 전쟁을 통해 무도문화의 교류가 이루어지고 있음을 알 수 있다.

한국 무도의 <신체 학문화>와 <역사적 재조명>

　그리고 ≪무예신보(武藝新譜)≫는 영조(英祖 : 1759년) 35년 사도세자의 명을 받은 임수웅에 의해 간행되었다. 그 내용은 등패(籐牌), 장창(長槍), 당파(鏜把), 낭선(狼筅), 곤봉(棍棒), 쌍수도(雙手刀), 죽장창(竹長槍), 기창(旗槍), 예도(銳刀), 왜검(倭劍), 교전(交戰), 월도(月刀), 협도(挾刀), 쌍검(雙劍), 제독검(提督劍), 본국검(本國劍), 권법(拳法), 편곤(鞭棍)의 18기이다. 그러나 아쉽게도 아직까지 발견되고 있지 않아 실제로 그 내용을 확인할 길이 없다.

　≪무예도보통지(武藝圖譜通志)≫는 무예의 기법을 총괄적으로 정리하고 체계화하여 탄생한 무예의 바이블이라 할 수 있다. 정조(正祖 1790년) 14년 이덕무, 박제가, 백동수에 의해 편찬되었고, 기존 '무도서'의 18기에 기창(旗槍), 마상쌍검(馬上雙劍), 마상월도(馬上月刀), 마상편곤(馬上鞭棍), 격구(擊毬), 마상재(馬上才)의 6기를 포함하여 총 24가지 무예로서 탄생하게 되었으며, 이를 다른 말로 "24반 무예"라고도 칭하고, 권법(拳法)은 권법보(拳法譜), 권법총보(拳法總譜), 권법총도(拳法總圖)의 3가지로 구성되어 권법보에 권법의 자세와 동작이 48세로 구체적으로 실려 있다.

　또한 '무도서'는 군제를 비롯한 '민속사'·'무도사' 등에서 다양한 시각으로 재해석을 시도하고 있다. 이중 일부는 한국 전통무도의 원형적인 자료로 그 형태의 복원을 위해 연구되고 있으나, 그 원류를 정확히 밝히고 있지 못한 것이 현실이다. 즉 사료의 판독이 매우 어려운 점으로 현재의 무도는 제각기 전통(傳統) 무도의 정당성을 주장하고 있다.

　한편 한국 무도는 민족의 일상생활과 매우 밀접한 관계를 맺고 발전하였으며, 왕조사의 기록에도 많이 등장하고 있지만 서민들의 생활풍속과 밀접한 관계가 있으며, '민속사'의 무도 관련 사료는 무도의 근원적인 성격을 탈피하여 무희(武戲) 및 유희(遊戲)적 성향이 있다. 또한 그림 및 유물자료 등을 토대로 볼 때, 무도는 각종 유희(遊戲)와 함께 어우러져 있는 모습을 보이고 있는데 이것은 무도가 생활의 일부이며, 그 시대가 창출한 여가문화로 볼 수 있다.

민속자료 중 ≪조선상식(朝鮮常識)≫의 〈풍속편(風俗篇)〉에 수박(手搏)을 수벽(手癖)이라고 하고, 그 근원이 중국의 권법(拳法)이라 하였다. ≪해동죽지(海東竹枝)≫의 〈중편(中篇)〉에 탁견희(托肩戱) 다음에 수벽타(手癖打)가 나온다. 옛 풍속에 수술(手術)이 있는데 예전에 칼 쓰는 기술에서 온 것으로, 마주 앉아서 서로 치는 것인데 손이 왔다 갔다 할 때, 만일 한 손이라도 법을 어기면 곧 타도(打倒)를 당한다. 이것을 손뼉 치기라 한다고 주석(註釋)을 달고 칠언절구(七言絶句)의 시 한편을 싣고 있다.

≪사전류(史前流)≫중 ≪재물보(才物譜)≫ 3집인 추권(秋券)의 〈기희편(技戱篇)〉에 수박(手搏), 탁견희(托肩戱), 각저(角抵)에 대한 용어를 주석(註釋)을 달아서 풀이하고 있다. ≪한국삼재도회(韓國三才圖會)≫에서 무도에 관한 내용을 찾아보면 권19 〈인사편(人事篇)〉에 무예도(武藝圖)라는 제목으로 ≪무예도보통지≫의 24기 내용을 그림과 원문을 덧붙여 설명하고 있다.

≪문집류(文集流)≫ 중 정조(正祖)의 ≪홍제전서(弘齋全書)≫를 살펴보면 〈잡저편(雜著篇)〉 권59에 ≪무예도보통지≫에 대한 내용을 연기(緣起), 편찬(編纂), 내조(內助), 도식(圖式), 총보(總譜), 주해(註解), 관복(冠服), 기계(器械), 고이편(古爾篇) 등의 작은 목차로 구성하여 자세하게 설명하고 있다. 특히 기계편(器械篇)은 ≪무예도보통지≫의 24기에 대한 무기와 사용요령 및 자세 등을 상세하게 풀이하고 있다. 180권 〈군서표기편(群書標記篇)〉에는 ≪무예도보통지≫ 5권과 총보(總譜) 1권이 간행되었다는 내용이 자세하게 설명되었으며, ≪무예도보통지≫의 편찬에 있어 중요한 역할을 한 이덕무와 백동수에 관해서도 언급되어 있다.

3. 전통무도의 형태

인간의 투기행위는 인류가 문화생활을 하기 이전부터 존재하여 문화가 발달함에 따라 점차 지리·기후·민족의 특성 등 연장자들에 의해 투기방법의 형태로써 공유되어 전수되고 군사적 내지는 유희(遊戱)로 행하였다. 이러하듯 현재까지 그 맥을 유지하며 전해져오는 씨름(角抵), 수박(手搏), 택견(卓見), 궁술(弓術)에 대한 한국 전통무도의 형태를 살펴보면 다음과 같다.

1) 씨름(角抵)

씨름의 기원이 어떻게 생성되었는지는 불명확하지만 동·서양을 막론하고, 생존과 종족보존을 위한 투쟁과 그 때를 같이 하여 자위무술로써 행하여졌고, 제천의식의 한 행사로, '세시풍속'의 한 형태로 계승되어 오늘날의 민속경기로 발전하였다.

〈그림-1〉 고분벽화에 보이는 각저도(角抵圖)

우리나라의 씨름에 대한 가장 오래된 유물자료로는 4세기경으로 추측되는 고구려 고분인 각저총주실동벽벽화(角抵塚主室東壁壁畵)에 사람들의 씨름하는 모습이 벽화로 남겨져 있어 삼국시대(三國時代) 이전에 존재하였다고 볼 수 있다.

씨름에 관련된 기록의 역사서는 《삼국사기》, 《고려사》, 《조선왕조실록》 등이 있으며, 민속사료는 《경도잡지》, 《동국세시기》 등이 있다. 이와 같은 씨름의 관련 문헌기록은 《고려사》 권31 〈세가 충혜왕 원년 3월조〉에,

> 왕이 나라 일을 총신(寵臣)들에게 맡기고 매일 궁중(宮中)에서 잡무(雜務)에 종사(從事)하는 소동(小童)들과 씨름(角力戱)을 하여 위와 아래가 없더라.7)

라고 기록되어 있어 씨름이 일반적인 유희로 자주 행하고 있음을 시사하고 있으며 또한, 씨름은 군사적 목적으로도 행해졌는데, 《고려사》 권36 〈충혜왕 4년 3월 갑진조〉에,

> 충혜왕은 용사(勇士)들을 인솔(引率)하여 씨름을 보았으며"8), 동서 <충혜왕 4년 5월 해묘조>에, "공주(公主)가 연경궁에 이어(延慶宮移御)하니 왕이 주연(酒宴)을 베풀어 위로(慰勞)하고 밤에 씨름(角力戱)을 관람하였다"9)라고 기록하고 있고, 동왕 <충혜왕 4년 11월 병인조>에, "충혜왕이 완산군 고용보(完山君高龍普)와 같이 시가루(市街樓)에 나아가 격구(擊毬)와 씨름(角力戱)을 보고 용사(勇士)들에게 포(布)를 수 없이 상을 주었다10).

이러한 기록으로 보아 충혜왕(忠惠王)이 자주 씨름을 구경하였다. 따라서 씨름

---

7) 《高麗史》卷31 〈世家 忠惠王 元年(1339) 3月〉 王委機務於嬖臣 裴佺朱柱等 日與內竪 爲(角力戱)無上下禮.
8) 《高麗史》卷36 〈忠惠王 4年 3月 (甲辰條)〉 王 率勇士 觀(角抵戱).
9) 《高麗史》卷36 〈忠惠王 4年 5月(亥卯條)〉 公主 移御延慶宮 王 置酒慰之 夜觀(角抵戱).
10) 《高麗史》卷36 〈忠惠王 4年 11月(丙寅條)〉 王 與高龍普 御市街樓 觀擊毬 及(角抵戱) 賜勇士布 無算

은 고려시대의 일반 대중적인 신체활동임을 알 수 있으며, 국가의 군사력 강화의 수단 및 일반 서민들의 무희로서 행하여졌음을 알 수 있다.

씨름의 형태를 관찰할 수 있는 사료는 고분벽화를 통해 샅바를 사용하는 방식과 복장 등에 나타난다.11) 즉 씨름의 자세는 오늘날의 왼씨름(바른씨름) 자세와 유사함을 알 수 있으며, 그림으로는 단원 김홍도의 씨름그림, 기산의 풍속도(風俗圖), 혜산 유숙의 태쾌도(太快圖) 등이 있다.

〈그림-2〉 한국 풍속에 보이는 단원 김홍도의 씨름 경기모습

〈그림-3〉 한국 풍속에 보이는 혜산 유숙의 씨름 경기

---

11) 고구려 각저총 벽화의 그림을 살펴보면 두 사람이 나무그늘 아래에서 서로 맞잡고 씨름을 하고 있으며, 그 옆에는 현재의 심판인 듯한 백발의 노인이 지팡이를 짚고 서서 두 사람의 겨루기를 유심히 지켜보고 있다. 그리고 두 사람의 그림형태는 서로 오른쪽의 양 어깨를 맞대고 있으며, 오른 손은 상대의 허리샅바를 잡고 왼손은 상대의 다리샅바를 잡고 있다. 또한 두 사람은 현대 씨름의 기술 중 맞배지기의 기술을 하고 있으며, 씨름의 자세는 왼씨름(바른)의 자세를 취하고 있다(그림-1 참조).

그리고 ≪조선왕조실록≫의 기록을 보면, ≪세종실록≫ 권31 〈세종 8년 3월 25일 조〉에,

두 사신(使臣)이 목멱산(木覓山: 지금의 남산)에 올라 도성(都城)과 한강(漢江)을 굽어보고 말하기를 정말 좋은 땅이라 하고, 바로 활을 쏘고, 역사(力士)들에게 씨름을 시켰다.[12]

고 기록하고 있다. ≪세종실록≫ 권51 〈세종 13년 3월 임오조〉에,

왕이 모초관(慕草館)에서 군사들의 무예를 관람(觀覽)할 때, 격구(擊毬) 하는 것과 말타고, 창쓰고, 활쏘는 것과 모구(毛毬) 치는 것을 구경하는 동시에 혹 두 사람으로 하여금 각각 피두창(皮頭槍: 가죽으로 대가리를 싼 창)을 가지고 말을 달리고, 서로 대들기도 하고, 혹은 좌우로 찔러 치기도 하고, 서로 충격하도록 하였으며, 혹은 역사(力士) 다섯 사람을 모아 씨름을 하게하고 상줌이 차등이 있었다.[13]

라고 기록되어 있어 씨름이 고려시대를 이어 조선시대의 대중적인 신체활동임을 알 수 있다. 또한 ≪명종실록≫ 권28 〈명종 15년 5월조〉에,

단오날 동궁별감(東宮別監)인 박오환(朴午環)이 시강원(侍講院)에 와서 호서 하기를 ……(중략)…… 길에서 양반(兩班)의 무리를 만나 억지로 씨름하게 하여 들어주지 않는다고 노하여 의복과 갓을 찢고, 심지어 회사(回謝)하는 글까지 찢어 버렸다.[14]

---

12) ≪世宗實錄≫卷31〈世宗 8年 3月 25日〉兩使登木覓山 俯臨都城與漢江曰 眞勝地也 仍射帳使力士(角力).
13) ≪世宗實錄≫卷51〈13年 3月(壬午) 幸慕華草館 觀軍士擊毬 騎槍射毛毬 或令兩人 各持皮頭槍 走馬相逼 左右衝擊 或並驅相衡 或募 力士五人 使人(角力) 賞賜有差.
14) ≪明宗實錄≫卷26〈明宗 15年 5月 (端午)日〉東宮別監朴午環 來訴于侍講院曰 ……(중략)…… 路遇兩班之徒 迫令(角觝)之戲 怒其不從 毀裂衣笠 至破回謝之文云.

라고 기록하고 있다. ≪현종실록≫ 권5 〈현종 5년 갑진년 정월조〉에,

광주 저자도(楮子島)의 사삿집 종 선(先)이 같은 동내에 사는 세현(世玄)과 더불어 씨름을 하다가 이기지 못함에 노하여 찔러 죽이다.15)

고 하였다.

이와 같은 기록들을 볼 때 조선시대(朝鮮時代)의 씨름은 군사훈련의 목적뿐만 아니라 다양한 계층에서 실시되고 있음을 알 수 있다. 특히 씨름방법과 기술에 관한 기록으로는 조선후기의 풍속에 보이는 기산 김준근의 배지기 장면과 상대를 어깨위로 들어 넘어뜨리는 기술이 있어 당시 씨름 기술의 형태를 알 수 있다.

〈그림-4〉 조선후기의 풍속화(연세대학교 한국어학당 유학생의 그림)

---

15) ≪顯宗實錄≫卷5 ≪顯宗 5年 甲辰年 正月條〉 廣州楮子島私奴先 與同里世玄 角力不勝怒刺殺

또한 ≪경도잡지≫ 및 ≪동국세시기≫의 기록을 토대로 씨름의 기술을 명확히 구분할 수 있는데 이를 살펴보면 다음과 같다.

씨름의 방법은 두 사람이 상대하고 허리를 굽으려 왼손으로 상대방의 오른쪽 다리를 잡고, 또 오른손은 각기 상대방의 허리를 잡는다. 그리고 두 사람이 일시에 일어서며, 허리를 번쩍 들어서 메어친다. 또 그 밖에도 내구(內句), 외구(外句), 윤기(輪起)등 여러 가지의 재주가 있다.16)

라고 기록되어 있다. ≪동국세시기≫ 〈오월 단오〉편에,

청년들이 남산의 왜장(倭場=民亂 때 倭軍의 駐屯地)과 북악(北嶽)의 신무문(神武門) 뒤에서 씨름을 하며 승부를 겨룬다. 그 방법은 두 장정이 서로 허리를 꾸부리고 각기 오른손으로 상대하는 장정의 허리를 잡고, 왼손은 상대방의 허벅지에 끼운 사포를 잡고 일어나서 상대방을 번쩍 들거나 혹은 다리를 걸어 메어치는 것으로 이 때 깔리는 자가 지는 것이다. 씨름의 기능에는 안걸이(內句) 밖걸이(外句) 돌려치기(輪起) 등의 여러 가지 기술이 있으며 그 가운데는 힘이 장사요 손재주가 민첩하고 내기를 자주하고 잘 이기는 장정을 도결국(都結局)이라고 한다.17)

그림으로는 김홍도의 씨름 풍속도에서 보면, 경기자는 당시의 의복인 바지 저고리를 입고 대님을 매었으며, 샅바는 왼쪽 허벅다리에 매고 허리에는 샅바를 사용하지 않았다. 이와 같이 씨름은 고려(高麗) 시대보다 조선시대에 조직적이고 체계화한 민속유희로 발달하였으며, 각력(角力), 각저(角抵), 각력희(角

---

16) ≪京都雜記≫卷2 〈歲時 (端午)〉 其法 兩人對跪 各用石手 挈對者之腰 又各用左手 挈對者之石股 一時起立 互擧而抨之 有內句 外句 輪起諸勢.

17) ≪東國歲時記≫ 〈五月 (端午)〉 丁壯少年者 會於南山之倭場 北山之神武門後 爲(角力)之戱 以賭勝 負 其法 兩人對跪 各用石手 挈對者之腰 又各用左手挈對者之石股 一時起立 互擧而抨之倒 臥者爲負 有內句 外句 輪起諸勢 就中力大手快 屢賭屢捷者 謂之都結局.

力戱), 각저희(角觝戱) 등의 명칭으로 사용하였다.

  또한 씨름은 우리 민족의 생활 수단의 투기 및 자위 무술로서 행해지던 것이 일정한 의식의 행사로 발전하고, 군사적 훈련과 신체단련으로 행해졌음을 알 수 있으며, 다른 무도종목과 함께 하고 있는 것으로 보아 무도수련에 있어서 씨름이 기초적인 기술제공과 기초체력단련으로 상당한 위치를 차지하고 있는 것으로 보인다.

  그리고 씨름이 고려조에서 지녔던 놀이적인 요소가 조선 중기와 후기에 이르면서 '세시풍속'으로 행하여 졌고, 일정한 형식과 규칙을 갖는 민속경기로 발전하였다. 특히 씨름에 관련된 유적, 그림, 사료를 통해 현대의 씨름과 유사성을 찾을 수 있는데 그것은 현재의 씨름자세 그리고 기술의 형태인 들배지기, 안다리, 밭다리 걸기의 기술과 동일한 것을 알 수 있다.

2) 수박(手搏)

  우리 인간의 다양한 신체활동 중 격투무예 또는 무도의 발생은 인간의 보호본능에서 자연적 발생을 그 근원으로 하고 있으며, 인류가 발생하여 집단생활을 영위함에 따라 자연의 위협과 적으로부터 자신과 부족을 보호하기 위한 본능적인 움직임이 그 발생의 시초일 것이다.

  이와 같은 인간의 신체활동은 자연생활의 필수적인 조건이며, 이러한 활동은 하나의 형태로 체계화된 유형으로 나타난다. 즉 씨름과 같이 상대를 잡고 넘기는 형태가 있는가 하면, 근거리에 있는 상대를 제압하기 위하여 신체의 손과 발을 사용하는 격투무술의 형태인 권법이 자연적으로 생성된다. 권법은 인간 삶의 진화과정에서 자연 실전적인 기술은 상대를 위협하는 기술로 발달하는 반면 실전성이 약한 기술은 자연 소멸의 과정을 거쳐 보다 정교한 신체활동을 형성한다.

또한 인간의 인지능력이 발달함에 따라 자연환경을 이용한 무기의 발달은 인간의 신체활동을 변화시키는 모태적 역할을 했을 뿐만 아니라, 무기를 사용하거나 사용 중 놓치는 과정에서 발생되는 다양한 신체활동은 격투무술로 더욱 체계화된다. 한국무도의 종합적인 격투무술의 하나인 수박은 한국 권법의 기원적 원류로 추정하고 있으며, 수박(手搏)의 역사적 유적으로는 고구려시대에 만들어진 무용총과 안악 3호분의 고분벽화[18]를 토대로 역사적 기원을 추정하고 있다.

〈그림-5〉 고분벽화에 보이는 수박도(手搏圖)

이와 같은 수박의 명칭에 관련된 기록이 문헌상으로 등장하고 있는 기록은 ≪고려사≫, ≪조선왕조실록≫, ≪무예도보통지≫ 등에서 찾아볼 수 있으며, 최

---

18) 고분벽화의 그림은 현재 수박으로 추정하고 있지만 현대의 많은 무도종목이 이 그림의 형태를 토대로 자신들 종목의 옛 모습으로 인정하고 있는 추세이다. 이와 같은 추정의 근거는 그림에서 보는바와 같이 무사들이 취하고 있는 동작의 형태가 태권도 또는 유도, 기타 전통무도 종목과 유사하다는 점을 그 근거로 제시하고 있다.

초의 기록은 ≪고려사≫ 권13 〈열전 두경승조〉에 다음과 같이 기술하고 있다.

> 두경승은 전주 만경현 사람이다. 소박하고 순후하여 꿈임이 없었으며 힘이 세었다. 처음에는 공학군에 편입되었는데 수박하는 사람이 그를 불러 오를 삼으려 하였다. 그의 장인 상장군 문유보가 이 말을 듣고 그에게 이르기를 수박이란 천한 기예이니 장수가 할 일이 아니다 라고 하였다. 결국 두경승은 가지 않았다.19)

라고 기록하고 있으며, ≪무예도보통지≫의 〈권법조〉에,

> 박(搏)은 곧 권법인데 변(卞)이라고도 쓴다. 한서(漢書) 애제기찬시람(哀帝紀贊時覽) 에 변과 사는 무희(武戱)라고 하고, 주에 수박은 변이라고도 하는데 힘을 다투는 것이므로 무희(武戱)라고 한다.20)

라고 하였다. 이와 같이 고려시대의 수박은 겨루기의 형태가 강하게 나타나고 있지만, 조선후기의 수박은 점차적으로 서민들의 개인 호신술(護身術) 또는 일반적인 무희(武戱)로 행하여지고 있다. 이러한 내용을 보면, ≪태종실록≫ 권32 〈태종 16년 7월 14일 경인조〉에,

> 상왕(上王)의 생일을 맞이하여 갑사(甲士) 및 방패군(防牌軍)을 정(挺)으로 각투(角鬪)하게 하고, 또 수박희(手搏戱)를 하게 하여 보았다.21)

라고 기록하고 있으며, ≪세종실록≫권4 〈세종 1년 6월 20일 계사조〉에,

---

19) ≪高麗史≫〈卷100 列傳 券13 (杜景升條)〉 杜景升 全州萬頃縣人 ……(중략)…… 初補 控鶴軍 (手搏)者招景升爲伍 其舅上將軍文儒寶 聞之曰搏賤技也 非壯士所爲 景升遂不往.
20) ≪武藝圖譜通志≫〈拳法〉 搏卽拳法也 又作卞 漢書(哀帝紀贊時覽) 卞射武戱注(手搏)爲卞角(爭也) 爲武戱
21) ≪太宗實錄≫卷32〈太宗 16年 7月 (庚寅)〉 令甲士及防牌軍, 角鬪以挺 又使爲(手搏戱)而觀之

노상왕이 모화루로 피서하니, ……(중략)…… 미리 장사를 뽑아 모화루 아래에 수박희(手搏戱)를 시키고 관람하였는데 해연(海衍)이라는 중이 힘이 세어 여러 사람에 뛰어나니 명하여 머리를 길러 환속하게 하고 목면(木棉) 1필을 하사하였다.22)

라고 기록하고 있다.

그러나 수박에 관련된 용어는 15세기 전후로 용어가 문헌에서 사라졌다가 18세기의 ≪무예도보통지≫〈권법조〉에 수박관련 내용이 기록되고 있다. 이와 같이 수박(手搏)은 일정한 규칙을 가진 관람용의 무희로 행하여 졌으며, 무사뿐만 아니라 일반 서민들의 일반 유희로 행하여졌음을 알 수 있다.

〈그림-6〉 고분벽화에 보이는 수박(手搏圖)

그리고 겨루기 단계의 수박은 군사력 강화의 목적과 무과시험 과목으로 채택되어 행해졌다. 수박의 겨루기 형태에 대한 유적은 고구려 수도였던 환도산

---

22) ≪世宗實錄≫卷4〈世宗 1年 6月 20日(癸巳) 老上王 避暑于 慕華樓 ……(중략)…… 預選壯士 使爲(手搏戱) 於樓下以觀之 有僧海衍者 多 力出衆 命長髮還俗 賜木棉一匹.

성(丸都山城)에 있는 무용총(舞踊塚), 안악 3호분(安岳 3號墳), 동수묘(冬壽墓)의 벽면에 그려져 있는 수박그림이 그것이다.

이러한 그림 외에 수박의 방법에 대한 기록을 보면, ≪고려사≫ 권19 〈의종 24년 8월 정축조〉에,

> 왕이 장차 보현원(普賢院)으로 갈 때, ……(중략)……좌우를 둘러보고 말하기를 "장하다 이곳은 가히 병법(兵法)을 수련할 만하다"하고, 명하여 오병수박희(五兵手搏戱)를 하였다. 대장군 이소응(李紹膺)은 비록 무신이었으나 모습이 수척한 데다 기운마저 쇠약해 한 사람과 더불어 때려 이기지 못하고 달아나니 한뢰(韓賴)가 급히 나아가 소응의 뺨을 쳐 바로 계단 아래로 떨어져 버렸다.23)

라고 하였다. 수박의 겨루기형태인 오병수박희(五兵手搏)에 대해 학자들 간에 의견을 달리하고 있다. 정찬모는 오병(五兵)을 5명의 선수로 이해하고, 이 오병수박희가 단체경기라고 주장하는 반면, 이용복은 오병의 오(五)는 병졸 5명의 우두머리란 뜻으로 쓰이는 오(伍)와 동일하다고 주장하여 오병수박희를 부서별 대항경기라고 주장하고 있다.

이진수(1994)는 고려사에 나타나고 있는 사료를 살펴보았을 때 오병수박희(五兵手搏戱)가 단체경기라는 표징이 나타나지 않으며, 고려의 군사계급 중 5개의 부서를 뜻하는 의미의 오병이라는 부서는 존재하지 않기 때문에 부서별 대항경기라는 견해도 성립될 수 없다고 주장하면서 "5병은 한국의 전통 격투기(씨름)에서 볼 수 있는 승발시합(勝拔試合)을 말하는 것으로 5인 승발 수박경기라고 주장하고 있다. 이진수의 오병수박희(五兵手搏戱) 내용과 유사한 경기 방법은 강계(江界) 씨름이 있다.

---

23) ≪高麗史≫ 卷19 〈毅宗 24年 8月(正丑)〉 王將幸普賢院至……(중략)……顧左右曰 壯哉此地 可以鍊兵 命武臣爲五兵手搏戱 大將軍李紹膺 雖武人 貌瘦力羸 與一人搏 不勝而走 賴據前批紹膺頰 卽墜階下.

강계씨름대회는 ……(중략)…… 샅바는 허리에 매지 않고, 둥그런 원형의 샅바를 오른 다리에 낀다. 그리고 왼팔을 쑤욱 들이밀어 팔앞꿈치에 상대편의 샅바를 걸고, 올라붙은 손바닥은 자연스럽게 허리에 댄다. 강계씨름대회는 사흘간 치르는데 이틀을 '비교'하여 뽑는데 소일한다. 비교란 일종의 예선전인데 일곱 명을 이겨야 본선에 진출할 권리를 준다"(월간 씨름, 1985).

이와 같이 오병수박희(五兵手搏戲)와 씨름에서 유사한 점을 찾을 수 있는데, 오병수박희의 겨루기 방법은 한 병사가 다섯 명 이상을 이겨야 예선을 통과하는 개인전 성격의 승발시합을 의미하는 것으로 사료된다.

또한 수박은 군사적 훈련과 무사(武士)들의 무술 수련과 무과시험으로도 행하여 졌는데, 시간이 지남에 따라서 유희성이 점차적으로 약해지고 일반 무사의 기본무예(基本武藝)로서 전승(傳承)되었는데, ≪태종실록≫ 권19 〈태종 10년 1월 21일 무자조〉에

병조(兵曹)와 의흥부(義興府)에서 수박희(手搏戲)로써 사람을 시험하여 방패군(防牌軍)을 보충하였는데 3인을 이긴 사람을 뽑아 썼다.[24]

라고 하였고, ≪세종실록≫ 권102 〈세종 25年 11月 2日 계축조〉에,

수박(手搏)의 기능이 능히 네 사람을 이기는 자는 상등이고, 세 사람을 이기는 자가 중등이 된다.[25]

라고 기록하고 있다.

따라서 수박이 무사 선발시험의 일종으로 수박에 능한 자를 선발하였고, 일

---

24) ≪太宗實錄≫卷19 〈太宗 10年 1月 21日(戊子)〉 兵曹義興部 以手搏戲試人 防牌軍用承三人者.
25) ≪世宗實錄≫卷102 〈世宗 25年 11月 2日(癸丑)〉 手搏技能騰四人者爲上等 三人者爲中等.

 한국 무도의 <신체 학문화>와 <역사적 재조명>

반적인 무예 활동으로써 조선 시대에 중요시 되었다.

　수박의 무과시험 방법에 있어서는 일정한 형식의 규정이 적용되었으나 조선시대의 수박은 1410년 태종(太宗) 10년부터 1467년 세종(世宗) 13년까지 57년까지만 관련된 기사가 나오고 그 밖의 자료에서는 1500년을 전후로 기록이 나타나지 않는 시기적으로는 매우 제한된 무예였다(나영일, 1997).

3) 택견(卓見)

　한국 고유의 전통무도로 대표되고 있는 택견은 선율과 부드러움이 함께 표현되어 있는 우리 민족의 전통적 신체문화를 잘 반영하고 있다. 택견의 다양한 동작은 마치 한국 고유의 춤사위와 같은 모습을 보여주고 있으며, 공방에 따라 강함과 부드러움이 함께 표현되어 자유분방한 신체의 움직임이 그 특징으로 나타난다.

　특히 택견의 기술은 현재의 씨름에서 사용하고 있는 많은 기술 중 유사한 기술[26]이 있어 그 실전성에 있어서 매우 탁월한 기술적인 형태를 보이고 있으며, 택견은 한민족 고유의 신체문화를 계승한 독특한 신체문화로 발전하여왔다.

　하지만 현재의 택견에 대한 여러 논란은 다양한 측면에서 제시되고 있는데 그 중 역사성에 대한 논쟁은 택견의 기원에 관한 문헌자료의 미흡과 기술적 형태 또는 방법의 고증이 쉽지 않아 그 기원을 명확히 제시하지 못하고 있다. 즉 택견에 관련된 문헌적 기록이 조선후기에 나타나고 있어 그 기록만으로 한국 고대의 격투무예에 대한 연관성을 제시하기가 어려운 실정이다. 특히 대부분의 기록과 그림 등이 조선 후기 이후에 등장하고 있어 조선시대를 전후로 한 역사적 연결고리를 갖지 못하고 있다.

---

[26] 씨름의 기술을 대표하는 것은 손기술, 허리기술, 다리기술 등이 있으며, 현대의 다리기술의 일종인 낚시걸이, 안짱걸이(안다리), 바장다리(밧다리 걸기) 등의 용어와 유사하며, 특히, 기술의 사용방법 또한 유사한 면을 찾아 볼 수 있다.

이와 같은 현재의 택견에 대한 기원은 수박(手搏) 또는 수벽(手擗)치기에서 그 원류를 찾고 있다. 택견에 관련된 문헌적 기록은 조선말에 등장하고 있으나 이 이전의 문헌상의 기록은 없으며, 역사적 공백은 원류를 찾는데 있어 상당한 논란이 된다. 따라서 택견의 역사적 기원을 수박이나 수벽치기에서 연관성을 찾지 못한다면, 조선말부터 시작된 무예일수 밖에 없다고 사료된다.

그러나 현재 택견의 기원에 관한 연구들은 그 명칭을 토대로 수박이나 수벽치기에서 찾고 있어 그 타당성을 확보하기가 어려운 실정이다. 즉 택견은 우리의 전통적인 무도임을 부인하지 않는다. 이것은 현재 모든 종류의 무도가 명칭과 유물에 나타난 내용을 토대로 그 기원을 유추하고 있어 기원의 신빙성을 상실하고 있는 원인중의 하나이다.

따라서 현재의 택견에 대한 기원을 명확하게 하기 위해서는 한국 전통시대의 다양한 신체활동들과의 연관성 또는 신체활동의 생성과 소멸 그리고 역사적, 지역적 문화 환경에 의한 택견의 분화과정을 제시하는 연구가 선행되어 역사적 체계를 확립하여야 할 것이다.

택견의 문헌상 기록은 ≪재물보≫와 ≪해동죽지≫ 등에서 찾아볼 수 있는데, ≪재물보≫ 권6 〈기희변조〉에,

> 수박(手擗)을 변이라 하고 각력(角力)을 무(武)라 하니 지금의 탁견(卓見)과 같다고 하였으며, 수박(手搏) 조에서는 수박(手擗)은 지금의 수벽(手擗)과 같다.27)

라고 하였다. 이와 같이 택견을 지칭하는 한글 용어가 최초로 등장하고 있으며, 이를 '탁견'이라고 기록하고 있다. 그리고 ≪해동죽지≫의 〈수벽 탁견조〉에,

> 옛날 속담에 손기술이 있다. 옛날에 검기로부터 왔다. 대면하고 앉아서 양손을 주

---

27) ≪才物譜≫ 〈技戲卞〉 手搏爲卞 角力爲武 若今之 탁견 才物譜 技戲 手搏條 手搏同今之 수벽.

고받고 하기를 한손과 같이 하니 법을 잃어 버리면 문득 타도당하니 이름 하기를 수벽(手擗)치기라 한다.28)

라고 기록하고 있다.

한편, 여러학자들은 고분벽화에 표현되어 있는 그림의 형태를 현존하고 있는 씨름, 택견, 태권도 등과 같은 투기종목의 원형이라고 주장하고 있다. 김기웅은 이 벽화를 씨름의 형태인 각저(角觝)로 이해하고 있으며, 나현성과 김운용은 태권도로 보았고, 이학래는 한국 고대의 투기가 오늘날의 유도, 씨름, 태권도로 각각 분화되어 발달하지 못했음을 단적으로 나타낸다고 하여 이 벽화를 '무엇이다'라고 단정 지을 수는 없다고 주장한다(최종삼, 1997).

그러나 ≪재물보≫의 기록 외에 수박(手擗)에 관한 문헌 중 택견과 수박의 발달사적 관련성에 대한 사적 근거를 명확히 제시할 수 있는 기록은 보이지 않으며, 학자들에 따라서 택견의 원류가 수박이라고 주장하는 학자가 있는 반면 이와 반대적인 논리를 주장하는 학자도 있다.

나현성(1981)은 수박을 태권도라고 단정하고 있다. 그는 무용총의 현실벽화와 ≪무예도보통지≫의 권법그림과 권법조의 내용, 고려사 열전에 보이는 이의민, 최충헌, 정중부전, 그리고 ≪조선왕조실록(朝鮮王朝實錄)≫과 ≪동국여지승람(東國與地勝覽)≫에 보이는 수박(手擗)의 내용을 검토하여 수박(手擗)의 기본적인 성격을 규정하였고, ≪해동죽지≫의 〈탁견조〉에 이르러 수박과 택견의 관계를 동일시하였다.

또한 수박을 무사의 호신술 또는 기본 무술로서 삼한 시대로부터 고려, 조선에 이르기까지 생활 수단의 무술로 발전하였으며, 특히 무인의 무술 또는 제례 행사의 일환으로써 행하여지던 것이 문화와 시대변천에 따라 즐기는 스

---

28) ≪海東竹枝≫ 〈俗樂遊戱 手癖 托肩〉 舊俗有手術 古自劍技而來 對坐相打兩手去來如有一手失法則便打到名之曰 수벽치기.

포츠로 전환한 것이라고 하였다. 그리고 일반 서민층에서도 단오나 백중일 같은 명절 등의 민속적인 행사로 성행하였다고 주장하고 있다.

한편 조완목(1995)은 "택견의 명칭이 때에 따라 여러 가지로 불리었으며, 고려시대는 우리의 말을 표기할 만한 글자가 없었기 때문에 택견이라는 말 대신 중국 기록에 있는 '수박(手搏)'이라는 말을 고려사에 원용한 것으로 보고 있다. 그러나 이학래(1990)는 "수박과 탁견이 같은 것이라는 근거는 찾을 수

〈그림-7〉 한국 풍속에 보이는 혜산 유숙의 씨름과 택견

없다. 어쩌면 수박(手搏), 각저(角觝), 각력(角力)이라는 한국의 문헌에 나타난 용어들은 이 탁견(托肩)과 한국의 씨름을 구별하지 않고, 마구 혼동하여 쓰인 것인지도 지금으로선 알 수 없다"고 주장하였다.

이와 같은 택견의 형태를 직접 관찰할 수 있는 자료로는 〈태쾌도(太快圖)〉에 씨름과 택견이 같은 공간에서 행해지고 있는데, 그림에서 택견하는 사람을 보면 택견의 품밟기의 형태라 사료되고, 택견의 형태로는 기산의 풍속도에서 보면, 일정한 규정을 갖지 않고 놀이로서 행하고 있음을 알 수 있다.

문헌상의 기록으로는 ≪해동죽지≫에서 탁견희(托肩戲)와 수벽타(手癖打)가 분리되어 한시(漢詩)로 그 동작을 읊은 것이 전해지고 있다. 탁견(托肩)은 각술(脚術)이고, 수벽타(手癖打)는 수박(手搏) 곧 수술(手術)이라고 설명되어 있는데 그 기술적인 내용을 보면,

옛 풍습에 각술(脚術)이라는 것이 있는데 서로 대하여 서서 차서 거꾸러뜨린다. 세 가지의 법이 있는데 최하는 넓적다리 정도를 차고 잘하는 자는 어깨를 차고, 비각술(飛脚術)이 있는 자는 상투를 떨어뜨린다. 이것으로 혹은 원수도 갚고, 혹은 사랑하는 여자를 내기하여 빼앗는다. 법(法)과 관(官)에서 금하기 때문에 지금 이런 장난이 없다. 이것을 탁견(托肩)이라고 한다.29)

라고 하였다. 한시(漢詩)에 나타난 동작을 보면,

백가지 기술 신통한 비각술(飛脚術), 가볍게 비녀와 상투를 스쳐, 애인 때문에 싸우는 것도 풍류로운 일, 한번 모자를 빼앗으면 의기가 양양"30)

---

29) ≪海東竹枝≫〈托肩戲〉舊俗有脚術 相對而立 互相蹴倒有三法 最下者蹴其腿 善者 托其肩 有飛脚術者 落其髻 以此或報仇 或賭奪愛姬 自法官禁止 今無是 戲名之曰托肩.

30) ≪漢詩≫白技神通飛脚術 輕輕掠過髻簪高 鬪花自是風流性 一奪貂蟬意氣豪.

으로 표현하여 택견의 형태는 세 가지로 분화된 것을 알 수 있고, 이외의 기록으로는 택견의 형태는 나타나지 않지만, 그림에서의 동작으로 보아 여러 가지 다양한 기술이 있는 것으로 보인다.

조선시대의 택견은 '세시풍속' 속에서만 행하여 졌는데, 조선말에 임호 선생으로부터 택견을 전수받은 송덕기에 의하여 현재에 이르기까지 명맥을 유지하며 개인의 호신술 및 겨루기로 발전하는데, 이보다 구체적인 겨루기 요소가 내포된 기록을 보면, Stewart Culin(1985)의 ≪조선의 놀이≫라는 책에서 경기방법과 기술적 요소를 살펴 볼 수 있다.

〈그림-8〉 프랑스 선교사가 촬영한 택견의 맞서기 모습

택견하기는 두 플레이어 사이에서 주로 다리로 이루어지는 싸움 경기다. 두 사람은 그들의 다리를 벌리고 서로를 정면으로 마주보면서 그들의 싸움자리를 잡는다. 그리고는 서로 상대방의 다리를 밑에서부터 걸어 올려 차려고 노력한다. 플레이어는 두발 중 한 발을 한결음 뒤의 제삼의 지점에 갖다 놓을 수가 있다.

그러므로 그의 다리는 항상 고정된 세 점의 한 점을 디디고 있어야 하는 것이다. 한 사람이 먼저 상대방의 두 다리 중 하나를 걷어차는 것으로부터 게임은 시작되는데 그는 그 다리를 뒤로 물린 다음 연이어 다른 발을 차게 되는 것이다. 높게 차는 것도 허용되는데 이 높게 찬 다리를 양손으로 잡는 것도 허용된다. 이 게임의 승부는 상대방을 넘어뜨리는 것으로 갈리게 된다.31)

《조선의 놀이》에서 택견이 일정한 형을 갖추고 있고, 겨루기의 방법과 승부를 결정하는 규칙을 내포하고 있어 택견이 경기화되어 있는 것을 알 수 있다.

4) 궁술(弓術)

궁술(弓術)의 발생에 대하여 차일드(G. Child)는 《문명의 기원》에서 인류가 투창(投槍)이나 활을 발명한 것은 구석기시대 말엽, 즉 1~3만여년 전 중근동아세아(中近東亞細亞)지방의 민족이 처음인 것으로 추정(문교부, 1978)하고, 김기웅(1977)도 활(弓)의 사용을 시사(示唆)하고 활의 원형은 구석기시대 말에 나타나는 것으로 북아프리카의 카프시안 문화에서 그 단서를 찾고 있다.

우리나라는 삼국시대 이전의 유물인 조개무지(貝塚)에서 발견된 석촉(石族)32)이나 기타 유물로써 활의 사용을 추정하고 있다. 직접적으로 우리의 것

---

31) TAIK-KYEN-HA-KI—kicking(Fr. Savate) Taik-kyen-ha-ki is a combat between two players, chiefly with the feet. They take their positions with their feet apart, facing each other, and each endeavors to kick the other s foot from under him. A player may take one step backward with either foot to a third place. His feet, therefore, always stand in one of three positions. One leads with a kick at one of his opponents legs. He moves that leg back and kicks in turn. A high kick is permitted, and is caught with the hands. The object is to throw the opponent.

32) 석촉(石鏃)이란 돌을 가공하여 만든 살촉 즉 화살이나 작살의 촉으로 이용되던 것으로 생각되며, 한국에서 간석기로 된 돌살촉은 신석기시대부터 등장한다. 중국의 네이멍구(內蒙古) 등지에서 자주 발견되는 뗀석기로 된 것도 함경도의 신석기시대 유적에서 많이 발견된다. 청동기시대에 들어와 활발히 만들어진 간석기로 된 것은 주거지에서도 많이 발견되고 있으며, 고인돌의 부장품용으로도 널리 사용되었다. 돌살촉은 자루에 부착하는 방법에 따라 크게 뿌리가 있는 유경식(有莖式)과 뿌리가 없는 무경식(無莖式)으로 구분하며, 촉의 단면과 형태에 따라 단면육각형·능형·버들잎형·삼각형 살촉 등으로 세분되는데, 한국에서 가장 많이 발

과 동일하다고 할 수는 없지만, 예로부터 우리문화의 영향을 받은 것으로 추측되는 일본은 기원전 3000여 년경(新石器時代·繩文時代前期末)의 유적과 기원전 1000년경(繩文時代滿期)의 유적에서 통나무 활인 곧은 활의 유물이 나타났다. 이러한 일본의 유물로 미루어 거의 같은 시기에 우리나라 원시사회의 활도 이와 비슷한 시기의 것이었으리라고 생각되며 대체로 우리나라에서 활의 사용은 신석기 시대로 추정할 수 있다.

그리고 우리나라의 궁술에 대한 기록은 ≪후한서≫, ≪삼국사기≫, ≪고려사≫, ≪조선왕조실록≫, ≪경국대전≫ 등의 다양한 사료에 등장하고 있다. 즉 ≪삼국지≫ 권30 〈동이전 읍루전〉에 활의 형태에 대한 설명이 기록되어 있다.

> 활의 길이는 4자, 그 힘은 노(弩)와 같다. 살은 고(楛)로 만드는데 그 길이는 1자 8촌 촉은 청석(靑石)이다. 옛날 숙신(肅愼)씨의 나라이다. 나라 사람이 모두 활을 잘 쏘았으며, 쏘면 사람을 맞힌다.[33]

고 기록하고 있다. ≪후한서≫ 〈동이전 예전〉에는,

> 락낭단궁(樂浪檀弓)이 이 땅에서 난다.[34]

고 하였다.

당시의 한반도에서는 활이 전 지역에 걸쳐 사용되었음을 알 수 있는데 후한대의 자(尺)를 오늘날의 미터법으로 환산해 보면 1자는 24.5cm이니 읍루의

견되는 돌살촉은 유경식이다. 간석기로 된 돌살촉 중 가장 먼저 만들어진 것은 삼각형돌살촉인데, 이후 버들잎형으로 변화했다고 생각된다.

33) ≪三國志≫卷30 〈東夷傳(挹婁傳)〉 挹婁 在夫餘東北千餘里 濱大海 南與北沃沮接……(중략)……其弓長四尺 力如弩 矢用楛 長尺八寸 靑石爲鏃 古之肅愼之國也.

34) ≪後漢書≫ 〈東夷傳 (濊傳)〉 樂浪檀弓出其也.

활은 정도의 단궁(短弓)이었으며, 화살의 길이도 40cm 정도로 상당히 짧은 것을 알 수 있다.

예(濊)지방에서 단궁이 생산되었다고 하는 문헌은 활이 중국에까지도 널리 알려질 만큼 뛰어난 성능의 활이었음을 짐작하게 하며 이러한 사실은 ≪후한서≫ 〈동이열전 고구려전〉에서도 우리나라 궁술에 대하여 설명하고 있다.

> 고구려는 일명 맥(貊)이라고 부른다. 고구려의 다른 종족이 소수(小水) 곁에 나라를 세웠다 소수맥(小水貊)이 이것이다. 이 나라에서는 맥궁(貊弓)이란 좋은 활이 산출된다.35)

맥궁이란 "맥족(貊族)의 활, 맥족이 만든 활"이란 뜻으로 활의 성능이 매우 좋아 중국인도 이것을 호궁(好弓)이라 불렀다.

중국의 최초의 기록은 ≪시경(詩經)≫ 〈소아〉에 나오는 각궁(角弓)이다. 그러나 시경(詩經)이라는 책은 한(漢)나라 때 다시 보완한 책으로 시경(詩經)을 쓸 당시 기록한 것인지 후대에 기록한 것인지 불분명하다(김상철, 1998).

그리고 유물자료로 고분벽화가 있는데, 고구려의 고분은 4세기 것으로 추정되는 안악(安岳) 제1호 분, 5세기경의 무용총 벽화 등이다. 안악 제1호 분의 수렵도는 고분 현실(玄室) 서벽에 기사(騎射)하는 장면이 묘사되어 있는데, 사냥을 하고 있는 인물의 옷차림의 형태를 보아 궁술이 귀족층에서 행하여졌음을 알 수 있다.

이와 같이 인간은 이미 활(弓)과 화살(矢)을 만들어서 생계유지 및 전투적인 생활에 중요한 도구가 되었음을 볼 때, 동·서양에 활이 출현한 것은 대략 구석기시대말로 추정할 수 있으며, 활(弓)의 명칭을 단궁(亶弓), 각궁(角弓), 맥궁(貊弓)등으로 불린 것으로 보인다. 이러한 활이 점차 발달하여 이것을 행하는

---

35) ≪後漢書≫ 〈東夷列傳 (高句麗傳)〉 高句麗 一名貊耳 有別種 依小水爲居 因名曰小水貊 出好弓 所謂貊弓視野.

사람의 목적에 따라 사냥이라는 유희로 발전하였다.

〈그림-9〉 고분벽화에 보이는 수렵도(狩獵圖)

궁술의 겨루기 형태를 직접 관찰할 수 있는 유적은 평안남도 대안시(平安南道大安市)에 있는 덕여리(德與里) 고분(古墳)의 벽서(壁書) 기마사희도(騎馬射戱圖)가 있고, 활쏘기의 전국적인 장려와 형태적 기록으로는 ≪고려사≫ 권82, 〈병39 지2 진성조〉에 상세히 기록되어 있으며, 무사선발기준에 대한 기록이 있다.

각 주진(各州鎭)은 농사짓는 틈틈이 매월(每月) 육위일(六衛日)에 궁노(弓弩)를 연습(練習)하게 하고 영계관행수원(令界官行首員)으로 하여금 색원(色員)과 함께 친히 감시(監試)하여 궁(弓)은 40보, 노(弩)는 50보 되는 위치에 표적(標的)을 두고 열번 쏘아 다섯 번 맞힌 자는 연이어 맞힌 자로 양경(兩京) 직사원장(職事員將)은 록년(祿年)에 앞서 가전(加轉)하고 산직동남반(散職東南班) 내외직(內外職)에 서용(敍用) 인사(人吏)는 자기가 직(職)하는 바에 따라 그 직사(職事)에 보임(補任)하며 산직장상장교

(散職將相將校)는 그 연한(年限)에 앞서 가전(加轉)하고 직(職)이 없는 원래는 편의에 따라 이를 쓰도록 하였다.36)

이와 같은 궁술의 규칙에 대해 이중화(1929)는 선종(宣宗) 8년 호부(戶部)의 남량에 활터를 설치하여 군대의 병사와 일반인으로 활을 배우고자 하는 사람이 여기에 모여서 연습하게 하되, 과녁을 맞히는 사람이 있으며 은완접(銀碗楪)을 상으로 주었으니 이는 국도(國都), 즉 중앙의 사풍(射風)을 격려하게 된 시초이다. 또한 궁술의 연습을 위한 공식 활터를 최초로 열어 서민에게도 공개하였음을 보여주는 것이고, 이후로는 상을 걸어놓은 활쏘기 기록이 자주 나타난다.

특히 궁술의 무과(武科) 시험제도는 매우 다양한 기록들이 있다. ≪세종실록≫ 권42 〈세종 10년 11월 정이조〉에,

건장한 삶으로 240보에서 1차 3전을 맞힌 자는 8分, 미친 자는 7分, 넘은자는 매 5보에 1분을 가한다. 180보에서 1차 3전을 맞힌 자는 5분으로 한다. 기사(騎射)는 2차 각 3번 적중한 자는 매 1전에 5分을 더한다.37)

조선조시대의 무과시험 제도는 태종(太宗) 8년(1408년)의 식년(式年)에 어변갑(魚變甲) 등 33인과 생원(生員), 윤수(尹粹) 등을 선발하였고, 그 당시의 무과(武科)의 장원은 마희성(馬希聲)이라 기록되어 있다. ≪필원잡기(筆苑雜記)≫에도 "옛날에 무과가 없다가 태종(太宗) 때에 처음 설치되었다"라고 기록한 것으

---

36) ≪高麗史≫卷82〈兵39 志2 (鎭成)〉各州鎭 於農隙 每月六衛日 習弓弩 令界官行首員 與色親監 弓四十步 弩五十步 置의 十射五中者 及連中者 兩京職事員將 則進祿年加轉 散職東南班 則內外職敍用 人吏 則從自願 任其職事 散職將相將校 則進其年限加轉 無職員 則隨宜用之

37) ≪世宗實錄≫卷42〈世宗 10년 11월(丁巳)〉能射取才 長箭二百四十步 一次三箭 中者八分 及者七分 過者每五步 加一分百八十步 一次三箭 八十五步 一次三箭 中者七分 片箭 一百八十步 一次三箭 重者五分 騎射 二次各三의 中者每 一箭加五分

로 보아 조선시대의 무과시험은 태종 8년에 처음 시행되었다고 볼 수 있다(대한궁도협회, 1992).

이와 같은 무과 시험제도는 ≪경국대전≫에 그 내용이 자세히 수록되어 있다. 조선시대의 무과는 문과와는 달리 단일과(單一科)로서 그 시험은 초시(初試), 복시(覆試), 전시(殿試)의 세 단계가 있었고, 이밖에 과거와는 달리 인재를 등용하는 제도로 취재(取材)를 비롯한 선전관(宣傳官), 내금위(內禁衛), 친위군(親衛軍), 갑사(甲士), 대정(隊正), 파적위(破敵衛) 등의 시취(試取)제도가 있었다. 무과의 정원은 초시에 230명, 복시에 28명, 전시에 28명(갑과 3, 을과 5, 병과 20)이었으며, 시험은 궁술, 마술, 총술, 강서로 크게 나누어졌다(이학래, 1994).

이외에도 무사 선발의 기준으로 ≪세종실록≫ 권99 〈세종 25년 2월 기축조〉에 다음과 같이 설명하고 있다.

> 신장(身長)이 8척이상의 건장(健壯)한 사람을 선택하여 보사(步射)는 180보에서 세 살을 쏘게 하여 두 개 이상의 살을 맞춘 자, 기사(騎射)는 세발을 쏘게 하여 한발 이상을 맞추고 갑주(甲冑)를 입고 궁전(弓箭)과 환도(環刀)를 차고 300보를 달리게 하여 이 세 가지 재주를 모두 잘하는 사람을 선발하였다.38)

조선시대의 궁술은 고려조의 겨루기로서는 배척되는 한편, 그것이 지니는 무희성은 더욱 강조되어, 조선조에 이르러 과거제도의 시험과목을 실시함에 있어 어느 무도보다 그 규정이 상세히 기록되어 있다.

임진왜란 이후 선조(先祖)는 국민들의 상무심(尚武心)을 불러일으키고자 하여 불타버린 경복궁 안에 오운정(五雲亭)을 세우고 이를 개방하여 사람들의

---

38) ≪世宗實錄≫卷99 〈世宗 25年 2月 (己丑)〉 其先擇身長八尺以上壯健者 步射一百八十步 三矢內二矢上 騎射三發一中以上 着甲冑 帶弓箭攖刀 趨至三百步 以上才俱入者試取 且試取之時 毋今與人共趨 只今獨趨 勿論趨之緩急 但趨至三百步者取之.

활쏘기를 장려한 것이 시초로 전해진다. 한편 궁술은 군사훈련의 강화라는 의미뿐만이 아니라 좀 더 게임화 되고 경기적인 유희적 요소가 가미되었다(이중화, 1929).

5) 창·검술(槍·劍術)

원시시대의 인간 생활은 생존을 위한 수렵, 채취 등과 같은 먹을 것을 얻고, 종족보존을 위한 생활이 최우선적인 목표였다. 따라서 인류는 산과 들을 헤매며 나무열매를 따고, 물고기를 잡으며, 동물을 사냥하는 가운데 각종 생활용구를 발명하여 제작하기 시작하였을 것이다. 특히 적의 위협으로부터 대처할 수 있는 각종 무기는 생활 수단을 비롯한 종족보존에 매우 유용한 무기(武器)로 발전하였다.

원시시대의 무기는 특정한 사물을 이용한 것으로 그 제작기술이 발달함에 따라 나무를 이용하는 무기보다 더욱 견고한 재료를 토대로 석검(石劍), 석창(石槍), 궁시(弓矢)의 석촉(石鏃) 등의 발명으로 각종 무기류가 개발되었다. 따라서 인간의 생활을 보다 윤택하게 하였으며, 이와 같은 사실은 고대의 유적과 유물로 알 수 있다.

원시시대의 가장 위력적인 무기의 종류는 원거리의 적이나 동물을 살생할 수 있는 궁시가 가장위력적인 무기이지만 근거리의 적을 대적하는 위협적인 무기는 바로 돌로 만든 석검, 석창이 대표적이다. 이와 같은 무기의 형태는 타제와 마제 석기39)의 형태로 구분된다.

이와 같은 무기는 사용방법에 따라 단순히 내려치는 동작으로부터 찌르고 베는 기능을 할 수 있으며, 청동기시대(靑銅器時代)에 접어들면서 더욱 정교

---

39) 타제석기(打製石器)는 뗀석기로서 돌을 깨서 만든 석기로 구석기 시대를 대표하는 유물을 의미하고 마제석기(磨製石器)는 간석기라고 한다. 즉 돌을 갈아 만든 일상생활용 도구나 무기, 간석기/간돌도끼와 갈판마제석기(磨製石器)라고도 한다.

하고, 강력한 무기로 발전하였다. 그리고 그 사용방법 또한 하나의 체계를 형성하였을 것이다. 무기의 형태는 청동단검(靑桐短劍)이 있으며40), 찌르고 던지는 무기의 형태로 동모(銅鉾)의 창류가 있다.

특히 고대사회에서 신석기시대의 마제 석검 및 석창은 성읍국가(城邑國家)가 성립되기 이전 시대의 것으로 청동기시대에 와서 특별히 발전한 무기이며, 청동기사용과 더불어 형성된 성읍국가의 무기 중에서 가장 특징적인 것으로 청동을 이용한 창(槍)과 검(劍)의 형태가 있다.

이와 같은 창·검술(槍·劍術)에 대한 기록은 ≪사기≫, ≪무비지≫, ≪무예도보통지≫등의 다양한 사료가 있는데 이를 살펴보면, ≪사기≫의 〈황제본기〉와 〈고공기〉에서 살펴볼 수 있다.

> 황제가 수산(首山)에서 동철(銅鐵)을 채취하여 도(刀)를 제작하였다. 또한 검(劍)에 대한 기록으로 ≪관자(菅子)≫의 <지수편>에 동이족(東夷族)의 치우(蚩尤)가 검(劍)을 만들었으며, 치우는 동이족으로 중원까지 군신(君臣)으로 존경을 받았으며, 사실상 중국에는 검술이 전해지지 않았고, 동시에 무기 또한 드물다(이종구, 1992).

그러나 창(槍)과 검술(劍術)의 방법을 직접 관찰 할 수 있는 국내의 문헌은 극히 제한적이다. 물론 왕조사의 기록으로 미루어 짐작 할 수 있지만 대부분의 그 기록은 무기의 형태 즉 군제사의 기록으로 추정할 수 있다.

국방군사연구소(1994)에서 집필한 ≪한국무기발달사≫의 무기의 내용을 장거리 무기와 근거리 무기로 나누어 궁시(弓矢)와 노(努)는 장거리 무기, 도검

---

40) 청동기 시대의 단검은 두가지 측면에서 살펴볼 수 있다. 즉 비파형동검은 우리나라 청동기시대 전기의 표지유물로서 그 모양은 검신의 중앙에 등대를 이루고 있고, 날 가운데가 돌출되어 있어서 그 모양이 마치 악기인 비파(琵琶)처럼 생겨서 이런 이름이 붙었다. 그리고 청동기시대 후기의 표지유물인 비파형동검에 이어 등장한 세형동검은 기원전 4~1세기에 주로 한반도에 수백 개나 나타나서 한국식 동검이라고도 한다. 이 동검은 비파형동검을 조상형으로 한 것이므로 비파형동검과 마찬가지로 검신과 손잡이가 따로 되어 있다. 검신의 모양은 전체가 가늘고 길어서 그 모양에 따라 세형동검이라 부른다.

(刀劍), 창(槍) 등은 근거리 무기로 구분하였고, 고려시대부터 화약(火藥)을 포함한 공격용 무기와 방어용 무기로 구분하여 도검, 창은 공격용, 방패 등은 방어용 무기로 구분하였다. 근대부터는 조총 등이 발달하여 이때부터는 총(銃)과 화약(火藥)등의 과학적인 무기에 대해 언급하고 있다.

검(劍)과 창(槍)의 무기 형태는 칼은 한자로 검(劍) 또는 도(刀)라고 하여 검은 양쪽날 칼이고, 도는 외날 칼의 형태로 사용방법은 차이가 있지만 주로 베는 것을 위주로 한다. 반면, 창은 모양과 용도에 따라 창(槍), 과(戈), 극(戟), 모(矛)로 불린다. 창은 긴 장대 끝에 하나 또는 세 개의 날카롭고 뾰족한 창끝을 붙인 무기이다. 과는 원래 전차끼리 싸울 때 수레에 탄 상대방을 걸어 떨어뜨리는 무기로 사용하였고, 보병이 기병을 공격할 때 사용하였으며, 이후 기창으로 발전한다.

창·검술(槍劍術)의 형태를 직접 관찰 할 수 있는 자료는 검술의 경우 1621년 2천여권의 병서를 참고하여 모원의는 ≪무비지≫를 만들었는데, 권36, 〈교본편〉에,

> 모원의가 말하기를 근자에 호사자가 조선에서 검법을 얻었는데 그 법이 구비되어 있다. 중국에서 잃은 것을 사질(四裔)에서 찾은 것이다.

라고 하여 체계적인 검법이 중국에는 없음을 지적하고, 우리나라에서 구한 체계화된 검법을 발견하여 싣고 있으며, 검법의 형태는 거정세(擧鼎勢)으로 부터 횡충세(橫衝勢)까지 24세의 검법을 설명하고 있다.

또한, 조선시대의 대표적인 '무도서'인 ≪무예도보통지≫의 본국검법조를 보면,

> 왜국과 이웃했으니 검무나 검기가 반드시 전해졌을 것이다"라고 하였으며, 본국검법은 모두 33세(勢)로서 격법이 12수, 자법이 9수로 치고 찌르는 기술이 21수나 된다.

그리고 동서(同書)의 창술(槍術)을 보면, 창의 재료, 길이, 모양, 사용방법 등에 대하여 설명하고 있다.

    장창(長槍), 죽장창(竹長槍), 기창(旗槍) 등이 있는데 척계광이 말하기를 장창의 길이는 1장 5척이며 창자루는 주목(綢木)이 제일 좋은 것이고, 합목(合木)으로 가볍고 조금 연한 것이 그 다음이라고 지적하였으며, 장창전보(長槍前譜), 장창후보(長槍後譜)로 나누어 각 동작별로 설명하고 있으며, 죽장창은 태산압란세(太山壓卵勢)로부터 백원타도세(百猿扡刀勢)의 11세를 설명하고 있으며, 기창은 용약재연세(龍躍在淵勢)부터 야차탐해세(夜叉探海勢)로 끝난다. 이 외에도 당파(鐺鈀), 기창(騎槍), 낭선(狼筅) 등의 창술에 대하여 설명하고 있다.

이와 같이 창·검술은 한국 고대사회로부터 생존을 위한 무기로써 가장 중요한 원거리 무기임을 알 수 있으며, 특히 전쟁수행을 위한 접근전에서 가장 용이한 전투무기이며, 개인호신을 위해 사용된 것으로 볼 수 있다.

 한국 무도의 <신체 학문화>와 <역사적 재조명>

4. 무도의 신체 학문화

1) 무도의 개념적 재해석

지금까지 무도의 생성에 대해 정확히 규명되어진 것은 없으나, 원시시대부터 생존의 투쟁 속에서 행하여진 신체활동들이 시대적으로 군사적, 정치적, 교육적 변화를 거쳐 오늘날 무도로 정착되었다는 것에는 의견이 없다. 또한 우리나라에서는 무도라는 단어보다 무예라는 단어가 보편적으로 많이 쓰여 지고 있는데, 이는「예(藝)」를 중시하고「예」라는 글자의 친숙함에서 기인한다고 볼 수 있다.

그러나 현재 논의되고 있는 무도·무예·무술에 대한 개념적 논쟁은 최근의 일이며, 그 개념적 논쟁의 주요내용은 국가 간의 논쟁으로부터 시작하여 어느 정도는 그 체계를 확립하고 있는데 무도의 기본적인 논쟁은 사전적 의미(한자를 해석하는 수준)에서 출발하여 각 국가별 개념적 상위를 주장하고 있는 실정이다.

전통적 개념으로 무술(싸움, 전쟁, 무가치)은 기법, 기술, 체계 등으로 해석되어 사용되고, 무예(예술, 진선미의 추구, 가치)는 무술보다 일반적이고 범위가 넓은 용어로 개별 무술종목을 포괄적으로 암시하고 있으며, 무도(규범, 질서, 공동체 유지, 가치)는 무술과 무예개념 정의의 연장선 위에서 일본의 무도개념을 설명하고 있는데, 봉건시대의 무술로부터 유래한 체계적인 교육방법에 의해 추구되는 것보다 훨씬 더 목적 달성을 위한 교육적인 방법으로 보고 있다.

이와 같이 무술→무예→무도의 발전적 개념을 주장하는 이들은 전쟁이 사라진 이후 나타난 수련문화의 변화양상에서 직업적 무술가의 등장을 중요한 변인으로 보고 있으며, 유파의 발생과 유행, 도장의 발생과 도장을 중심으로 한 기술을 위한 기술, 기술 그 자체를 위한 연구, 경기기술의 양식화(stylization)

등의 현상을 무예로 파악하고, 이후 무술수련이 극도로 양식화하여 정신수련 또는 교육적 가치가 주된 수련의 목적이 되면서 나타난 수련문화를 무도라는 개념으로 파악하고 있다.

또한 한국의 근대를 전후로 서양문물과 신체활동이 다량 유입되고 보급됨에 따라 서양신체사상이 전통무도에까지 영향을 미치고, 전통 사상도 점차 퇴색되어 버리는 경향이 나타난다. 특히 새로운 무도의 유입과 보급으로 인한 신생 무도의 생성은 전통적인 「무武」의 수련활동을 쇠퇴시킨 반면 다양한 형태의 모습을 갖추게 되어 무사(武士) 본위에서 서민 본위의 체육으로 발전되어 무도와 교육이 합한 형태가 강하게 나타났다.

이러한 「무武」에 있어서 술, 예, 도의 경지는 따로 분리되어 존재하거나 하나의 단계에서 다음의 단계로 진보해 나가는 계층적 개념이 아니라 무술의 본질적 기술을 제대로 수련하여 일정한 경지에 도달하면 기술 그 자체가 곧 예술로 승화되는 것이고, 「도道」는 「기氣」를 통해 만나는 경지로서 「기」 밖에서 「도」에 도달하는 것이 아니고 「기」 속에서 「도」를 이룰 수 있는 것이다.

따라서 무술·무예·무도의 개념은 특정한 단어가 내포하고 있는 의미보다는 「무武」를 통해 일어나는 일련의 과정을 중시하고, 그러한 「무」가 만들어지는 그 시대적 상황과 철학·역사·종교·사상 등과 같은 다양한 측면이 영향을 받았을 때 올바른 무도의 개념이 형성되고 이해되어야 할 것이다.

2) 무도의 원형 분류

무도는 원천적으로 자신을 보호하고, 더 나아가 국방의 군사력 수단으로 병기(武器)를 이용하는 기술체계를 말한다. 무기(武器)를 다루기 위해서는 강인한 체력이 필요할 뿐만 아니라 무기 없이 적과 대적하기 위한 기초(基礎) 내지는 보조적(補助的)인 무도가 필요하다. 무도의 범위는 병장기를 다루는 기

예인 병기뿐만 아니라 그것을 다루는 체력을 향상시키고, 기초 무도인 도수무도(徒手武道) 또한 포함된다.

따라서 무도에 대한 유형 분류를 살펴보면, 심승구(2001)는 무예란 원천적으로 병기를 사용하는 기술체계로써 무예란 병장기를 이용하는 기술체계를 말한다. 그런데 무기를 다루려면 체력이 필요할 뿐만 아니라 무기 없이도 적과 대적하기 위한 기초 무예 내지는 보조무예로서의 기술이 필요하다고 하였으며, 권법(拳法)을 '초학입예지문(初學入藝之門)'이라 하여 모든 무예의 기초가 권법이다. 따라서 도수무예가 병장기(兵仗器)를 이용하지 않지만 무예에 포함한 까닭이 여기에 있다.

무기의 유무를 관점으로 무도의 기술체계를 구분하면, 무도는 무기술을 이용한 병기무예(兵器武藝)[41]와 병기를 이용하지 않는 도수무예 또는 맨손무예로 크게 구별할 수 있다. 이와 같은 방법에 의해 병기무예로 단병무예(劍類, 槍類, 其他), 장병무예(射類, 弩類, 砲類)로 분류하고, 도수무예[42]는 격투무예(手搏, 拳法, 厮撲), 겨룸무예(角抵, 柔術)로 분류하였다.

그리고 김성태(2004)는 심승구의 분류를 토대로 병기무예[43]를 단병무예(刀劍術, 斧鉞術), 장병무예(槍矛術, 戟術), 원사무예(弓術, 弩術, 石戰術)로 구분하고, 도수무예는 격투무예(手搏), 겨룸무예(씨름)로 구분하고 있으며, 마상무예를 집병무예(騎射術, 騎槍術), 어마무예(馬戲術), 구희무예(擊毬)로 분류하였다.

---

41) 병기무예를 구분하는 방법은 병기의 길이에 따라 또는 병기의 사용변경에 따라 방식이 있을 수 있다. 다만, 후자의 기순에 따라 장병무예와 단병무예로 구분한다. 즉 장병무예란 궁, 노, 포 등과 같이 원거리의 적과 상대하는 장병기를 이용하는 무예체계를 말한다. 반면 단병무예는 창, 검, 도, 당파, 낭선 등을 비롯한 접근전에서 행하는 단병기를 이용한 무술체계를 말한다.

42) 도수무예는 그 형태에 따라 단순히 겨루기와 격투기로 구분할 수 있다.

43) 병기무예를 단병무예, 장병무예, 원사무예로 세분화한 것은 그 병기의 운용과 사용목적을 구분할 수 있기 때문이다. 즉 긴 자루가 있어 양손으로 다루어야하고, 찌르는 것이나 내리치는 것이 주목적인 도(刀), 검(劍)과는 병기운용 면에서 엄격한 차이가 있기 때문이다. 또한 노와 궁은 기계적인 물리적인 힘을 이용하여 화살을 멀리 쏘아 보내는 원거리 전투용 병기이기 때문에 접전용병기인 창모류 도검류와 구별하였다.

또한 무기를 이용하는 기술체계의 종류는 ≪무예도보통지≫의 무기술(武器術)에서 확연히 드러난다. ≪무예도보통지≫의 등패, 장창, 당파, 낭선, 곤봉, 쌍수도, 죽장창, 기창, 예도, 왜검, 교전, 월도, 협도, 쌍검, 제독검, 본국검, 편곤(籐牌, 長槍, 鏜把, 狼筅, 棍棒, 雙手刀, 竹長槍, 旗槍, 銳刀, 倭劍, 交戰, 月刀, 挾刀, 雙劍, 提督劍, 本國劍, 鞭棍) 등이 있다. 이와 같은 병기에 대해 정해은(2004)은 병기의 종류를 단병기와 장병기로 구분하고 있다.

즉 단병기는 짧고 작은 모양의 무기 또는 가까운 거리에서 근접전을 벌일 때 사용되는 무기를 일컫고, 이와 반대로 장병기는 긴 모양의 무기 또는 먼 거리를 공격할 때 사용되는 무기를 말한다. ≪무비지(武備志)≫에서는 검, 도, 창, 당파, 패, 낭선(劍, 刀, 槍, 鏜鈀, 牌, 狼筅) 등을 단병기로 꼽았고, 곤(棍)은 단병기 가운데 가장 기본이 되는 무기로 보았다. 장병기로는 궁(弓)과 노(弩)가 있다. 반면에 ≪기효신서≫에서는 차파, 곤, 쟁, 언월도, 구겸, 등패(叉鈀, 棍, 鎗, 偃月刀, 鉤鎌, 籐牌) 등을 단병기로 궁, 전, 화기(弓, 箭, 火器)는 장병기로 파악했다.

그리고 마(馬)를 이용한 무기술(武器術)은 기창, 마상쌍검, 마상월도, 마상편곤, 격구, 마상재(旗槍, 馬上雙劍, 馬上月刀, 馬上鞭棍, 擊毬, 馬上才) 등이 있으며, 신체의 각 부위를 이용한 비무기술(非武器術)은 각저희, 수박희, 탁견희, 권법(角抵戱, 手搏戱, 托肩戱, 拳法) 등이 있다.

또한 신체의 각 부위를 이용하는 비무기술은 그 형태에 따라 단순한 겨루기의 유희(遊戱), 무희(武戱)와 실전적인 격투기(格鬪技)로 나눌 수 있는데 격투기는 상대의 신체를 자신의 손과 발로 차는 수박(手搏), 권법(拳法), 시박(厮撲) 등이 여기에 속한다.

화기(火器)를 이용한 무기술에 있어 ≪기효신서≫에서는 장병기로 파악하였는데, 화기는 단순한 장병기로 분류되어지는 것보다 또 다른 형태의 무기로 보아야 한다. 초창기의 화기는 재래식 무기의 보조역할만을 수행하였지만, 화기의 발달과 함께 무기도 발달하여 무기체계에 일대 변혁기를 맞기도 하였다.

이에 사료에 나타난 화기의 분류를 살펴보면, ≪태조실록(太祖實錄)≫ 권7 태조 4년 4월 임오조(壬午條)에 ① 발사기(發射機): 대장군포(大將軍砲), 이장군포(二將軍砲), 삼장군포(三將軍砲), 육화석포(六花石砲), 화포(火砲), 신포(信砲), 화통(火筒), 총통(銃筒), ② 발사물(發射物): 철령전(鐵翎箭), 피령전(皮翎箭), 철탄자(鐵彈子), ③ 폭탄(爆彈): 질려포(蒺藜砲), 석환(石環), ④ 로켓형 화기 및 기타: 주화(走火), 오룡전(五龍箭), 화전(火箭), 독천화(獨天火), 유화(流火), 천산(穿山), 육화(六火)기로 구분하고 있다.

이와 같은 한국 무도의 원형분류와 그 내용은 〈그림-10〉에서 보는 바와 같다.

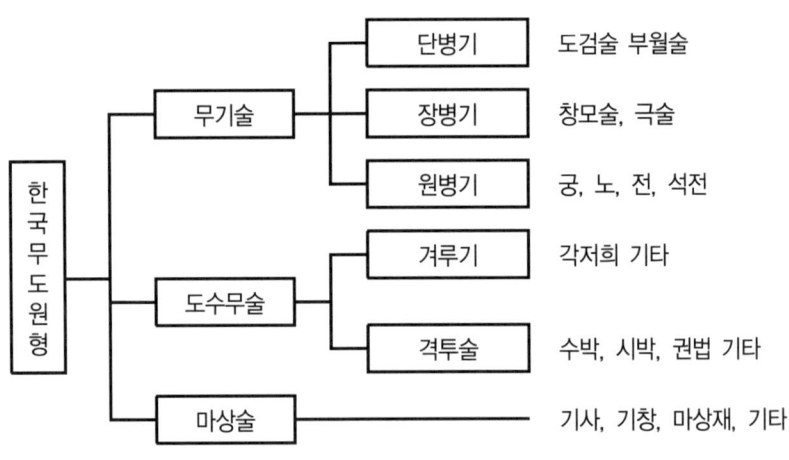

〈그림-10〉 한국 무도의 원형분류와 그 내용

3) 무도의 한국화를 위한 연구방향

무도란 전근대 사회의 개인의 무력수단 내지는 호신 능력 이상의 국가적 의미를 갖는다. 그것은 곧바로 국가의 방어체제와 밀접한 관련을 맺고 있기 때문이며, 고대 사회로부터 전쟁의 전략 및 전술, 무기, 무술 기술은 승패를 판가름하는 매우 중요한 요인으로 작용하였기 때문이다. 실제로 전근대 사회의 무도란 주로 개인적인 신체능력은 물론 대인적 상황의 대인적 격투와 병기를 다루는 기술을 포함하는 신체적 능력을 의미한다.

전통시대의 신체활동에서 무도가 차지하는 비중을 생각하고 무도를 무도자체로만 한정하지 않는다면, 무도 그 자체의 역사·이론·사상, 그리고 제도조직에 관해서 뿐만 아니라 정치·경제·군사·과학·문화 등의 제 분야를 포함하는 자연과학·사회과학·역사학·인류학 등의 분야와도 밀접한 관계를 가지고 있다고 할 수 있다.

따라서 무도는 인간 신체활동과 관련된 학문으로써 인간의 역사적인 면만으로 구분하여 단편적인 형태만을 연구할 수는 없는 것이다. 결국 무도는 체육학 하위영역의 하나로 이해될 것이 아니라 새로운 학문적 범주의 하나로 이해되어져야 하고, 또 무도의 학문적 범주는 철학적 배경과 역사적 측면의 연구가 기본이 되고 그에 따른 사회적 현상이나 자연과학적 측면·의학적 측면 등의 제반분야의 연구가 균형 있게 이루어져야할 것이다.

 한국 무도의 <신체 학문화>와 <역사적 재조명>

제2장 한국 무도사의 <재조명>

1. 무도사의 시대구분

1) 시대구분의 의미

한국 '무도사'의 시대구분은 곧 무도의 역사적 서술을 전제로 한다. 모든 역사 서술의 연구는 시대구분 문제에 직면하기 마련이다. 시대구분을 하지 않고서는 역사의 서술은 순서를 정할 수 없고, 역사적 전개과정을 설명할 길도 없다. 어떤 대상이든 그것의 역사적 발전을 체계적으로 인식하려고 시도할 때 대부분의 역사가들은 시대구분의 문제에 많은 시간과 방대한 양의 자료를 요구하게 된다.

따라서 시대구분을 어떠한 형식으로 구성하고 범주화한다는 것은, 곧 그 역사가의 역사를 인식하는 태도 내지는 방법의 표현을 의미한다. 그동안 한국 체육사 서술에 대한 업적은 있지만 '무도사' 나름대로의 창의적이고, 독창적인 시대구분의 준거를 찾지 못한 상태로 연구되고 있는 것이 현실이다. 역사학자들이 한국사 서술을 위해 편의적으로 설정해 놓은 왕조(王祖) 중심의 시대구분 내지는 사분법의 시대구분을 통해 한국 체육사를 서술하고 있다.

한국 '무도사' 영역에서 시대구분은 일반적인 형태의 무도를 중심으로 왕조(王祖) 내지는 근대이전의 사분법을 적용한 고대, 삼국시대, 고려시대, 조선시대 등으로 구분하여 그 시대의 특징적인 무도를 다루고 있다. 즉 나영일(1992)은 〈조선기 무사체육에 관한 연구〉, 박기동(1994)은 〈조선후기 무예사 연구〉, 남덕현(2002)은 〈고려시대 군사무예인 수박에 관한 연구〉, 이신영(2001)의 〈조선시대의 수박희에 관한 연구〉 등은 한 시대에 관련된 특정종목

및 제도를 연구하였으며, 근대이후 무도경기의 제도적인 측면이나 종목별 체육사적 의미를 도출하기 위한 시대구분을 하고 있다.

이와 같은 맥락으로 한국 '무도사'는 총체적 의미로 지칭하기 어려운 실정에 처해 있다. 다만 기존의 모 학문중심의 시대구분에 입각하여 체육에 관한 사실들을 통시적으로 서술하고 있을 뿐이다. 일정한 사실의 통시적 서술이 모두 역사로 본다면 타당할 것으로 생각되나 시대적 변화44)에 따른 발전 전개를 실상에 맞게 그 체계를 서술하는 것이 진정한 역사라고 한정한다면 아직 '무도사'의 시대구분에 대한 연구가 필요하다.

2) 한국 무도사의 시대구분

한국 전통시대의 연구는 대부분이 왕조사(王祖史)를 토대로 각종 신체활동의 특징을 제시한 무사체육시대, 내지는 생활체육시대, 무예체육시대로 구분하고 있으며, 특정 무도종목의 기원, 형태, 방법 등의 내용을 기술하고 있는 실정이다.

무도의 종목발달사 시기구분의 연구 논문을 살펴보면, 김영학(1999)은 〈한국체육사 영역에 따른 검술 및 검도의 발달 과정에 관한 연구〉에서 검술 및 검도의 의미를 분석하고, 검술 및 검도의 발달과정을 제 1기(경기검도 도입기 이전 : 1986년 이전), 제 2기(경기검도 도입기 : 1896~1945년), 제 3기(경기단체 조직 및 국내 검도 발달기 : 1946~1988년 이전), 제 4기(사회체육으로서의 발달기 : 1988년 이후)로 구분하고, 각 시기별 특징을 제시하였다.

조용철(2003)은 〈한국유도경기의 발달과정에 관한 연구〉에서 시대구분을 제 1기는 유도의 도입기로서 일제시대의 무단통치기(1910~1919), 문화정치기(1919~1937), 황국신민화통치기(1937~1945)로 구분하였고, 제 2기는 해방이

---

44) 한 시대의 대표할 수 있는 사건들에 의해 정치, 사회, 경제 전반에 파급적인 변화가 일어나는 특징.

한국 무도의 <신체 학문화>와 <역사적 재조명>

후 현대 유도경기의 형성기로 우리나라에서 대한체육회 산하 대한유도회의 조직구성이 이루어진 시기(1945~1966), 현대 유도경기의 발달기로 올림픽종목으로 발달하기 시작한 시기(1967~1987), 한국 유도가 세계 속에 정착된 시기를 현대 유도경기의 도약기(1988~현재)로 구분하였다.

한편 제도사적 측면의 시대구분에 대하여 최종삼(1996)은 <무도 경기규정의 변천과정에 관한 연구>에서 경기규정 변천을 4단계로 구분하여 지방화/개별화 단계, 국내화 단계, 국제지역화 단계, 세계화 단계로 분류하고, 무도경기의 발전 단계를 살펴보면 경기별로 발전단계가 조금씩 차이는 있지만 그 지향하는 바는 대체로 유사한 경로를 걷고 있다고 하였다.

따라서 한국 무도의 근대적 변천과정을 분석하고, 파악하기 위하여 선행연구를 살펴보면 나현성(1981)은 전통시대의 신체활동이 일반적인 유희의 내용과 무사체육의 시대로 구분하여 전통적인 신체활동을 기술하고 있으며, 정찬모(1999)는 4분법에 의해 전통적인 신체활동의 시기를 고대는 생활체육의 시대, 중세는 무예체육의 시대, 근세는 학교체육의 시대, 현대는 사회체육의 시대로 구분하여 각 시대 별 신체활동의 특징을 제시하고 있다.

특히 근대이후 과학문명의 발달로 전쟁무기가 첨단화되면서 한국 무도는 새로운 변화를 시도하였고, 변화의 요인은 다양한 측면에서 제시될 수 있다. 즉 신문물의 유입은 유입문화와 전통문화의 마찰을 통해 일정한 수용 단계를 거치며, 문화의 변용을 시도하여 새로운 모습으로 정착되고 미래지향적인 방향을 추구한다.

⟨표-1⟩ 선행연구의 시대구분

구분	연구자	구분시기	구분명칭	구분특징
전통무도시대	나현성 (1981)	전통체육기	무사체육의 시대	무예
		태동·성장기(1885)	형식체조 중심시대	병식체조, 보통체조, 학교체조,
		융성기(1927)	스포츠·유희중심시대	경기단체결성
		암영기(1941)	전기훈련 중심시대 (체육통제)	태평양전쟁
		발전기(1945)	현대체육활동기	민족해방
	정찬모 (1999)	고대	생활체육시대	전통체육시대
		중세	무예체육시대	
		근세	학교체육시대	근대체육시대
		현대	사회체육시대	
현대무도시대	곽형기 (1989)	제1기(1875–1884)	근대체육의 태동기	한국 최초의 근대학교설립
		제2기(1885–1904)	근대체육의 수용기	선교사에 의한 근대학교설립
		제3기(1905–1910)	근대체육의 정립기	사학교육을 통한 구국운동 전개
	김영학 (1999)	제1기(1986년 이전)	경기검도 도입이전	상징, 기예, 인재등용, 무예서
		제2기(1896–1945)	경기검도 도입기	격검양상, 학교체육, 군경
		제3기(1946–1988)	국내검도 발달기	단체조직, 보급과 국내 및 국제대회
		제4기(1988년 이후)	사회체육 발달기	단체증가, 무예운동, 스포츠와 갈등
	조용철 (2003)	제1기(1910–1945)	유도경기의 도입기	최용배(1999)의 일제시대 통치 형태별 시기를 참조 구분
		제2기(1945–1966)	유도경기의 형성기	
		제3기(1967–1987)	유도경기의 발달기	박경호(1999)는 경기규정변화와 발달과정 특징을 형성, 발달, 정착을 참조
		제4기(1988–현재)	유도경기의 도약기	

따라서 근대 이전·이후의 한국 '무도사'를 정립하기 위한 독창적인 시대구분이 필요하다. '무도사'의 독창적인 시대구분을 위해 역사적 사건 및 한국 무도의 변화를 초래한 시대적인 사항(시간적, 공간적인 연관)을 고려하여 한국 무도사의 시대구분은 ⟨표-2⟩와 같이 구분하였다.

한국 무도의 <신체 학문화>와 <역사적 재조명>

한국 '무도사'의 시대구분은 〈표-2〉에서 보는 바와 같이 근대 이전은 전통무도시대로 구분하고, 《왕조사(王祖史)》의 기록을 토대로 부족국가시대·삼국시대·고려시대·조선시대로 구분하였다. 그리고 근대이후 현대무도시대를 개화기(1876)를 전후로 조선왕조의 국운이 쇠퇴하여 근대문물이 수용되기 시작하는 시기의 한국 전통무도의 발전양상을 전통무도의 쇠퇴기, 개화기(1876)의 전통무도의 모습, 주변 국가로부터 외래 무도가 유입되는 시기를 한국 무도의 성립기(1910~1945)로 설정하였다.

〈표-2〉 한국 무도사의 시대구분

구분 \ 내용	시대 구분	무도사적 구분	무도사적 특징	시 기
근대이전 (전통무도시대)	부족국가시대 삼국, 고려, 조선시대	전통무도기	병기무술, 마상무술, 도수무술 무도의 체계화(무예도보통지발간)	B.C.57-935 918-1392 1392-1910
근대이후 (현대무도 시대)	개 화 기	무도의 성립기	외래문화유입(근대적 스포츠유입) 개화기의 전통무도 쇠퇴 외래무도의 유입	1876년 ~ 1909년
	일제시대		무도관의 형성과 단체결성 학교 무도의 발전 전통무도의 소멸	1910년 ~ 1945년
	광복 이후	무도의 발전기	무도단체의 협회결성과 스포츠화 무도의 교육화 신생무도의 형성과 분화	1946년 ~ 1980년
		무도의 확장기	무도의 국제화 무도의 생활체육화 전통무도의 부활 무도의 학문화	1981년 ~ 2000년

즉 일본의 식민통치 지배에 따른 모든 제도권이 일본인에 의해 통치됨에 따라서 한국 사회는 일본의 무도가 유입되고, 일본인에 의해 무도관(武道館)이 형성되었으며, 제도의 일환으로 유술(柔術) 및 격검(擊劍)이 학교 체육교육에

보급되고, 무도관의 형성에 따른 경기화가 추진되는 시기를 한국 무도의 성립기로 구분하였다.

그리고 1945년 광복을 맞이하여 일본인에 의해 강요된 무도가 한국인에 의해 새로운 변모를 시작하여 외래 유입 무도가 협회를 결성하고, 학교 교육의 일환으로 교과서에 채택되며, 각 무도단체가 국내 및 국제조직을 형성, 국제경기연맹 및 세계연맹을 창설하고, 가입하여 스포츠화를 추진한다. 특히 1960년대 이후 한국내의 여러 유파(流波)의 유술(柔術) 및 무술이 통합을 시도하여 새로운 형태의 신생 무도가 출현한 시기를 한국 무도의 발전기(1945~1980)로 설정하였다.

또한, 한국 무도의 확장기는 1980년대 이후 제3공화국이 출범하여 민족주의 이데올로기를 통하여 체육정책을 구현하고, 국가발전과 국민체육의 시대를 열었으며, 민족중흥과 국위선양을 목표로 강력한 민족주의적 이데올로기를 통한 경제발전을 전개한 시기에 전통무도단체가 부활하고, 무도가 국제평화주의에 입각한 국제화를 추진한다.

특히 88서울올림픽이후 관심이 고조되기 시작한 생활체육의 등장으로 무도가 1990년대 생활체육으로 변화를 시도하는 한편, 1990년대 이후 무도의 학문적 논쟁을 통한 무도의 학문화를 추진한 시기를 한국 무도의 확장기(1980~2000)로 설정하였다.

한국 무도의 <신체 학문화>와 <역사적 재조명>

2. 무도의 역사적 배경

무도가 언제 어디서 시작되었는지 지금까지 정확히 규정되진 않았으나 원시 사회의 투기형식이 오늘날 무도의 원형이 되었다. 원시 사회는 생존을 위한 본능적 행동과 농경발달에 따른 잉여생산물(剩餘生産物)의 상호쟁탈로 인해 전사적 수련이 무엇보다 중요했고, 이 시대 신체활동의 대부분은 무사수련이 가장 핵심적인 요소인 것이다.

따라서 전 부족은 항상 전쟁에 대비하여 강건한 체력과 정신력을 유지하여야 했고, 무적능력(武的能力)은 인간의 전쟁수단으로 발전하였다. 그리고 신체적·정신적인 활동이 먹을 것을 얻는 것의 자발적인 단계를 벗어나 예상되는 적의 공격에 대비한 강한 수련을 거칠 때 보다 체계적인 신체활동으로 발전한다. 이러한 「무武」의 단련은 부족의 운명을 좌우하는 것으로 당시의 신체활동의 전부라 할 수 있고, 각 부족마다 무기를 갖추고 유사시 전투에 참가하였다(이재학, 2005).

특히 고구려와 같이 강명했던 부족은 정복된 하호(下戶)로부터 착취에 의거하여 생업에 종사하지 않고, 연일 수렵과 무사훈련을 일삼는 직업적인 전투사의 성격마저 띠고 있었다. 결국 무적(武的)인 기술의 발전과 함께 철기의 보급과 무기의 양질적 증가로 인한 개인의 무기는 그 사용의 법도를 얻어 기술적 발달에 도달하였으며, 무도의 신체활동은 시대적·역사적 환경 속에서 다양한 모습의 변화의 양상을 가지며 발전하였다.

이후 신체활동은 점차 정치적·군사적 목적의 수련체제가 강하게 나타났고, 시대의 안정 속에서 다양한 무적활동의 중심체는 일반적인 유희활동(遊戲活動)[45]의 형태적 변형을 가져오기도 하였으며, 시대 환경적 영향에 의해 국가

---

[45] 유희(遊戲)라 함은 일정한 방법에 의하여 재미있게 노는 놀이나 장난을 말한다. 이러한 유희의 자전적 의

와 타 국가 간의 전시체제는 무희활동(武戱活動)46)이 점차 강하게 나타나는 양상을 보인다.

특히 고려시대 후기의 화약무기가 실전에 사용되기 전 전쟁에 동원되는 무기는 도, 검, 모, 극, 궁(刀, 檢, 矛, 戟, 弓) 등으로 대표될 수 있으나, 화약무기의 출현과 더불어 전쟁에서 사용되는 무기의 체제가 변화되었다. 전투에서 화약무기의 비중이 점차로 높아지면서 전통적인 궁시류(弓矢類) 및 창·검류(槍·劍類)와 같은 무기류의 비중은 감소된다.

그리고 조선조의 중종 말부터 승자총통과 같은 화포와 임진왜란을 통해 화차 등과 같은 신무기가 발명되었다(국방군사연구소, 1994). 이와 같은 화기 및 신무기의 발달은 전통적 무도인 창, 궁, 검(創, 弓, 檢)을 비롯한 도수무도(徒手武道)의 형태인 수박(手搏), 각저(角抵), 수벽(手擗) 등의 신체 활동적 무도는 약화되는 계기가 되었다.

그러나 우리나라는 임진왜란 이후 국가의 국력쇠퇴와 외세의 침입에 대한 국방력의 강화가 정치적 문제로 대두됨에 따라 국방력 강화를 위한 수단으로 임진왜란 당시 들어온 ≪기효신서≫47)를 바탕으로 한국 무도 체계의 변화를 시도하여 각종 '무도서' 편찬을 통해 무도 발전을 진작시킨다.

미는 "① 장난을 하며 즐겁게 놂, ② 일정한 방법에 의하여 행하는 아동의 운동"으로 해석하고 있다. 여기에서 유희와 무희를 놀이라는 공통적인 개념으로 보고, 유희는 일상적인 장난을 하며 즐기는 놀이로 해석하고자 한다. 이것은 시대적 환경에 따라서 유희성 내지는 무희성이 다르게 나타날 수 있다. 즉 유희성이 강하게 나타날 수 있고, 그에 반하여 무희성이 약하게 나타날 수도 있다.

46) 무희(武戱)라는 말은 ≪무예도보통지≫에 "친다는 것은 권박(拳搏)이라 한다. 또한 변한서〈애제기〉에는 맨손으로 치는 것과 활쏘기 무희를 관람하였다. 주에 수박은 맨손으로 치고 힘을 겨루는 것이므로 무희라고 한다(搏卽拳搏也 又作卞漢書哀帝 紀贊時覽 卞射武戱 注 手搏爲卞角 爲武戱)"라고 하여, 무희(武戱)라는 용어가 등장한다. 한편 ≪무예도보통지≫의 번역서에서 임동규는 무희(武戱)를 "무예놀이"로 해석하고 있고, 자전적 의미는 민중서림(1997) ≪漢韓大字典≫에는 ① 무술의 유희, ② 힘겨룸으로 해석하고 있다.

47) ≪기효신서≫는 명나라 장수 척계광이 1560년(明宗 15)에 절강현 참장(參將)으로 있을 때 왜구를 소탕하기 위하여 편찬하였다. 다른 용어로는 절강병법(浙江兵法)이라고도 한다. 권1 속오편(束伍篇)부터 권18 치수병편(治水兵篇)에 이르는 총 18권으로 이루어진 책이다. 특히 조총(鳥銃), 등패(籐牌), 낭선(狼筅), 장창(長槍), 권법(拳法) 등 다양한 무기와 무예 전술을 구사하는 것이 특징이다.

 한국 무도의 <신체 학문화>와 <역사적 재조명>

한편 나현성(1985)은 갑오경장(甲午更張)48) 이전 무도의 의미는 정치적, 군사적 목적이 강하고, 중세의 신체활동은 무사훈련의 일환으로 실시하였으며, 갑오경장 이후 체육은 구미, 일본으로부터의 교육 사조를 배경으로 체조(體操), 유희(遊戲), 교련(敎鍊) 등의 내용으로 행하였다.

따라서 전통시대 무도는 무사 본위에서 서민 본위의 신체활동으로 발전되어 무도와 교육이 복합된 형태가 강하게 나타났다. 그러나 한국의 근대를 전후로 서구문물의 다량유입과 서양신체활동의 보급에 따른 서양신체사상이 시간의 흐름에 따라 전통적 신체활동에 영향을 미치고, 그것으로 인해 전통 사상도 점차 퇴색되어 버리는 경향이 나타난다(이재학, 2005).

이와 같이 한국 무도는 개화기(開化期)49)를 전후로 인접국가로부터 외래 무도의 유입50)과 보급으로 인한 전통적인 무적수련활동(武的修練活動)의 쇠퇴계기가 되는 반면 다양한 형태의 무도문화의 변용(變容)을 시작한다.

---

48) 갑오경장(甲午更張)은 1894년 7월부터 1896년 2월까지 개화파 내각에 의해 추진된 근대적 제도개혁을 의미한다. 1894년 갑오농민전쟁이 일어나자 민씨 정권은 청국에 파병을 요청하였다. 청국이 이를 수락하고 군대를 파견하자 일본도 1884년의 톈진[天津] 조약을 빌미로 군대를 출동시켰다. 청·일 양군이 주둔한 가운데 양국간에 전쟁 기운이 높아지자 조선 정부는 다시 양국군의 철수를 요청하였다. 이미 조선에서 정치적 지배력을 구축하고 있던 청국은 이를 받아들였으나, 일본은 이를 거부하고 침략의 명분으로서 조선에 내정개혁을 요구하였다. 민씨 정권이 이를 내정간섭이라 하여 거절하자 일본군은 7월 23일 궁중에 난입하여 무력으로 민씨 정권을 타도하고 흥선 대원군을 다시 영입하는 한편, 김홍집 등 개화파 인사들로 신내각을 구성하게 하였다. 이어 7월 27일에는 내정개혁 추진기구로 군국기무처가 설치되었다. 여기에는 회의 총재 김홍집을 비롯한 박정양·김윤식·유길준 등 주로 개화파 인사들로 구성된 17명의 의원이 참여하여 개혁사업을 총괄 지휘하였다.

49) 개화기(開化期)는 학자들에 따라서 그 시점이 명확히 구분하고 있지 못한 것이 현실이다. 즉 1876년의 병자수호조약체결, 또는 1894년의 갑오개혁으로 보는 등의 상충된 견해가 있다. 따라서 한국이 개항과 더불어 쇄국에서 탈피하고, 국제사회 속에 편입되는 시기를 개화기의 기점으로 보고 개화기는 1876년부터 1910년 까지를 가리킨다.

50) 국내에 외래무도가 유입된 사실은 누구도 부정하지 않는다. 즉 한일합병이후 일본의 유도, 검도 등이 유입되고, 이 시대 유학파가 국내로 들어오면서 주변국의 외래무도를 국내에 선보였다. 특히 양진방(1986)은 한국의 전통무술은 거의 소멸되고, 1945년경에 일본의 당수를 유입하여 새로이 출발한 근대 태권도는 이후 약 40년 동안에 큰 변화를 경험하였다고 밝히고 있다. 또한 광복이후 우리사회에서 유행한 무술, 무예, 무도는 택견을 제외한 거의 모든 종류가 주로 일본에 그리고, 일부는 중국에서 유입된 것이다(양진방, 1999). 따라서 한국의 주변 국가인 일본, 중국 등에서 그 나라의 고유한 무술 내지는 무도가 유입되어 한국 무도의 전반에 수용 및 변용의 과정을 거쳤을 것으로 사료된다.

3. 전통무도의 발전양상

1) 부족 국가시대의 무도

부족 국가시대는 문명이 발생하기 전·후의 인간 삶에 대한 역사로 살펴볼 수 있다. 즉 원시시대의 인간생활을 이해하기는 매우 어려운 것이 현실이며, 원시시대의 생활 모습은 고고학(考古學)이나 민속학(民俗學) 또는 문화인류학(文化人類學)의 바탕에서 인간의 신체활동을 추론할 수밖에 없다.

인간의 신체활동은 인류가 남긴 유물이나 유적 등을 통해 그 당시의 신체활동의 형태를 파악할 수 있다. 따라서 원시사회는 인지가 발달하지 못함에 따라 생존을 위한 수단이 인간의 신체활동의 전부라고 말할 수 있다. 인간은 생존을 위한 수단의 한 방편으로 신체의 각 부위를 이용한 기본 동작인 주(走), 투(投), 격(擊) 등의 능력이 자신과 종족의 보존수단으로 중요한 의미를 가진다.

그리고 생존을 위해 자연으로부터 식량을 얻고, 타 종족으로부터 자신과 종족을 보호하기 위해서는 강인한 신체적 단련이 절대적이었다. 즉 고조선, 고구려, 부여 등의 강명했던 고대 부족국가 사회는 집집마다 제각기 병기와 갑옷을 가지고 있었으며, 유사시 모든 부족원이 전투에 나서야만 했다.

특히 농경사회가 발달함에 따라 인간의 최대 위협인 자연과 외부의 적으로부터 종족을 보호하고, 더 나아가 자연신을 숭상하는 천신(天神), 태양신(太陽神)을 숭배하는 민간신앙(民間信仰)이 발생하였다. 이와 같은 신앙은 자연의 위협으로부터 자신과 종족을 보호하기 위한 제천의식(祭天儀式)으로 발전하였다.

제천의식은 농경생활에 따른 파종(播種)과 수확(收穫)을 위하여 집단신(集團神)에게 무사태평(無事泰平)과 오곡풍양(五穀豊穰)을 기원하면서 그 신(神)을 즐겁게 하고, 신의(神意)를 탐지하기 위하여 발생 전래되었던 신사행위(神事行爲)의 일종으로 신전에서 농악, 탈춤, 굿 등이 신(神)을 즐겁게 하기위한

 한국 무도의 <신체 학문화>와 <역사적 재조명>

오신행위였다면, 씨름, 줄다리기, 편싸움 등은 신의(神意)를 탐지하기 위한 경기였다(박주홍, 1994).

부족 국가시대에 행하여진 제천행사는 고구려의 동맹(同盟), 부여의 영고(迎鼓), 예의 무천(舞天), 신라의 가배(嘉俳), 삼한의 오월, 10월 등이 제천행사의 일종이 행하여 졌다(조명렬 외 2인, 1997). 이와 같이 제천의식에서 행하여진 궁술과 씨름이 하나의 유희(遊戱)로 행하여지기 시작하여 부족 국가시대는 제천행사와 더불어 각종 신체활동 뿐만 아니라 무도수련이 중심적인 역할을 담당하였을 것이다.

고대의 유물자료로 추정되는 많은 종류의 무기류(청동제 단검, 마제석검, 화살촉)와 유적지의 벽화그림 등을 볼 때 부족국가 시대의 무도에 관련된 형태와 방법을 추정할 수 있으며, ≪삼국지≫를 보면, 무기류에 관련된 내용을 다음과 같이 설명하고 있다.

> 부여사람들은 평소 집안에 활과 화살(矢,) 창(槍,) 칼(刀)을 가지고 있었으며, 유사시 부족이 일치단결하여 전투에 임하였고, 동옥저 사람들은 강직하고 용맹하였으며, 창(槍)의 사용과 싸움에 능하였다. 그리고 마한 사람들은 활(弓), 창(槍), 방패(防牌), 노(弩) 등의 여러 병기를 잘 다루는 동시에 무인으로서의 아량(雅量)이 있었다고 적혀있다(윤익모 외, 1994).

그리고 고구려의 건국신화에 나오는 동명성왕의 이름이 주몽이며, 부여어로 주몽(朱蒙)이란 명궁수를 뜻한다. ≪삼국사기(三國史記)≫51)에 따르면, 주몽은 7살에 손수 활과 화살을 만들었고, 활을 쏠 때마다 명중하였다는 기록을 볼

---

51) ≪삼국사기(三國史記)≫는 인종(1145년) 때 김부식 등이 왕명을 받아 편찬한 삼국시대의 정사. 중국의 정사체인 기전체를 모방한 유교적·중국적 체재를 갖춘 한국 최초의 역사서로서 고기, 삼한고기, 신라고사, 구삼국사 등의 국내문헌과 삼국지, 후한서, 진서, 위서, 송서, 남북사, 신당서, 구당서 등의 중국 문헌을 참고하여 재구성한 것이다. 이와 같은 삼국사기의 무도 관련 명칭은 신라본기 4, 진흥왕 19년 노, 열전7, 관창전에 궁술, 열전4 거염미전에 수박희 등이 있으며, 이외에 무기류와 관련된 내용도 있다.

때, 이미 한반도 부근에 무도에 관련된 형태가 발전하고 있음을 시사한다.

이와 같이 부족 국가시대의 무도는 생존과 종족보존을 위한 수단으로 무도의 생활은 인간의 삶의 총체로 매우 중요한 수단임을 알 수 있으며, 이러한 결과 자연「무武」적인 기술은 선인들의 풍속 속에서 자연적 전수과정을 거치며, 그 체계를 형성하여 보다 정교하고, 진보적인 신체활동으로 발전한 것이다.

2) 삼국시대의 무도

삼국시대는 일반적으로 집권국가가 완성되거나 형성된(신라의 경우) 4세기 말엽(370년경), 고구려의 소수림왕, 백제의 근초고왕, 신라의 내물왕 시대로부터 보고 있다. 삼국시대의 집권세력들은 그들의 영화와 번영을 위해서 무력적 정복과 통치가 필요하다고 인식했기 때문에 삼국은 끊임없이 공방전을 벌렸다(최종삼, 1993).

삼국은 전제왕권으로 결속된 고대 국가의 영토에 대한 집념을 달성하기 위한 수단으로 군사력에 힘입어 무사를 양성하였다. 따라서 무사 교육은 조직적이고 체계적이었다. 격투기의 형태가 자신을 보호하는 것과 놀이의 형식, 군사력강화를 위한 무사수업의 수단 등의 성격을 나타내었다.

고구려, 백제, 신라의 3국은 각각 대소 부족세력의 정복을 통합하여 전제왕권으로 편제된 고대 국가이며, 각 국가들은 지배계층의 지위를 확정하고, 국가의 안전을 유지하기 위해 불교를 도입하고, 유교적 요소를 가미하여 충성을 요구하였다. 즉 삼국의 충돌로 인한 국민들은 군사적 의무를 부담하지 않을 수 없었고, 국가적인 목적달성을 위하여 무사적 수련집단을 조직하였다. 이 시기의 훌륭한 무사가 국가의 유능한 지도자였고, 무적 수련의 성과에 근거하여 인재를 등용하였다(나현성, 1974).

삼국시대의 대표적인 교육제도는 고구려와 신라에서 운영하는 경당(經堂)과

 한국 무도의 <신체 학문화>와 <역사적 재조명>

화랑도(花郎道)를 들 수 있다. 고구려는 요지(要地)에 경당을 설치하여 학문과 무술을 연마하게 하였다. 고구려의 경당에 대한 기록은 ≪구당서(舊唐書)≫에 기록되어 있다.

> 풍속이 서적을 좋아하여 귀족의 집안이나 짐승을 기르는 집안이나 마찬가지며, 거리에 큰 집을 짓고, 경당이라 불러 결혼전의 청년들이 여기에서 밤낮으로 독서하고, 습사(習射) 한다.

그리고 화랑도는 진흥왕 37년에 창설되었으며, 점차 확대되어 국선(國仙), 화랑(花郎), 문호(門戶), 낭도(郎徒) 등의 계층이 발생되었다. 최고 계급에 해당되는 국선 아래에 3~4명의 화랑과 수천의 낭도가 편성되었다. 이와 같은 화랑도는 도의를 닦고, 시와 노래를 즐기며, 자연을 순례하였고, 신체 단련에 힘썼다.

화랑도의 덕목은 충성(事君以忠), 효도(事親以孝), 신의(交友以信), 용기(臨戰無退), 생명존중(殺生有擇臨陣)을 교육의 덕목으로 삼았고, 수행을 통해 신체고행, 동기(同期)의 계(契), 단독 입산수행 등을 통해 전인적 인간을 육성하였으며, 각종 신체적 유희를 비롯한 검술(劍術), 창술(槍術), 궁술(弓術), 기마술(騎馬術) 등의 다양한 무도수련 활동을 하였다.

삼국시대의 대표적인 유물자료는 고구려의 고분을 들 수 있다. 즉 고구려 고분은 만주 길림성 통구와 평양부근의 용강군, 대동군, 강서군 등지에 걸쳐 50여 가지의 고분이 잔존(殘存)하고 있다. 약수리 고분, 덕흥리 고분, 안악 3호분 등의 벽화의 그림을 살펴보면, 고려시대에 성행하였던, 수렵도와 기마도가 있으며, 각저도(씨름), 수박도 등의 벽화가 현존하고 있다. 여러 가지의 유물과 자료를 근거로 볼 때 이미 삼국시대의 무도는 그 체계가 확립되고, 여러 가지 무술의 형태가 나타나고 있는 것으로 보아 다양한 무술형태가 분화되기 시작하였다.

하지만 현대의 일부 학자들은 이와 같은 유물의 자료를 근거로 현재의 무도와 그 형태적인 측면에서 유사성을 찾고 있으며, 형태적 유사성으로 인하여 각종 무도종목의 원형임을 제각기 주장하고 있다. 특히 무용총과 안악 3호분 고분벽화에는 두 사람이 양손을 벌리고 주먹을 쥐지 않는 상태로 약간의 무릎을 구부린 자세로 서로 공방을 위한 자세를 취하고 있다. 이러한 자세의 형태를 현재 대부분의 학자는 수박(手搏)으로 추정하고 있으며, 태권도나 택견의 기원을 무용총과 안악 3호분의 벽화를 근거로 기원을 제시하고 있다.

이와 같이 삼국시대는 하나의 통일된 국가를 형성하여 부족국가 시대에 형성된 전통적인 신체활동이 보다 체계적으로 형성되어 국가의 인재양성을 위한 교육제도의 일환으로 매우 중요한 역할을 수행하였다. 특히 각종 문헌 및 유물자료에 나타나는 전통무도는 이미 여러 가지의 신체활동으로 분화되고 발전되었다.

3) 고려시대의 무도

신라말기는 골품제도의 한계성으로 중앙귀족의 분열과 항쟁이 일어나고, 육두품 세력과 지방호족이 대두하여 중앙귀족을 비판하거나 항거하기 시작하였다. 이 때 궁예(弓裔)는 후고구려, 견훤(甄萱)은 후백제를 표방하여 궐기하였다. 궁예의 뒤를 이은 왕건(王建)은 기층민과 융합하고, 해상 세력과 연합하여 수취제도를 개혁하고, 새로운 사회관계를 제시하여 고대에서 중세로 발전적 연결을 마련하였다. 왕건은 935년 신라를 합방하고, 936년 후백제를 멸하여 중세국가인 고려를 세웠다(조명렬 외, 1997).

후삼국의 동란(動亂)을 극복하고 통일국가를 건설한 고려는 문무(文武)의 균형이 통치의 바탕이 되었다. 국가가 안정되며, 평화로워지고, 유교적 지도이념이 부각되면서 문인의 세력이 점차 강화되어 갔다. 따라서 관직체계는 문반 위주(文班爲主)로 짜여 졌으며, 최고관직인 재상급(宰相級)은 물론 군국(軍國)의 대무(大務)도 문반이 차지하였다. 따라서 유교적 교양을 습득하고 문과를 통하여 지배계층으로 성장할 수 있었다(최종삼, 1993).

고려시대 후기의 무도수련은 점차 유희(遊戱)적인 성격을 띠게 되는데 이는 무사수련이 보다 순수한 수련으로 진일보한 것으로 볼 수 있다. 또한 전통적으로 중시되었던 기마술은 격구로 발전하였고, 궁사는 내기와 활쏘기로 유행하였다.

그리고 개인 호신술인 수박(手搏)이 크게 장려되었다. 궁술은 문인들에게 장려되었고, 특히 격구는 모든 사람들이 가장 선호하는 유희적인 신체활동으로 발전하였으며, 귀족층은 매사냥을 즐겼고, 씨름, 석전, 축구, 그네뛰기, 연날리기, 죽마, 바둑, 투호, 쌍륙 등이 성행하였다(윤익모 외1인, 1994).

하지만 고려는 대륙(大陸) 방면의 요(遼)·금(金)·원(元)의 세 강국이 항상 압력을 가하여 왔으므로 나라를 유지하고 국토를 보전하기 위하여 무력적(武力的)인 항쟁이 불가피하였다. 따라서 고려시대는 북방의 종족과의 투쟁사라고 볼 수 있다. 이러한 시대적 배경 밑에 고려는 개국 초부터 불교를 국교로 삼았으며, 뒤이어 들어온 유교로 말미암아 한학이 점차 융성하고, 문신(文臣)이 중용된 반면 무신(武臣)의 지위는 상대적으로 격하되었다.

그러나 이러한 정황 속에서도 항상 북방(北方) 외족의 위협 때문에 무도를 전적으로 경시하지는 못하고 장려한다. 따라서 예종(4년, 1109)은 국자감(國子監52))에 7과를 설치하였는데 그 7과 중 무학(武學)의 1과에 8명을 두게 되었

---

52) 국자감(國子監)이란 고려시대의 교육기관으로 성종 11년(992) 태조 이래의 교육기관이던 경학의 이름을 개칭하였으며, 국자감은 국자학, 태학, 사문학 등의 유학전공의 3학과와 율학, 서학, 산학 등의 실무직 기술을 습득하는 3학을 두어 경사육학(京師六學)이라 하였다. 11대 문종 때는 최충의 문헌공도 등 12공도의 사립학교가 개경에 설치되어 사학이 쇠퇴하자 16대 예종은 관학진흥책으로 국자감을 국학으로 개칭하고, 국학 내에 최충의 9재 학당을 모방하여 7재를 설치하고, 중국 고전을 중심으로 교육하였다.

다. 예종이 무학의 과를 둔 의의는 당시 북쪽의 여진족과의 관계가 복잡한 때이니만큼 우수한 무관을 양성하여 국방을 튼튼히 하고자 하는데 있었다는 것을 알 수 있다. 즉 고려사 권14 예종세가 11월 4일 경진(17일)조에

> 문무 양학을 갖추어 장래의 장수와 재상을 양성하라고 명하였다. 이와 같이 무학 설치의 의의를 밝히고 있어 고려시대 무도 역시 장려되고 있음을 알 수 있으며, 고구려의 병제는 부병제를 채택하여 6위를 설치하고, 이를 38명으로 나누어 서울을 수비하게 하였다(문교부, 1973).

성종 때는 군인의 복색을 제정하여 좌우의 병사를 설치하고, 동북, 서북쪽 양면에 병마사, 선병별감의 별무반을 특파하여 북방 여진족 등의 침범을 방비하였다. 특히 예종 4년(1109)에 국자감 7과53) 중 강예재(講藝齋)라는 무학의 과를 두어 무사는 전통적 방법에 의해 무예를 체계적으로 교육받았다.

그러나 고려는 신라의 문화를 계승하여 강건한 군인의 손으로 새로운 정치적 이념을 실현하였으나 중국문화의 영향, 불교의 융성, 북방 종족의 침범으로 인해 고려 말은 국력이 약화되었다. 특히, 유교의 도입과 거센 대륙 문화의 흐름 속에서 사대주의적인 사상이 대두되고, 한학이 융성하여 문신이 중요한 자리를 맡게 됨에 따라 무신이 천대를 받는 경향이 나타났다.

결국, 고려는 삼국시대와는 달리 전통적인 무도가 다소 침체된 경향이 있으나 궁술, 수박, 마상재, 격구 등의 무도를 장려하고, 무희적(武戱的)인 요소로 발전하고, 무도가 국가방위 수단의 일환으로 전투능력의 양성을 목적으로 실시되고 있음을 알 수 있다.

---

53) 예종은 1109년 과거응시자를 위해 국자감에 7재를 두어 전공별 강의를 하게 하였다. 관학진흥책의 하나로 설치된 7재는 여택재(麗澤齋), 대빙재(待聘齋), 경덕재(經德齋), 구인재(求仁齋), 복응재(服膺齋), 양정재(養正齋) 강예재(講藝齋)로서 제 1재부터 제 6재까지를 유학재(儒學齋)라고 하고, 제 7재를 무학재(武學齋)라 하여 국학을 문무양학으로 구분하였다.

4) 조선시대의 무도

고려시대 말은 대외적으로 원(元), 명(明)의 교체시기에 있었으며, 원, 홍건적, 왜구의 침입과 명의 압력이 강해지고, 권문세도가 강성하였다. 당시의 권문세도가는 친원적 태도와 대농장을 갖고 있었다. 이러한 권문세가에 반대하는 토착적 기반을 가진 향리출신의 신흥 사족이 등장하여 새로운 세력을 형성하였다(조명렬 외2인, 1997).

특히 왜구의 침범으로 고려는 경제가 악화되었을 때 왜구의 토벌에 공을 세운 사람이 최영(崔瑩)과 이성계(李成桂)였으며, 이들은 지방 지주층의 적극적인 지지를 얻어 독자적인 군벌을 형성하였다. 공민왕 사후 우왕은 친원 정책을 펼쳤으나 친원 정책을 주장하는 세력과 반대되는 세력으로 양분되고, 요동정벌에 낯선 이성계는 군사적 견지에서 요동정벌의 불가를 주장하였다. 결국 이성계는 위화도에서 회군하여 정권을 장악하고 1392년 왕위에 올라 조선시대가 개국한다.

하지만 조선시대는 사회혁명에 의해 형성된 국가가 아니라 단지 왕조가 바뀐 혁명, 즉 왕권교체에 지나지 않았고, 정치, 사회, 경제, 문화 등의 모든 부분이 고려적인 기반위에서 개혁되고, 재조직 된다. 고려사회는 모든 문화가 유·불교를 배경으로 하여 전개되었으나 고려 말 주자학이 도입되어 건국 초부터 배불정책을 내세워, 유교를 숭상하는 정치의 지도 이념으로 삼아 사대주의가 완성기를 이룬 것이 이 시대의 특징이다(체육총서편찬회, 1980).

조선시대는 유교적 사상에 의해 전통적인 신체활동과 무도수련활동이 차츰 쇠퇴하는 경향이 나타났으나 무관을 과거에 의하여 등용하였으며, 특히 세조는 그의 정권 쟁탈을 계기로 무관 등용을 위한 과거제도를 대폭 정비하고 강화시킴에 따라 궁술(弓術), 수박(手搏), 기병(騎兵)의 창(槍), 격구(擊毬) 등의 무술이 발전하게 된다.

무관등용 시험에 관련된 사료는 ≪조선왕조실록(朝鮮王朝實錄)≫에서 찾아 볼 수 있다.

    태종(9년, 1409) 2월 17일 병조가 무사를 뽑는 법을 상언하였는데 앞서 천군의 무장한 병사는 말타기, 활쏘기, 걸으며 활쏘기를 시험하여 군대를 보충하였으나 병법에 발이 빠른 말과 힘이 센 사람을 모아서 한 병사를 만들었던바 이제부터는 창 패, 갑옷, 병기를 갖추고 300보를 잘 달리면 높은 등급, 200보를 잘 달리며, 중간 등급이 되고, 힘이 남보다 나아서 능히 네 사람을 이긴 자는 높은 등급, 세 사람을 이긴 자는 중간 등급이 되도록 시험해 뽑아서 패를 만든다는 기록이 있다(문교부, 1973).

이와 같은 기록을 볼 때, 조선시대는 말을 타고 궁술(弓術), 검술(劍術), 격구(擊毬) 등의 마상재가 행하여지고 있음을 알 수 있다. 하지만 조선시대는 극단의 문약 정치를 이루게 되었고, 유학의 발전은 여러 당파를 형성하여 당파간의 정권쟁탈이 심화되어 국운이 쇠퇴하는 계기가 되었다. 이러한 결과 임진왜란, 병자호란의 전쟁이 발생함에 따라 국가의 모든 체제가 전시체제로 편성되어 선조 26년 훈련도감을 설치하였다.

따라서 국민들의 적개심은 고조되고, 새로운 애국심이 각성됨으로써 도처에 의병이 봉기하여 쇠퇴한 무도가 부활되기 시작하였으며, 특히 임진, 병자이후 ≪무예제보≫(1589), ≪무예신보≫(1759)가 발간되고, 이후 ≪무예도보통지≫(1790)가 발간되어 한국 전통무도가 그 체계를 형성하게 되었다.

그러나 조선시대는 유교를 숭상함에 따라 정치적 이권의 쟁탈로 국운이 쇠퇴되었다. 따라서 유학사상은 전통적인 무도발전을 저해하는 요인이 되었을 뿐만 아니라 주자학은 조선중기 이후 새로운 학풍의 싹을 질식하게 함으로써 유교적인 독단, 쇄국적인 사회를 더욱 굳게 하였다.

한국 무도의 <신체 학문화>와 <역사적 재조명>

4. 개화기의 전통무도

1) 조선후기의 전통무도

한국 전통무도라고 주장할 수 있는 종목들은 여러 가지가 있지만 그 대표적인 종목으로 비무장 무도인 각저(角抵), 수박(手搏), 탁견(卓見) 등의 유형과 창(槍)과 검(劍) 또는 궁(弓)을 이용하는 무기술 등이 있다.

조선시대는 유교를 숭상하고, 이를 정치적 지도이념으로 삼았으며, 조선 초기 유불상쟁(濡佛相爭)이 심화되어 불교는 점차 그 세력이 약화되었으며, 유교가 독점적인 지위(地位)를 획득하여 극단의 문치주의(文治主義)를 표방하였으며, 문치(文治)를 숭상하고, 「무武」를 천시(賤視)한 까닭으로 병자수호조약(1876)54) 이전의 중세는 전통무도가 침체(沈滯)를 면치 못하였다(체육부, 1984).

즉 임진(壬辰)·병자(丙子)의 양란을 통하여 모든 정치적 체제가 전시체제로 편성됨에 따라 선조(宣祖)는 명나라의 속오법(束伍法)으로 척계광의 ≪기효신서≫에 수록된 절강병법(浙江兵法)의 포수(砲手)·사수(射手)·살수(殺手) 등의 삼수병(三手兵)의 양성, 명령계통의 강화, 군사조직의 정비를 요체로 군의 체제를 정비하고, 중앙은 훈련도감(訓鍊都監)을 설치하고, 조정은 군병의 확보를 위해

---

54) 병자수호조약(丙子修護條約)은 1876년(고종 13) 조선과 일본 사이에 체결된 불평등조약이며, 공식 명칭은 조일수호조약이다. 1868년 메이지 유신을 단행한 일본은 이미 외교관계를 맺고 있던 영국·프랑스·미국 등에 왕정복고를 통고하는 한편, 대마도 주무세[宗義達]를 외국사무국보(外國事務局輔)로 임명하여 조선에 대한 국교의 재개를 요청하는 국서를 보내왔으나 조선은 서식과 직함이 다르다 하여 국서의 접수를 거부했다. 그러나 일본은 메이지유신 과정에서 생겨난 사족(士族)들의 불만을 밖으로 돌릴 필요가 있었고, 구미 제국과 맺은 불평등조약을 개정하기 위한 방법의 하나로 다른 나라의 문호를 개방시키려 했으며 조선을 그 대상으로 삼고 있었다. 한편, 국내에서도 개화세력들에 의한 문호개방의식이 자라고 있었고 민씨 정권으로서도 권력을 유지하기 위해서는 외국과의 분쟁을 피하고 타협하지 않을 수 없었다. 또한 청국도 조선에 미국·프랑스와의 국교수립을 권고하고 일본의 대만정벌 소식을 접하고는 조선의 대일본정책의 전환을 추구하고 있었다. 이러한 시세에 편승한 일본은 부산항에서 함포시위를 벌여 조야에 충격을 준 후, 강화도에서 운요호사건을 유발함으로써 마침내 1876년 2월 27일 전권대신 신헌(申櫶)과 특명전권판리대신 구로다 기요다카[黑田淸隆] 사이에 12개조로 된 강화도조약을 체결하게 되었다.

모병제를 실시하여 병사에게 급료를 지급하였다. 모병제와 급료지급은 이후 중앙군의 병력확보와 유지의 기본적인 특성의 하나가 되었다(정경현, 1989).

따라서 조선후기의 중앙군의 편제는 수도방위군으로 훈련도감(訓練都監), 어영청(御營廳), 금위영(禁衛營) 등의 3군영이었고, 수도외곽방위군은 총융청(摠戎廳), 수어청(守禦廳)이 있었으며, 왕실친위군은 용호군(龍虎軍)이 있었다.

훈련도감의 군사훈련은 일정한 자격을 이루지 못하면 체형, 감봉 등의 처벌을 받고, 우수자는 시상하거나 전시(殿試)에 나가는 자격을 주었다. 용호영은 금군녹시사(禁軍祿試射), 습사(習射), 습예규정(習藝規定)과 관무재(觀武才), 상시사(嘗試射), 서총대시사(瑞蔥臺試射), 내시사(內試射) 등의 시예(試藝) 규정이 있었다.

또한 사습(私習), 사강(射講), 포폄강(褒貶講), 습진(習陣)의 연습규정과 중순(中旬), 관무재, 별시재(別試才), 서총대사의 시예 규정, 그리고 금위영과 어영청은 중일(中日), 사습, 습진, 사강, 포폄감, 하번향군사습(下番鄕軍私習)의 연습규정과 상시재, 기사도시(騎士都試), 중순, 관무재, 별시재, 서총대시사의 시예규정이 있어 수시로 무사들의 교육과 훈련을 실시하였으며, 장용영의 무사들은 강사(講射)조를 비롯하여 시사(試射), 중일(中日), 사습(私習), 취재(取才) 등의 시험규정에 따라 무예훈련을 하였다(국립민속박물관, 1993).

이와 같은 한국 전통무도의 체계화는 ≪무예도보통지≫의 발간과 함께 무도의 중요성이 인식되고 새로운 부활을 시도하여 여러 가지 무도의 원형적인 모습의 형태를 그림과 설명을 통하여 제시함으로서 무도발전의 새로운 전기를 마련하였다.

특히 한국 전통무도의 일반적인 특징으로 전시(戰時)에는 국가 체제유지 내지는 국방(國防)의 수단으로 활용되어졌고, 태평시대는 일상생활의 유희 내지는 무희 즉 '세시풍속'으로써 자리매김하여 생활수단의 한 방편으로 발전하였

다. 그러나 조선시대 후기는 국운의 쇠퇴로 새로운 열강의 세력이 등장하여 강제적 문화를 수용함으로서 문호를 개방함에 따라 전통적인 생활의 모습은 변화의 양상을 보였다.

2) 개화기의 전통무도

개화기의 한국사회는 조선왕조의 몰락과 함께 외세로부터 자주국가(自主國家)의 방위력(防衛力)이 상실됨에 따라 1875년 일본의 무력도발과 위협에 의해 불평등조약인 병자수호조약이 1876년 2월 체결되어 부산에서 개항이 이루어진다. 조선에 대한 우월적 지위를 차지한 일본은 이곳을 발판으로 조선과 대륙에 대한 침략정책(侵略政策)을 급속히 추진해 나갔다.

조선의 군사체제의 훈련기관은 1881년 5군영 중심의 구식군대와 근대적인 별기군(別技軍)이 창설되었으며, 별기군은 일본인 교관에 의한 군사훈련이 이루어졌으나 신식군대에 대한 차별대우와 밀린 급료에 불만을 품은 구식군인들은 1882년 임오군란(壬午軍亂)을 일으키고 1907년 구식군대가 강제 해산됨에 따라 제도권에서의 전통적인 무도 활동은 거의 찾아 볼 수 없게 되었다. 이에 반하여 한국사회에 일본식 군제와 일본식의 군대문화가 도입되게 된다. 따라서 대한제국은 일본을 비롯한 구미 열강의 도전에 대응하기 위한 정치·사회·경제·문화·교육의 다각적인 측면에서 개화운동이 일어나기 시작하였다.

이러한 시대적 요청에 의해 한국 전통의 무도는 국가 방위적 수단으로 군사훈련이 주가 되는 무예학교가 설립되고, 개화 사상가들에 의해 원산학사가 설립되었으며, 한국 전통무도 단체들에 의해 무도수련이 무도로써의 순수성을 잃은 군사훈련으로써 무도가 행하여졌다.

특히 무예학교와 원산학사는 문호개방과 더불어 서구의 새로운 문물과 서구 열강을 비롯한 일제의 침략에 대응할 수 있는 새로운 지식을 도입해야하는 시대적 요구에 따라 근대적 학교설립의 필요성이 요구되어 1878년 개항장인 동래에 무예교육을 위한 무예학교(武藝學校)가 설립된다.

무예학교에 대한 구체적인 자료는 없지만, 몇몇 학자들의 주장을 살펴보면, 무예학교는 열강의 도전에 대응하기 위한 대비책으로 민족문화를 계승하고 경험을 발전시켜 새로운 인재양성을 위해 설립되었다. 출신(出身)과 한량(閑良)을 200명씩 뽑아 훈련시켜 별군관으로 임명하고 무비(武備)에 일조(一助) 하였다. 교과목으로 문예반(文藝班)은 경의(經義)를, 무예반(武藝班)은 병서(兵書)와 사격술(射擊術)을, 공통으로는 시무(時務)의 긴요한 과목으로 산수(算數), 물리(物理) 등과 기계(機械), 기술(技術), 농업(農業), 양잠(養蠶), 광채(礦採) 등을 가르치도록 하였고, 수료(修了)는 처음에 1년이었다가 그 후 2년에 수료하도록 하였다(곽형기, 1989).

그리고 원산학사는 1880년 개항이후 서구열강 및 일본의 위기의식을 절감한 지역주민들에 의해 우리나라 최초의 근대적 교육기관의 시초가 된다. 원산학사(遠山學舍)는 문예반(文藝班)과 무예반(武藝班55))으로 나누어 경서(經書), 병서(兵書), 산수(算數), 물리(物理), 기계(機械), 농업(農業), 양잠(養蠶), 광채(礦採), 외국어 법률(外國語 法律), 만국공법(萬國公法), 지리(地理) 등의 광범위한 근대식교육을 실시하고, 병서를 숙달한 후 사격훈련을 하는 군대식 교육으로 이루었다(신용하, 1974).

---

55) 무예반의 시험은 '별군관도시절목(別軍官都試節目)'을 제정하여 삭시(朔試)는 시상(施賞)만하고, 매년 최우승자(最優勝者) 2인을 뽑아 출신(出身)은 절충(折衝)을 특가(特加)하고 한량(閑良)은 전시(殿試)에 바로 응시하게 하였으며, 도시(都試)는 외촌무사(外村武士)와 읍내무사(邑內武士)의 공평을 기하기 위하여 매년 당일로 시험하여 뽑도록 하였으며 시험과목은 각영(各營)의 도시의 예(例)에 의거하여 유엽전(柳葉箭), 편전(片箭), 기추(騎芻) 등 삼기(三技)를 부과하도록 하였다. 이러한 원산학사의 무예반의 교육내용을 병서와 사격으로 구성된 것은 군사체제를 통한 국민체육이라는 점과 별군관도시절목에 나타난 무예반(武藝班)의 시험내용 중 유엽전, 편전, 기추의 삼기를 부과한 것은 조선 왕조에 발견되는 무도적 차원의 스포츠적 요소를 지닌 것으로 국방차원의 인력 양성 및 관리체제와 간접적 관련성을 갖는다. 또한 무예반의 시험내용 중 유엽전, 편전, 기추만이 별군관도시절목에 포함된 것은 활쏘기의 대중화와 그 맥락을 같이하고, 사회체육활동을 의미하는 활쏘기 단체가 형성되고 정기적으로 경기대회를 개최하였다.

사궁회(射弓會: 1909.7.15)는 동문 밖 자지동(紫芝洞)에서 이상필(李相弼), 이용문(李容紋) 등이 발기(發起)하여 조직한 단체이다. 활쏘기는 마음이 바르지 않으면 맞지를 않고, 안 맞으며, 자신을 책(責)하게 됨으로 고래(古來)로 군자지도(君子之道)하여 심신의 수련에 이용되어 왔는데, 이 활쏘기는 현대스포츠에 못지않은 훌륭한 운동으로 우리나라 고대 무예나 체육의 자랑할 만한 산물이다. 당시의 것은 조류(潮流) 앞에서 민족고유의 활쏘기 운동은 유지(維持)하기 위하여 이러한 단체를 조직한 것은 주목할 만한 일이다. 이로 인하여 오늘날까지도 이 사궁운동이 전래되었다고 볼 수 있는 것이다(대한민보, 융희 3년 8월20일 제59호).

한편 우리나라의 근대적 운동경기가 도입과 보급되기 시작한 것은 대한제국의 시기인 1897년부터 1910년대였으며, 이 때 소개된 근대적 운동경기는 체조를 비롯한 다양한 투기 및 구기종목이 유입되고 실시된다. 이러한 서구스포츠의 유입은 학교체육의 한 형태로 개화기를 비롯한 한국사회의 전반에 인식되고 현대적 스포츠로 발전하는 기틀을 마련한다. 이러한 개화기 상황에서 한국의 전통적 무도인 궁술, 씨름, 택견 등은 '세시풍속' 내지는 일반 유희로 전래되고 경기가 개최되기 시작한다.

결국 개화기의 한국 전통무도는 개화 사상가들에 의해 군사적인 측면위주의 국가 방위단의 일환으로 무예학교 및 원산학교, 그리고, 일반 무도단체에 의해 전통무도가 교육의 일환으로 실시되지만 그 내용은 한국 전통무도의 일부분만 포함되어 있을 뿐 전통 무도가 다양한 형태로 실시되지 못하였다.

이것은 개화기 서구열강의 신문화 유입 중 군사체제의 변화 즉 다양한 무기 및 교련과 같은 병식체조가 우선됨에 따라 전통무도인 창·검, 권법내지는 맨손무술은 차츰 그 실효성이 상실되고 있음을 반증하고 있으며, 단지 학교에서 학생들의 선발 기준에만 적용되고 활용되었다.

3) 외래 무도의 유입

한 민족의 문화는 그 민족이 갖는 자연적, 사회적 틀에 의해 창조되며, 민족 개개인의 독자적인 정신과 정서를 형성한다. 따라서 신체문화(身體文化)는 민족의 철학적 사상과 신체에 대한 사회문화적인 인식, 신체활동에 대한 가치뿐만 아니라 사회, 민족, 시대, 지역 등의 특성을 반영한 제반 활동의 방식을 의미한다.

이러한 민족문화는 자연히 타 민족 문화와는 다른 양상의 특성이 있다. 즉 민족 내면에 잠재되어 있는 시간·공간·지역 등의 특성을 반영하고 있다. 그러나 인간의 문화는 끊임없이 교류를 통하여 새로운 문화를 형성한다. 이 중 신체문화 또한 문화교류를 통한 자연적 유입이 이루어져 수용되고 정착되는 과정을 거치기도 한다. 하지만 신체문화의 교류는 자연적인 유입도 존재하지만 그 나라의 시대적 상황에 의해 강제적 유입이 이루어지기도 한다.

그러나 외래 신체문화 유입은 그 나라의 독특한 신체사상에 의해 일련의 수용과정을 거쳐 새로운 신체문화를 형성하는 반면 시대적 상황에 의해 그 나라만의 다양한 전통적인 신체활동은 자연 소멸되거나 등한시되는 경향이 있다. 이와 같이 한국사회의 다양한 신체문화 유입은 과거를 비롯하여 현재에도 많은 신체문화가 교류를 통하여 수용, 정착, 발전 등의 단계를 거쳐 한 민족의 문화로 정착되었다.

또 한국사회는 동·서양의 문물이 직간접적으로 유입되면서 개항과 함께 진보적 개화 사상가들의 등장과 유교적 관료주의의 반발로 혼란을 겪으면서 갑신정변, 갑오경장, 병자수호조약 등이 체결되어 서구문물과 일본의 다양한 신체문화가 유입된다. 따라서 개항과 더불어 한국사회는 서구의 신문화를 수용하고 이들 문화는 한국사회의 전반을 주도하는 역할을 수행한다. 신문화의 수용은 서구의 문물뿐만 아니라 신체문화 또한 유입된다.

즉 김봉섭(1994)은 한국 근대스포츠의 도입배경에 대하여 그동안의 연구 자료를 토대로 도입의 시기를 분석한 결과 축구는 1897년 최초로 등장하고 있으며,

약 40년에 걸쳐 16개의 근대스포츠가 유입56)된 것으로 나타났으며, 어떤 종목의 경우 그 등장에 관한 설이 엇갈리는 경우도 있었지만 시기를 추정하는데 큰 걸림돌이 되지 않았음을 밝히고 있다.

이재학(2006)은 동양 무도의 유입에 대한 과정의 이론을 제시하기 위하여 그 동안 학자들이 논의한 유입시기와 유입과정을 통하여 동양 삼국의 신체활동이 문화적 교류를 통하여 유입된 설을 제기하였다. 즉 "외래 신체문화 유입 중 동양 삼국의 전통무도 유입과정은 한국의 자생적 무도가 인접국가로 전래되었으며, 한·일 합방이후 일본에 의해 무도가 유입되었다. 그리고 개항과 함께 한국의 유학생에 의해 자의적으로 외래 무도가 유입57)되었다"라고 언급하였다.

4) 외래 무도의 유입과 교류

외래 무도가 유입되기 시작한 것은 개화기(1876)이후 한국의 인접국가로부터 유입되기 시작한다. 외래 무도의 유입형태는 크게 세 가지 측면에서 살펴볼 수 있다. 한국 고유의 자생적 무도가 인접국가로 전래되어 여러 유술(柔術)의 형태에 직간접적인 영향을 미쳤을 가능이 있을 수 있다.

즉 수박(手搏) 및 권법(拳法)이 한국의 역사적 과정 속에서 일본 및 중국에 전래된 것으로 보고 있다. 최근 합기도(合氣道)의 기원에 대한 연구에서 한국 전통무도가 일본으로 유입되어 재 수용된 것으로 보고 있는 학자가 있기 때문에 전통적인 신체문화(身體文化)의 교류는 자의적(自意的) 또는 타의적(他意的)으로

---

56) 이 시기에 유입된 근대스포츠의 종목은 대부분이 하나의 조직을 형성하여 한국사회에 정착하였으며, 그 종목은 1900년대 이전은 축구, 체조, 육상, 승마, 수영 등이 도입되었으며, 1901년부터 1910년은 야구, 농구, 사이클, 테니스, 사격 등이 유입되고, 1911년부터 1920년은 배구, 탁구, 권투, 조정, 1921년부터 1930년은 역도, 럭비 등이 유입되어 한국 근대스포츠의 태동이라고 볼 수 있는 다양한 종목의 스포츠가 유입되어 한국사회의 전반에 새로운 신체문화를 형성하는 계기를 마련하였다.

57) 동양 삼국의 전통적인 신체활동 즉 무도종목은 한국사회의 개화기 이후 일본의 유술(柔術)과 격검(擊劍)이 유입되었고, 1910년부터 한국사회에 유도(柔道)와 검도(劍道)가 유입되면서 정착되어 무도관(武道館)이 형성되고, 무도 단체가 결성되어 한국사회에 일본의 신체 문화가 유입되었음을 시사하고 있다. 그리고 일제시대를 전후로 중국의 당수도(唐手道)와 일본의 공수도(空手道), 각기술(角技術: 합기도) 등이 유입되었다.

이루어져 왔다.

　일본에 의한 무도유입은 한국의 군과 경찰 교육의 일환으로 격검(擊劍)이 1896년 경무청의 치안의 필요상 검술을 경찰 교습과목으로 실시하였으며, 우찌다료우헤이(內田良平)는 1906년 경성(京城)에 고또간(講道館) 도장을 개관하여 유도(柔道)를 보급함으로서 한국에 유도가 전래되었다.

　유학생에 의한 외래 무도 교류는 상당한 의미를 지니고 있다. 무도의 유입이 일본에 의한 강제적 수용 보다는 문화적 교류를 통하여 자발적으로 유입되었다는 점에서 큰 의미가 있다. 즉 1881년 2월 신사유람단(紳士遊覽團)과 9월 영선사(領選使)를 통하여 일본과 중국으로 유학생이 파견되었으며, 이들은 각국의 문물을 습득함에 있어 그 나라의 전통적인 무도를 수련[58]하였다.

---

58) 이홍종(1979:5-15)은 일본 《유도 100년의 역사》 속에서 1908년까지 고또간(講道館)의 외국인 입문자를 확인한 결과 한국을 비롯한 여러 나라의 유학생이 고또간에 입문하여 유도를 수련한 것으로 보고하였다. 이러한 사실을 미루어 짐작할 때 講道館의 유도와 일본 고유의 유술(柔術)이 유학생들에 의해 수련되었음을 미리 짐작할 수 있다.

한국 무도의 <신체 학문화>와 <역사적 재조명>

5. 무도의 근대적 변천

한국 무도의 근대적 변화 과정은 한국사회의 시대적 배경에 따른 자의(自意)적 내지는 타의(他意)적으로 외래 무도가 유입되어 끊임없이 변화하는 양상을 보였다. 이와 같은 내용을 살펴보면 다음과 같다.

1) 한국 무도의 성립기

한국 무도의 성립기(1910-1945)는 개화기(1876)이후 일본의 격검(擊劍)과 유술(柔術)이 유입되어 신식군대 및 경찰에 보급되었다. 특히 개화기를 전후로 유입된 격검(검도)과 유술(유도)은 일본인과 한국인에 의해 '무도관'이 설립되었으나 주로 군사훈련을 위한 교육적인 측면으로 실시되고, 무도 단체가 결성되어 경기화가 이루어 졌다.

대한제국 시기는 국력신장의 수단으로 군사훈련이 주가 되는 무예학교와 원산학사가 설립되고, 한국 전통무도 단체들에 의해 무도수련이 군사훈련으로써 행하여진 특성을 보였다. 그리고 외래 무도는 개화기를 전후로 한국의 인접국가로부터 유입되기 시작한다. 일본의 검도(劍道)는 1896년 경무청이 치안의 필요상 검술을 경찰 교습과목으로 실시하고, 유도(柔道)는 우찌다료우헤이(內田良平)에 의해 1906년 경성(京城)에 고또깐(講道館) 도장이 개관하여 한국에 일본 무도가 유입되었다.

그러나 1910년대 이전에 유입된 유도와 검도가 현재의 무도형태 인지에 대해서는 상당한 의문을 제기할 수밖에 없다. 즉 1909년 10여개의 유도장이 서울에 설치되어 있었으며, 유도와 다른 유파(流派)의 유술(柔術)이 도입되어 있었다. 아오야나기헤이(靑柳喜平)는 1903년 7월 한국에 입국하였다. 그는 고또깐(講道館) 유도가 아닌 다른 유파의 유술수련자로 고또깐 유도가 한국에 정착하기 이전에 이미 전통적인 일본의 유술이 한국에 들어와 있었다.

이와 같이 1900년대 이후 한국에는 일본으로부터 유도, 검도, 공수도와 중국으로부터 해방을 전후로 권법 또는 당수 등이 전래되었다. 이러한 무도는 오늘날과 같이 완전한 체계를 형성하지 못하였지만 개인과 개인 또는 일정한 집단에 의해 다양한 형태로 전습(傳習) 되었는데 여러 가지의 무도 종목으로 구분되어 무도관의 형태로 나타나기 시작하였다.

일제시대는 일본인들에 의해 무도관이 설립되었고, 전습되는 형태로는 무도가 추구하고자 하는 궁극적인 목표 외에 일제 문화의 우수성과 대륙침략을 위한 수단으로 그 무력(武力)을 한국 국민에게 과시하기 위해 의도적으로 보급시킨 것으로 볼 수 있다. 헌병 또는 경찰관의 기본적인 무도로 여러 종목 가운데 유도, 격검 시합이 개최되었는데 한국인과의 차별성을 강조하기 위하여 일본인과 한국인을 구분하여 경기를 행하였다.

한국인에 의해 설립된 무도관은 일본 무도의 군국주의적 영향을 받아 당시의 지식인으로 인식되는 유학생 및 항일운동 단체장 등에 의해 무도관이 형성되며, 그 근본은 일본군국주의적 식민교육체제에 저항하기 위한 수단의 한 방편으로 군사교육 훈련이 받아 들여졌다. 이와 같이 한국 내의 무도관은 1910년대 이후 형성되기 시작하여 변화의 새로운 전기를 마련하였다.

결국 한국사회에서 무도관의 형성은 일본에 의해 유입된 무도가 일본인에 의해 전국에 도장을 개관하는 한편, 한국인에 의해 1910년대를 전후로 무도관이 형성되기 시작하여 일제 무단통치기 전반에 유도와 검도 도장이 전국적으로 개관하였다. 이러한 계기로 한국의 무도수련 인구는 차츰 증가의 추세를 보이고, 무도에 대한 인식이 고조되었다고 볼 수 있다. 이와 같은 인식의 고조는 일제식민지하에서 일제의 의도와는 다른 민족의 자강능력을 강화하는 수단으로 무도가 수련되었다는 점에서 그 의의가 있다.

 한국 무도의 <신체 학문화>와 <역사적 재조명>

무도관의 형성이후 이들의 관(館)들은 일정한 단체에 소속되어 수련되기 시작하였으며, 단체결성을 위한 조직체제가 형성되기 시작하였다. 즉 육군연성학교, 무도기계체육부, 군인구락부, 황성기독청년회(YMCA)에서 유술(柔術)과 격검(擊劍)이 교육의 일환으로 실시되었다. 특히 일본의 군국주의 체제 유지를 위하여 무도가 학교의 교과로 편성되어 교육의 일환으로 실시되었다.

일본에 의해 실시된 교육정책은 조선교육령이 1911년부터 시작하여 1914년 '학교체조교수요목(學校體操敎授要目)'을 제정하였으며, 1927년 '학교체조교수요목'의 개정이 이루어진다. 여기에 체조과의 교재로서 남자 사범학교와 고등보통학교 및 실업고등학교에 검도(劍道)와 유도(柔道)를 교과과목으로 가르칠 수 있도록 하였다. 그리고 이 시기에 유술(柔術)에서 유도(柔道)로, 격검(擊劍)에서 검도(劍道)로의 변화가 일어났다.

무도관의 형성과 무도의 학교보급으로 무도대회가 개최되기 시작하였으며, 한국 내에서 최초의 무도경기는 내각원유회(內閣園遊會) 주최로 비원에서 유도와 격검경기가 1908년 한일양국순경대회로 개최되었으며, 교육기관 및 단체에 의해 무도경기가 활발하게 개최된다. 무도경기의 형태는 현재의 스포츠화된 무도 경기와 같이 조직적인 경기의 형태로 볼 수는 없지만 무도경기의 스포츠화에 큰 역할을 수행하였다.

무도단체의 결성은 1931년 이경석이 조선연무관을 개설하였으며, 1932년 조선유도연합회가 조직되어 유도의 보급에 힘썼다. 그러나 1934년 조선유단자회가 결성되었음에도 불구하고, 일제는 조선인 도장을 모두 폐쇄시키고, 모든 도장을 고또간(講道館) 한국지부로 강제 통합하였다.

일제의 조선지배정책이 민족말살정책으로 전환됨에 따라 민간인 체육단체마저도 일본화하려는 기도에 따른 것으로 일제시대의 민족주의적 체육에 대한 탄압의 대표적인 사례라 할 수 있다. 강제적 의도에 의한 무도계 통합의 단적인 사례는 1938년 7월 1일 한국인 유도단체인 조선무도관(朝鮮武道館), 조선연무관(朝鮮演武館), 조선강무관(朝鮮講武館), 조선중앙기독교회청년회 유도부를 도쿄(東京)의 고또간(講道館) 조선지부로 흡수 통합하였다.

초창기의 무도단체는 민족성의 부각과 국방력 강화를 위한 군사훈련의 수단으로 실시되었고, 일제시대 초기에는 독립운동에 따른 근대적 군대의 시초인 육군연성학교를 통해서 생도의 군사훈련을 위한 교육제도로 무도가 자리 잡았으며, 일본에 의해 유입된 유술과 격검이 한국 사회에서 각 학교나 일선단체에 의해 교육의 일환으로 실시되면서 무도에 대한 관심이 확대되고, 일반인에 대한 인식이 빠르게 확산되어 갔음을 알 수 있었다.

2) 한국 무도의 발전기

한국 무도의 발전기(1945-1980)는 광복이후 대한민국 정부의 탄생과 더불어 새로운 정치적 체제의 변화가 이루어졌다. 그러나 한국 무도계의 광복초기의 모습은 일제시대와 큰 차이 없이 무도 종목과 단체가 그대로 이어지는 특징이 있었다. 즉 일본의 강압에 의해 해산된 여러 단체가 협회를 결성하는 한편, 학교 및 군과 경찰교육으로 무도가 장려되었다. 특히 대한체육회의 조직이 결성되기 시작하면서 무도단체는 대한체육회의 산하단체로 가맹되었고, 무도의 스포츠화가 본격적으로 이루어지게 된다.

하지만 일부 단체는 단체의 융합과 분화가 반복되는 특성을 보였는데, 대표적으로 태권도의 경우 기존 당수(唐手)와 공수(空手)가 결합된 '태수도'에서 '태권도'로 통합되는 과정을 겪게 되고, 합기도는 대한기도회에서 다양한 합기도단체가 생겨나기 시작한 시기로 볼 수 있다.

즉 1945년 9월 이전 일본에 의해 강제적으로 해산된 단체들은 각 단체의 지식인들에 의해 일제시대에 잔존한 명칭을 이어 받아 그 명칭을 그대로 사용하거나 개정한 명칭으로 단체가 부활되기 시작하였다. 이러한 단체의 부활에 동참한 무도단체의 하나인 조선유도회는 대한유도연맹으로 개칭하고, 양분화되어 있는 유도의 통합을 위해 위원회를 구성하고, 1950년 11월 대한유도회(大韓柔道會)를 결성하여 단일 체제로 전환하였다.

검도는 1948년 6월 3일 재경유단자회 모임에서 회의 명칭을 대한검사회로 바꿀 것을 결의하고, 1949년 5월 경찰상무회를 조직하고, 각 지도부를 설치하여 통합된 단체로 1953년 11월 대한검도회(大韓劍道會)로 공식 출범하였다.

무도단체의 통합을 계기로 대한체육회의 가맹단체로 등록하는 한편, 국제조직의 종목별 단체에 등록하여 공식적인 무도문화의 교류를 시작하였다. 무도문화의 교류의 핵심은 무도가 스포츠를 지향함에 따라 가속화되었다. 국내에서는 대한체육회가 주관하는 전국체육대회의 종목으로 무도가 채택되어 한국 사회에 뿌리 내리기 시작하였다.

그리고 광복과 함께 한국 교육제도의 체계화는 1953년 본격적으로 착수되었고, 그 결과 1955년 제정된 중·고등학교 교과과정의 기본골격을 형성하였다. 당시의 교과내용은 자료수집의 어려움으로 확인할 수 없지만 정부수립이후 발간된 '교수요목(教授要目)'에 나타난 체육과 교과내용과 큰 차이가 없다. 그러나 당시 교수요목 선정위원회에 참여한 배용기는 민족고유의 무술로서 씨름과 권법을 교과내용으로 삽입하였다고 증언하고 있다.

이와 같은 중·고등교과의 내용은 일제말기 1943년에 제시된 체련과 교수요목 중 중학교 체련과 교수요지인 "신체를 단련하고, 정신을 연마하여 강건불요의 심신을 육성하고, 국방능력의 향상에 힘써 헌신공봉의 실천력을 증진하는 것을 요지로 함"과 비교할 때 일본 신체문화의 정신을 그대로 이어 받았다. 즉 민족고유의 신체문화를 마치 일본이 검도와 유도 등의 무도만을 그들의 고유 신체문화라고 생각했던 것처럼 씨름과 권법 등으로 한정하고, 스포츠

중심의 교과내용을 설정하였다.

　무도종목들은 학교교육에서 어느 정도 실시되고 있었으며 학교 체육수업 중 무도교육의 내용을 살펴보면 성남 중학교의 경우 유도와 검도를 학교 교과목에 채택하여 교육을 하였으나 대부분의 학교는 근대에 도입된 스포츠중심의 체육활동이 이루어졌다. 그러나 민주체육의 발전은 일제시대의 군국주의 체육으로부터 근대 스포츠중심의 체육으로 전환이 이루어지고, 학교체육의 스포츠 활동이 강조되었다. 이와 함께 각급학교는 스포츠 활동을 장려하여 과외특별활동에 대한 관심이 점차 확대되었다.

　특히 전국체육대회가 도대항으로 진행되면서 중고등학생의 비중이 높아져 출전선수는 지역과 학교의 명예를 위해 노력하였다. 따라서 경기 중 과열현상이 나타나게 되어 문교부는 학교체육의 정화 차원에서 선수자격과 출전원칙, 참가대회의 범위 등을 규정하기에 이른다. 하지만 각 학교는 과외체육활동을 통해 각종 운동부를 비롯한 서클활동을 장려하여 일반 학생 모두가 참여하는 스포츠 활동이 점차 증가 추세를 보이고, 각종 학교에 유도와 검도부가 창단되어 학교 무도교육의 새로운 전환을 맞이했다.

　이와 같은 과외체육활동과 운동부의 창설은 학생들이 교육과정에 얽매이지 않고, 지도자나 교사와 학생과의 진솔한 인간적인 접촉을 갖게 함으로써 학교체육의 발전에 크게 기여 하였을 뿐만 아니라 국민의 체력향상과 우수선수의 발굴과 육성에 밑거름이 되기도 하였으며, 특히 국내 무도단체가 국제경기위원회, 또는 아시아경기연맹에 가입함으로써 한국 엘리트체육 발전의 중추적인 역할을 담당하게 되었다.

　한편, 1950년대의 한국 무도계는 소규모의 무도단체가 산재하고 있었으며 이러한 단체들은 일정한 제도권을 확립하지 못하고, 하나 내지는 여러 개의 유파들이 일정한 단체를 만들면서 무도관을 형성하여 발전하였다. 그 대표적

인 무도 종목은 권법(拳法), 합기도(合氣道), 공수도(空手道) 등이 있으며, 이들 단체는 광복을 전후로 새로운 규합을 시작하였다. 이러한 무도단체들은 당수도, 공수도, 권법, 합기도 등의 이름으로 불렸으며, 이들 단체들의 대부분은 사범 내지는 직접적인 전수자에 의해 그 수련체계를 확립하고자 하는 노력을 기울였다.

따라서 광복이후 한국사회는 1950년 차츰 안정된 사회변화를 시도하였으나 6.25동란을 겪으며 수많은 신흥도장이 대거 출현하자 통합된 명칭과 단체구성의 필요성을 느끼게 되었으며, 이들의 무도관은 1960년대 이후 대한태수도협회로 무도관을 통일하고 대한체육회의 경기단체로 가맹을 시작하여 1965년 대한태권도협회로 출범함으로서 한국 태권도의 통합을 이루었다.

3) 한국 무도의 확장기

한국 무도의 확장기(1980~2000)는 다양한 무도단체들이 생겨나기 시작했고, '전통문화'라는 시대적 요구에 걸맞게 무도에 있어서도 '전통무도'의 발굴과 재현하는 단체들이 생겨나기 시작했다. 특히 기존 무도의 경우 스포츠화 과정에서 국제화와 대중화를 이끌었다. 또한 한국 무도단체들은 무도의 '생활체육화', '학문화' 등을 추구하기 시작했다.

무도의 국제화는 각 종목별 국제조직 및 대륙별 조직을 결성하였다. 이와 같이 결성된 조직은 국제경기연맹에 가입함으로써 무도 문화의 국제적 교류가 이루어지고, 특히 국제올림픽위원회의 종목채택은 무도가 한 국가의 체제를 벗어나 인류공영의 스포츠로 발전하는 전기를 마련하였다. 이러한 결과 국내의 무도관련 단체는 1980년대 이후 국민체육의 관심이 증가되는 한편, 국민생활체육협의회가 결성되어 엘리트 스포츠 중심에서 도장중심의 수련체계로 전환하는 계기를 마련하였다.

그리고 비영리 무도법인체가 대거 출현하는 1990년부터 무도의 생활체육화는 가속화되었다. 2000년대는 국내에 약 8천개의 개인이나 단체가 운영하는 사설도장이 있으며, 이들 도장은 도장협의회를 결성하여 국민생활체육의 일환으로 대회를 개최하고 있으며, 국민생활체육협의회는 점차 생활체육의 종목으로 무도종목을 증가시키고 있다.

또한, 전통문화에 대한 관심이 본격적으로 고조된 것은 1970년대 후반부터 시작되었으며, 1980년대의 대학을 중심으로 이루어진 풍물패의 활동은 전통문화에 대한 관심을 젊은 층에까지 확산시키는 계기가 되었다. 전통무도의 경우 1980년대 후반부터 국민들의 관심이 고조되기 시작하였다. 전통에 대한 관심은 대학가의 동아리 형태로, 그리고 사회적으로는 도장의 형태로 활성화되었다.

한국 전통무도의 부활은 무도인에 의해 이루어지기 보다는 문화재관리국(文化財管理局)에 의해 우리 고유의 무도를 조사함으로써 택견보고서가 제출되었고, 1981년 11월 문화재 관리국에 정식으로 제출함으로써 택견이 중요 무형문화재로 지정받게 되는 최초의 전기가 마련되게 되었다. 그러나 현재의 택견단체는 여러 단체로 분화되어 그 목적의 방향성을 달리하고 있다. 즉 택견의 원형을 보존하고, 택견을 경기화하여 생활체육의 일환으로 실시되고 있다.

이와 같이 한국사회에서 인식되고 있는 전통무도는 1990년대를 전후로 새로운 인식이 부여되고, 그 인식은 전통무도의 내면에 자리 잡고 있는 전통성에 기인하고 있다. 그리고 무도의 수련적 가치를 중요하게 인식함으로서 모든 무도종목은 전통성을 확보하려는 노력을 기울였다. 현재 국내의 많은 무도단체들은 한국의 전통무도임을 주장하고 있으나 이러한 전통무도에 대한 인식의 변화로 현재 수많은 전통무도단체가 생성과 소멸을 반복하고 있는 실정이다.

특히 1990년 중반부터 비영리법인의 법적 제도가 완화되면서 무도단체들은 적극적인 법인화를 추진하여 전통무도단체는 우후죽순으로 급증하기 시작한다. 현재 전통무도단체의 실태는 전국에 300여개의 단체가 있으며, 검도는 대한검도회를 비롯한 25개의 단체, 경호무도는 8개의 단체, 태권도 및 택견은 4개의 단체, 합기도는 19개의 단체, 기타 40개의 단체가 생성되었다.

결국, 1990년대 이후 한국 전통무도단체들의 고민은 전통무도에 대한 역사성의 확립과 전통적 수련방법에 집착하는 한편, 전통적인 수련체계를 탈피하는 새로운 변형을 시작하였다. 즉 전통무도의 대중화를 위하여 스포츠화 시킬 것인가에 많은 노력을 기울이고 고민의 화두로 등장하였다. 하지만 국내의 많은 전통무도단체들은 역사성, 전통성, 철학성을 확보하지 못한 채, 유사단체를 모방하고, 명칭만을 변경하여 상업적 수단으로 이용하고 있는 실정이다.

한편 무도문화의 교류는 1998년부터 시작된 충주무술축제가 세계 각국의 전통적인 무술의 문화교류를 통하여 무도의 새로운 지식체계를 형성하고 있으며, 무도의 새로운 인식이 생성되었다. 즉 세계무도문화의 교류를 통해 국가적 위상을 정립하고 지역사회의 경제적 발전을 도모하는 한편 무도수련 활동이 대중화되고 있다. 그리고 무도의 학문화는 전근대사회로부터 각종 무도관련 서적과 교본이 발행되어 그 기초적인 체계를 형성하였다. 무도의 학문화는 전통무도의 학문적 연구를 비롯하여 1950년대부터 유도, 태권도, 검도 등의 다양한 종목별 무도전공서적들이 발간되고, 1970년대 이후 국가정책에 의해 문교부가 각종 체육서적을 편찬하고 그에 따른 유도, 검도, 태권도 등의 투기종목의 지도서를 편찬하여 그 역사적, 사상적, 기술적 체계를 확립하였으며, 이 이후 다양한 무도 서적이 발간되고 있다.

무도교육의 핵심적 역할을 수행한 교육기관은 대한유도학교로서 6 · 25 직후 혼란한 사회의 질서를 바로 잡고, 민족과 국가를 슬기롭게 지도해 나아갈 수 있는 인재를 양성하기위해 1953년 6월 15일 한국 최초의 무도교육 중심의 학교를 설립하였다.

그리고 1976년 12월 단일 유도학과에서 격기학과 40명을 신설하여 씨름, 검도, 태권도 등의 5개 전공과정을 신설하여 무도교육을 확대하기 시작하였다. 그리고 1982년 한국 유일의 태권도학과를 신설하는 한편 〈무도연구소〉를 개설하여 무도 연구의 학문적 체계화를 시도하였다. 1994년 이후 단과대학을 신설하여 무도대학내에 유도학과, 태권도학과, 격기지도학과, 동양무예학과를 개설하여 한국 무도교육의 핵심적인 역할을 수행하고 있다.

1990년대 이후 국내의 여러 대학에서 무도전공학과를 개설하여 무도 학문화를 추구하고 있으며, 한국 무도계는 무도의 실전성을 배제시키지 않는 범위 내에서 경기화를 추진하고, 특히 무도의 교육적 수련체제에 대한 학문적 체계를 확립하기 위한 노력이 이루어지고 있다.

이와 같이 한국 무도 학문화의 새로운 전기를 마련한 계기는 1999년 대한무도학회(大韓武道學會)가 창립되고, 국제학술대회를 매년 개최하면서 한국을 비롯한 일본, 중국, 미국, 독일 등 외국학자들과의 학술교류를 통해 무도학문을 발전시키고 있다. 또한 한국 무도는 올림픽을 비롯한 국내·외 무도대회에 많은 선수들을 출전시켜 국위선양에 크게 이바지하고 있다.

6. 무도사의 〈재조명〉

1) 한국 무도의 역사성

오늘날의 문화는 한순간에 탄생되어 형성되기 보다는 오랜 기간 동안 옛 조상들의 생활관습문화의 태동에 의해 함축되고, 그 민족의 생활양식으로 변화하여 발전되었던 것이다. 즉 문화는 끊임없는 변용을 시도하여 그 민족의 정치, 경제, 사회적 여건 등의 다양한 문화로 융화되고 변형되어 발전한다. 따라서 전통문화는 기나긴 세월동안 그 민족의 유구한 역사와 함께 자연스레 전승되었다.

문화의 습성은 한곳에 정착하기 보다는 다양한 외부 환경에 의해 전래와 수용, 그리고 토착화 내지는 사장되는 경우가 많다. 또 과거 문화의 전래는 국가 간의 문물교류를 통해 자연적인 유입이 이루어지기도 하지만 대부분의 문화는 국가 간의 이권 내지는 자국의 국력을 신장하기 위한 수단의 한 방편으로 이루어졌다. 즉 전쟁과 같은 환경적인 요인에 의해 전래하여 수용되는 변화과정을 거치게 된다.

한국의 전통무도는 전근대사회를 비롯한 현대사회에서 다양한 형태적 변화와 변천과정을 거쳐 오늘날 그 체계를 형성하고 있으며, 전통무도의 역사적 근거는 고대사회의 각종 유물을 토대로 그 유형과 형태를 알 수 있다. 고대사회에 나타나는 전통무도의 모습은 고분의 벽화 속에 그림으로 표현되어 있으며, 이러한 그림은 고대사회의 생활양식과 밀접한 관련을 가지고 있다. 고대사회는 석기(石器)·청동기(靑銅器)·철기(鐵器) 시대로 구분하고, 석기시대는 구석기와 신석기 시대로 구분하여 100만년 내지는 200만년으로 추측되는 인류 역사는 대부분 신석기 시대였다.

이와 같이 고대사회의 무도와 관련된 유물자료는 석촉, 석검, 석창 등이 있으며, 청동기 시대는 이보다 정교한 철기무기를 생산하여 인간의 삶을 보다 윤택하게 한 것이다. 따라서 무기의 생산은 인간의 신체활동을 보다 구체화 하였으며, 그 수련방법 또한 형성되기 시작하였다.

그리고 인간이 다양한 무리를 형성하는 고대의 부족 국가를 성립함에 따라 부족간의 잉여생산물(剩餘生産物)의 쟁탈전을 비롯한 부족의 안전을 지키기 위한 다양한 신체활동에 대한 기록들이 등장한다. 고조선(古朝鮮)의 기록과 관련된 것으로 ≪삼국유사(三國遺事)≫에 나타나 있으며, 이들 기록 속에 창(槍), 검(劍), 궁(弓) 등의 형태와 제작 방법에 관련된 무기의 특징이 상세히 기록되어 있다.

또한 부족국가 시대의 제왕들은 각종 무기를 능수능란하게 사용한 기록이 있으며, 특히 궁술(弓術)이 인간의 근거리에 대한 가장 위협적인 무기로 인식되고 그에 관련된 기록이 많이 있다. 그 대표적인 것으로 궁술(弓術)이 있으며, 제천의식(祭天儀式)의 일환으로 각종 신의(神意)를 탐지하는 형태의 일환으로 검무(劍舞)를 비롯한 다양한 신체활동이 존재하였다. 이와 같은 사실을 미루어 짐작할 때 이미 고대사회의 신체활동은 어느 정도 그 체계를 형성하였음을 알 수 있다.

그리고 한국 '무도사'의 직접적인 사료가 나타나는 시대는 흔히 삼국시대로 불리는 시기이다. 이 시기는 부족국가의 형태를 뛰어 넘어 부족간의 통합을 이룬 시기이며, 지배계급을 비롯한 피지배계급 등의 신분제도를 확립하고, 각종 교육제도가 형성됨에 따라 신체활동 또한 고대의 사회보다는 더욱 정교하고 실전적인 유술(柔術)의 형태가 나타나기 시작한다.

고구려의 고분벽화 속에 나타나는 무도수련 활동들은 이 시대의 다양한 신체활동 중 전쟁과 일반생활 등에서 상당히 중요한 부분을 차지하고 있음을 알 수 있다. 즉 고구려의 고분은 만주의 길림성 통구와 평양부근의 용강군, 대동군, 강서군 등지에 걸쳐 있으며, 이들 벽화 속에는 현대 무도의 원형으로 볼 수 있는 수렵도(狩獵圖), 기마도(騎馬圖), 각저도(角抵圖), 수박도(手搏圖), 무용도(舞踊圖) 등의 그림이 있다.

하지만 무도의 원형에 대한 역사적 논쟁의 한 예로서 한국사회의 시대적 배경에 의해 직간접적으로 유입된 다양한 신체문화 중 일본의 유술이 체계화된 유도(柔道)의 경우, 일부의 학자들은 고대 한국사회의 전통적 신체활동인 수박(手搏)과 각저(角抵)가 일본 고유의 유술에 직·간접적 영향을 미치고, 이와 같은 유술의 형태가 체계화된 것이 유도로 보고 있다.

또한 태권도의 경우 기술적 체계가 1960년대에 생성되기 시작하였으나 일본의 공수도나 중국의 당수도에 대한 영향에서 벗어나기 위해 태권도의 역사적 기록을 한국 고대사회에서 발생한 다양한 신체활동에 그 근거를 두고 있다.

왜 현대의 무도는 역사성에 집착하고 있으며, 유물이나 고대의 기록을 토대로 현재의 무도 원형으로 주장하고 있는가? 왜 많은 무도단체는 역사성을 확립하기 위해 노력하고 있는가? 유물이나 역사적 근거 없는 맹목적인 역사성의 확립을 시도하는 가에 대한 통찰이 필요하다.

한편, 고려(高麗)시대는 고구려(高句麗)의 전통성을 확보하고 그와 관련된 다양한 문화를 습득하여 한국사회의 새로운 문화로 발전하였다. 고려시대의 신체적 문화는 더욱더 발달하는 계기를 형성한다. 즉 무학(武學)의 장려와 함께 무학 기관이 설치되었다. 이와 같은 기록들은 선종 8년(1091) 사풍(射風)을 장려하는 다양한 기록들로 나타나며, 궁술과 수박은 무과 선발의 기준에서 매우 높은 위치를 차지한다.

인재 선발의 중요한 무도종목의 하나는 수박희(手搏戱)였으며, 수박희와 관련된 기록들은 《고려사(高麗史)》에 많은 부분이 등장하고 있으며, 각저희(角抵戱) 또한 다양한 문헌에 등장하고 있다. 하지만 전통적 신체활동에 대한 기록의 대부분이 왕조사(王祖史)를 위주로 기록되어 있어 그 형태와 방법 및 체계에 대한 내용이 자세히 기록되어 있지 못하다. 따라서 한국 '무도사'의 영역에서 각종 무도 종목의 역사에 대한 여러 논쟁이 지속되고 있으며, 그 대표적인 종목으로 유도와 태권도를 비롯한 현재의 택견으로 이어지고 있는 것이다. 택견의 경우 조선시대 이후 탁견(卓見)이라는 용어의 등장과 함께 그 이전의 원형에 대한 역사성의 확립을 시도하고 있다.

그리고 조선시대는 고려말 주자학을 도입하여 유교를 정치적 이념으로 삼아 사대주의를 형성하였다. 특히 사회적 풍토는 불교를 배척하는 반면 극단의 문약 정치를 이루게 되었고, 그로 인해 전통적인 신체활동들은 자연 침체되었다. 또한 유학의 발전은 여러 당파를 형성하여 정권쟁탈이 심화되었고 국운이 쇠퇴하는 계기가 되었다. 이러한 결과로 임진, 병자의 전쟁이 발생하여 국가의 모든 체제가 전시체제로 편성되어 선조 26년 훈련도감을 설치하였다.

따라서 국민들의 일본군에 대한 적개심은 고조되고, 애국심이 고취됨으로써 도처에 의병이 봉기하여 쇠퇴한 무도가 부활되기 시작하였다. 즉 전통적인 신체활동과 중국 병법서의 하나인 《기효신서》를 바탕으로 다양한 무도서가 간행됨에 따라 전통적인 신체활동의 체계화가 이루어진다. 한국 전통 '무도서'는 선조(宣祖), 영조(英祖), 정조(正祖)의 시대를 거치는 동안 그 체계가 확립된다. 특히 전통무도의 일반적인 특징으로 전시(戰時)체제는 국가 체제유지 내지는 국방(國防)의 수단으로 활용되어졌고, 태평시대는 일상생활의 유희 내지는 무희 즉 '세시풍속'으로써 자리매김하여 생활수단의 한 방편으로 발전하였다.

하지만 한국 '무도사'에 있어서 조선시대에 체계화된 전통무도는 현대 무도와의 새로운 역사성을 시도하며 기존의 스포츠화된 무도종목과의 연관성을 찾고 있다. 즉 본국검법과 현대의 스포츠화된 검도의 역사적 연관성이 있는 것으로 해석하고 있으며, 일본의 검도가 한국 고유의 검법임을 주장하기도 한다. ≪무예도보통지≫의 권법을 현재의 태권도 내지는 전통 무도단체들은 자신들의 무도의 원형임을 주장한다.

특히 한국사회는 조선왕조(朝鮮王朝)의 몰락과 함께 외세로 인해 자주국가로서의 방위력이 상실됨에 따라 1875년 일본의 무력도발과 위협에 의해 병자수호조약(丙子修護條約)이 1876년 2월 체결된다. 또한 1881년 5군영 중심의 근대적인 별기군(別技軍)을 창설하였다. 별기군은 일본인 교관에 의해 군사훈련이 이루어졌다. 그러나 구식군대와 신식군대에 대한 차별대우는 심화되었으며, 구식군인은 밀린 급료에 불만을 품어 1882년 임오군란(壬午軍亂)을 일으킴으로서 결국 1907년에 해산된다.

따라서 한국 전통적인 신체활동은 차츰 소멸되었으며 한국사회는 일본식의 군대문화가 도입되게 된다. 이에 조선정부는 일본을 비롯한 구미 열강의 도전에 대응하기 위한 정치·사회·경제·문화·교육의 다각적인 개화운동을 일으킨다. 이러한 시대적 요청에 의해 전통적 신체활동은 국가 방위적 수단으로 군사훈련이 실시되고 개화사상가들에 의해 무예학교와 원산학사가 설립된다.

원산학사는 1880년 개항이후 서구열강 및 일본의 위기의식을 절감한 지역주민들에 의해 설립되어 우리나라 최초의 근대적 교육기관의 시초가 된다. 교육과정은 문예반(文藝班)과 무예반(武藝班)으로 나누어 광범위한 근대식 교육을 실시하고, 병서를 숙달한 후 사격훈련을 하는 군대식 교육이 실시된다.

한편 우리나라에 근대적 운동경기가 유입되고, 보급되기 시작한 것은 대한제국 시기인 1897년부터 1910년대였으며, 이때 소개된 근대적 운동경기는 체조를 비롯한 다양한 투기 및 구기종목이 유입되고 실시된다. 이러한 서구스포츠의 유입은 학교체육의 한 형태로 개화기(1876)를 비롯한 한국사회의 전반에 인식되고, 현대적 스포츠로 발전하는 기틀을 마련한다.

특히 갑오(1894)·을미사변(1895)이후 친일 온건 개화파에 의해 대한제국

(1897-1910)이 성립하였으나 국가적 위기의식이 고조되어 국방력 강화를 위한 무예학교 및 원산학교가 설립되었다. 그리고 일반 무도단체에 의해 전통무도가 교육의 일환으로 실시하였다.

이것은 개화기의 군사체제의 변화 즉 다양한 무기 및 교련과 같은 병식체조가 우선됨에 따라 전통무도인 창(槍)·검(劍)·권법(拳法) 등의 무술은 차츰 그 실효성이 상실되고 있음을 반증하고 있다. 그리고 단지 학교에서는 학생들의 선발 기준에 적용되었을 뿐이다. 따라서 1910년대 이후 일제 식민지의 35년간은 우리 전통문화 및 무도의 역사성을 상실하였다.

이상에서 살펴본 바와 같이 한국 전통무도는 끊임없는 변화의 과정을 거치면서 한 민족의 유구한 역사와 함께 다양한 신체문화로 발전하였다. 그러나 한국 전통무도에 대한 기록의 대부분이 왕조사를 중심으로 기록되어 그 형태와 방법, 무도의 원형과 기술내용이 체계적으로 정리되지 못함에 따라 현대 무도의 발전양상에 따른 역사성을 규명하는데 많은 어려움이 있다.

물론 ≪무예도보통지≫나 각종 '사서'의 기록에 전통무도의 원형을 복원할 수 있는 자료는 있지만 이들 자료가 가지고 있는 한계성에 의해 그 근원을 추정함에 무리가 있다. 따라서 현재 스포츠화된 무도종목은 한국 고유의 역사성을 확립하기 위해 전통무도가 그 원형임을 주장한다. 특히 1970년대부터 일기 시작한 '전통성'의 문제에서 역사성에 대한 논란은 현대 무도의 발전에 새로운 국면을 형성하였다.

결국 모든 무도단체가 한국 고유의 전통무도임을 주장하기 위해서는 그 역사적 기원을 고대로 올려 잡아야만 가능하다는 이유로 역사성을 왜곡하는 것이다. 왜 그러한 역사성을 강조하는가에 대한 물음은 너무나 간단한 질문에 불과하다. 그것은 그 무도종목만이 한국 고유의 민족성을 가지고 있으며, 민족성은 현대사회의 모태가 된다는 사실에서 비롯된다.

한국 무도의 <신체 학문화>와 <역사적 재조명>

특히 일제시대를 전후로 유입된 동양 삼국의 다양한 무도종목은 그 나름의 역사를 가지고 있음에도 불구하고 계속적으로 역사적 논쟁이 되고 있다. 자민족의 우월성에 대한 긍지가 결여된다는 사실에서 벗어나기 위해서는 어떠한 형태로든지 고유성과 전통성을 결합시켜야만 하기 때문인 것으로 볼 수 있다.

하지만 이와 같은 역사성을 올바로 인식을 하지 못하고 재조명하지 못한다면 한국의 전통무도를 비롯한 현대의 다양한 무도는 그 정체성의 위기에서 헤어나질 못할 것이다. 현대사회에서 과거의 역사를 바라보는 것은 오늘날의 자화상을 얻기 위함이기 때문에 전통성을 있는 그대로 보아야 할 것이다.

2) 한국 무도의 전통성

전통이라는 용어는 다양한 장르에서 사용되고 있으며, 그 총칭을 흔히 전통문화라고 칭하고 있다. 이러한 전통은 무도를 비롯한 무용, 음악, 의학, 음식 등이 대표된다. 전통이라는 사전적 개념은 광의적 의미로는 "습관과 풍속이 시간적인 순서에 의해 전대에서 후대로 전승되는 체계를 의미하며, 그것은 습관과 풍속이 시간적 공간적으로 전달되는 구조를 보여주는 것"으로 정의하고 있다(철학사전편찬회, 1998).

즉 전통이란 같은 문화유산이라 할지라도 현재의 생활에서 볼 때 어떤 주관적인 가치판단을 기초로 하여 파악되는 것을 말하며, 반드시 연속성을 필수조건으로 하지 않는다. 전통이란 과거와 오늘이라는 시간과 관계되는 개념이다. 전통은 신념, 과학 및 학문적 지식, 종교적 신념, 사회 정의, 질서의 개념, 사적인 생활과 공공 생활의 행위 규범들이 포함된다(김병서, 신현순, 1992).

이와 같이 전통이라는 용어는 협의의 개념보다는 광위적 개념으로 보다 보편화하여 사용하고 있으며, 이러한 개념은 우리 사회의 많은 부분에서 통용되고 있으나 전통을 국한 시키는 개념은 혼란스럽다. 특히 한국의 체육사 영역에서 전통에 관련된 연구들은 많은 성과를 보이고 있지 못한 것이 현실이다. 전통에 관련된 연구들의 대부분은 민속학의 전유물로 인식되고 민속학 분야에서 그 연구가 활발하게 진행되고 있으며, 체육 분야의 전통에 대한 연구는 체육사 영역에서 이루어지고 있다.

체육사의 대표적인 연구물은 나현성(1981)의 《한국체육사》를 시초로 볼 수 있으며, 그 내용은 전통사회의 체육이라는 영역속에 《왕조실록(王朝實錄)》의 기록을 토대로 시기를 구분하고, 무도에 관련된 내용을 기술하고 있다. 전통적 신체활동에 관련된 무도의 종류인 각저(角抵), 수박(手搏), 궁술(弓術), 기타 서민들의 무희(武戱) 및 유희(遊戱) 활동을 기술하고 있다. 근대 체육은 스포츠를 중심으로 학교체육에 관련된 내용을 포괄적으로 다루고 있다. 그리고 근대의 전통적인 신체활동은 학교체육을 중심으로 씨름, 궁술 또는 일제시대에 도입된 유도, 검도의 교과목 채택을 기술하고 있어 한국 전통에 관련된 무술 내지는 무도는 거의 기술하고 있지 않다.

그리고 이학래(1990)의 《한국근대체육사연구》의 주된 내용은 한국사회의 개화기(1876)로부터 일제시대, 광복이후의 내용을 중점적으로 다루고 있는데 개화기는 서구스포츠의 유입으로부터 한국체육이 발전하는 과정을 기술하고 있으며, 무도와 관련된 연구는 일제시대 중심의 학교체육을 기록하고 있다.

또한, 이학래(2003)는 《한국체육사연구》에서 전통사회의 체육을 놀이로서의 체육, 무예로서의 체육, 학교교육으로서의 체육으로 연구하였으며, 대부분 한국의 전통적인 무도를 언급하고 있다. 근대의 사회체육은 갑오경장과 근대 체육의 도입에서 각 학교의 편제를 기술하고, 근대적 운동경기의 도입과 보급에서 검도, 유도의 도입과정을 연구하였다.

이 외에도 다양한 체육사 연구 영역의 서적들이 있다. 그러나 전통무도 및 현대무도에 관련된 내용이 체계적으로 연구되지 못한 것이 현실이다. 그나마

한국 무도의 <신체 학문화>와 <역사적 재조명>

각 무도종목별 연구는 활발하게 진행하여 전통무도 내지는 일제시대를 전후로 도입되고 형성된 무도종목별 연구는 최근 활기를 띠고 있다. 하지만 '무도사'의 독자적 영역의 연구는 부진함을 보이고 있다.

한편 전통문화정책은 단지 일제가 남긴 박물관을 유지하거나 황실의 재산을 관리하는 것에 국한되었다. 1962년 문화재보호법이 재정되어 전통문화유산을 관리할 수 있는 법적·제도적 기틀이 마련되어 이전에 비해 나아지기는 했지만 전반적으로 볼 때 소극적인 문화재 원형의 보존 수준을 벗어나지 못하고 있다.

전통문화에 대한 관심이 본격적으로 고조된 것은 70년대에 들어와서 부터라고 할 수 있다. 특히 80년대의 대학을 중심으로 이루어진 풍물패의 활동은 전통문화에 대한 관심을 젊은 층에까지 확산시키는 계기가 되었으며, 전통무도의 경우는 1980년대 후반부터 본격적으로 활성화되었다고 할 수 있는데 이는 대학내의 동아리 형태로 그리고 사회적으로 도장의 형태로 활성화되었다.

특히 한국 전통무도에 대한 관심의 증가는 택견[59]이라는 전통무도가 등장하여 한국 국민들의 인식 속에서 표출되기 시작하였다. 즉 1977년 4월 9일 신한승은 서울 YMCA체육관에서 그동안 정립해온 것을 발표하는 제1회 택견발표회가 성공적으로 개최되었다. 이 발표회는 타 무술과의 친선 경기를 하였고 다른 종목에 비해 조금도 손색이 없었으며 우리 고유의 몸짓을 그대로 살린 택견의 우수성이 그대로 표출되었다.

택견의 문화재 지정은 1968년 11월 6일자로 당시 국제태권도 연맹 사무총장 허헌정의 명의로 태권도를 무형문화재로 지정해 달라는 신청서가 문화공보부에 접수되었다. 이것을 계기로 문화재 관리국은 우리나라 고유의 무예를 조

---

[59] 택견이란 말이 문헌상의 표기는 《재물보》나 《해동죽지》 그리고 조선말 시조에 등장하는데 이에 대한 명칭이 '택견'으로 기록되어 있다. 이들 기록에 대하여 조완목은 '택견'이라는 명칭은 원래 택견을 한자로 탁견(托肩)이라고 차자(借字) 표기한 것을 한자음 그대로 음독해서 '탁견'이라고 쓴 것이라고 말하면서, 택견이라고 전하여 지던 말을 한문만 사용하던 시대에 '택견'이라는 이두(吏讀)로 기록하여, 훈민정음 창제 후에 한자어 '탁견'이라고 기록하였다. 택견은 1921년 조선어 사전에 처음으로 '택견'이 수록되어 있고, 송덕기는 '탁견'이라 하며, 택견하는 사람을 '택견꾼'이라고 부른다고 하였다.

사하게 되었고, 1973년 4월 23일 문화재위원 예용해의 택견 조사보고서가 제출되었다. 1981년 11월 택견의 자료를 문화재 관리국에 정식으로 제출함으로써 중요 무형문화재로 지정받게 되는 최초의 전기를 마련하였다.

임동권 문화재위원은 1982년 4월 택견 전수활동의 현지답사를 시작하여 택견 동작을 촬영하고 택견 자료를 수집하여 문화재 관리국에 제출하였다. 하지만 임동권은 "전통문화를 보존시키는 일은 그리 쉬운 일이 아니며 아주 외로운 길임을 각오해야 한다."는 여운을 남긴 채 상경하였다.

이후 한국 전통무도인 택견은 1983년 4월 11일 조선일보 4월 1일자에 택견이 중요무형문화재 제76호로 인정되었다는 기사가 보도되었으며, 6월 1일자로 택견이 중요무형문화재 제76호로 채택되었고, 기능보유자로 송덕기와 신한승을 지정하였다. 택견의 문화재 지정이후 충주공고 체육관에서 충청북도 교육감을 비롯한 여러 기관장이 참석한 가운데 제1주년 기념 택견발표회(1984.6.30)를 개최하였으며, 현재까지 다양한 발표회 및 시연(試演)을 하고 있다. 또한 대한택견협회가 1990년 창립하여 전통무도의 수련적인 측면과 경기화를 지향하고 있다.

택견이 경기화되기 시작한 것은 1984년 부산에서 이용복을 중심으로 택견의 중흥운동이 일어나 택견의 대중화 시대를 열었다. 1985년 사회단체 등록을 한 한국전통택견연구회는 그 해 6월 서울·부산·충주의 택견인을 한자리에 모아 결련택견을 재현하였다.

한국전통택견연구회가 주축이 되어 1990년 사단법인 대한택견협회를 발족하고, 1991년 1월 체육청소년부로부터 법인을 인가 받았다. 그리고 협회 주최로 1991년 11월 제 2회 전국결련택견대회를 개최하였는데, 전국의 10개 시·도에서 27개팀(여자 3개팀 포함)이 참가하였다. 택견이 1999년 생활체육전군택견연합회가 창립되어 생활체육의 일환으로 실시되고 2007년 2월 대한체육회 가맹 종목으로 채택되어 경기화를 지향하고 있다. 그리고 대한택견협회는 2007년 전국 16개 시도지부에서 택견 전수사업을 전개하고 있고 전수관은 198개, 대학동아리 108개 등이 있다.

이와 같이 택견의 단체는 신한승의 충주택견계승회를 모태로 한국전통택견회(정경화, 박만엽)와 택견의 경기화를 주도하는 대한택견협회(이용복), 그리고 송덕기로부터 택견을 사사받고 있던 대학생들을 중심으로 결성된 택견계승회(도기현) 등의 세 단체로 나뉘어져 있다. 이들 단체는 지향하는 방향과 목적에 있어서 차이를 보이고 있다. 한국전통택견회는 택견의 원형보전과 보급을 지향하고 있으며, 대한택견협회는 국민생활체육과 경기화, 택견계승회는 전통적 결련택견을 지향하고 있다.

전통무도라는 명칭은 현대인에게 많은 의미를 부여한다. 즉 한국사회에서 전통무도는 1990년대를 전후로 새로운 인식이 부여되어 전통무도 수련의 가치를 중요하게 인식함으로서 많은 무도종목은 전통성을 확보하려는 노력을 기울여 왔으며, 현재 국내에 있는 대부분의 무도종목이 전통무도임을 주장하고 있는 실정이다.

전통성의 확보는 역사적인 관점에서 기인하고 있으며, 우리의 역사 속에서 오랫동안 전통무술이라는 근거를 확보하고자 하는 시도에서 비롯된다. 현존하고 있는 무도종목들은 자신들의 무술 내지는 무예가 외래 무도의 유입으로 인한 무도가 아니라 우리 고유의 역사 속에서 계승 발전하였다는 점을 강조하고 있으며, 기술과 정신의 전통성을 주장한다.

결국, 1990년대 이후 한국 전통무도단체들의 고민의 대상은 전통무도에 대한 역사성의 확립, 전통적 수련방법의 고수, 전통적인 수련체계를 탈피하여 새로운 변형을 시도하여 스포츠화 시킬 것인가에 많은 노력과 고민을 하고 있다.

한병기(2001)는 1990년대 이후 최고의 무예상품으로 떠오른 것이 바로 전통의 대두였으며, "전통무예가 좋고 강한 것이라는 근거 없는 믿음은 태권도에서부터 시작되었다"고 하고, 태권도가 고구려 때부터 내려오는 전통무술이라는 주장을 하자, 다른 무예단체들도 역사왜곡과 기원설에 대한 검증되지 않는 가설로 수많은 수련생들을 끌어 모았다고 주장하였다.

특히 이념이 공동화된 한국의 운동권은 다양한 모습으로 변화하기 시작하는데, 그 중 하나가 전통문화에 빠져드는 것이고, 무술을 문화운동으로 치환하며, 전통성과 무술성을 착각함으로써 향후 10년간 무술계에 악영향을 미쳤다고 말한다. 또한 1990년대에 쏟아져 나온 대부분의 무술은 역사성의 문제 즉 자신을 지도해준 스승을 산에서 만났다든가, 산에서 만난 '도인'이 나에게만 무술을 전수해주었다든지, 그 도인의 모습을 본 사람은 나 말고는 없다든지, 자신의 무예가 고구려 혹은 그 이전부터 전해진 무예라고 주장하는 것 등은 조작된 것이라고 주장한다(한병기, 2001).

한국 전통 무도단체는 1990년 중반부터 비영리법인의 법적 제도가 완화되면서 적극적인 법인화를 추진하여 전통 무도단체가 우후죽순으로 급증하기 시작하였으며, 전통 무도단체의 실태는 국립민속박물관(2003)의 〈한국의 무예단체 현황〉에 관련된 연구를 토대로 살펴보면, 국내의 무도단체들은 전국 300여개의 단체가 있으며, 이들 단체 가운데 150개의 단체를 선정하여 조사하였다. 종목별 조사단체를 살펴보면, 검도가 대한검도회를 비롯한 25개의 단체, 경호무도는 8개의 단체, 태권도 및 택견은 4개의 단체, 합기도는 19개의 단체, 기타 40개의 단체가 조사되었다.

한국 전통 무도단체의 특징은 역사성의 확립을 통해 전통무도를 주장한다는데 있다. 그 무도가 한국 고대사회로부터 전래되어 왕조시대를 거치는 동안 체계화되었으며, 역사적 자료는 왕조실록을 토대로 제시하고 있고, 그 대표적인 자료는 《무예도보통지》의 검법, 권법 등에서 찾고 있다. 특히 맨손 무도의 기술적인 측면은 권법에 관련된 내용을 근거로 제시하고 있으며, 본국검법이 현재 검도의 역사적 사료로 중요시하고 있다.

또한, 투기 종목 중 맨손 무예인 태권도는 조선후기에 등장하고 있는 《조선어사전》, 《해동죽지》, 《재물보》 등에 수록되어 있는 택견을 그 원형으로 하고 있으며, 고대의 태권도는 금강역사상과 같은 유물자료를 근거로 제시하고 있다. 반면, 유도나 대한검도회의 죽도경기는 근대를 전후로 일본에서 체계화된 무도경기가 국내에 유입되어 현재의 스포츠화된 무도로 인식하고 있다.

이와 같이 한국 무도단체들은 2000년 사단법인화에 대한 법적제도의 완화를 기점으로 법인화를 추진하여 공신력을 확보하고 있다. 이들 단체의 공통점은 전통성을 확보하려는 노력을 기울이고 있지만 학문적 연구의 미흡으로 그 역사성을 정립하지 못하고 있다. 특히 각 종목별로 특징적인 수련체계를 형성하지 못하고, 유사한 단체의 기술을 모방하는 한편, 경기화를 통하여 활성화를 시도하고 있다. 또한 현대무도의 특징적인 현상으로는 종합무도로 수련체계를 변화시키려는 양상을 보이고 있다.

결국 한국 전통무도의 부활은 한국의 격동기라 할 수 있는 시점인 1980년 이후 '전통문화'에 대한 관심과 더불어 '전통무도'에 대한 관심이 이루어지기 시작했다. 전통무도에 대한 관심은 기존 무도단체에서 이루어진 것이 아니라 새로이 생성된 신생 무도단체가 주축을 이루었으며, 전통문화를 고집해 온 특정단체들을 중심으로 관심이 극대화되고, 대중화가 이루어졌다.

하지만 '전통'을 고집할 경우 다소 발전적 의미에서는 제한이 따를 수 있다. 이것은 최근 논쟁이 일고 있는 '문화재 보호법'에 있어 '택견'의 경우를 보면 알 수 있다. 앞서 한국 무도의 근대적 변천과정에서 보듯이 '전통문화'의 관심 속에 대중화를 이끌기는 하였으나, 짧은 역사를 지닌 무도나 어설픈 복원에 의한 '전통무도'가 향후 지속적으로 대중화를 이끌 것인가는 의문이다.

3) 한국 무도의 스포츠화

한국 무도의 발생은 다른 스포츠경기와 구별되는 독자적인 성격을 가지고 발전하였다. 즉 격투술은 전장의 실전성을 중시하였고, 생사를 초월하여 개인과 개인, 단체와 단체, 생명 대 생명의 격투술로 발전하였다. 이와 같이 생명을 유지하기 위한 공격과 방어의 기술이 발전하였음은 주지의 사실이다.

특히 무도의 공격과 방어의 체계화는 적의 공격이 언제, 어디서, 어떠한 형태로 공격해올지를 예견하기가 어렵기 때문에 격투술의 내용을 구체화한 형을 만들어 제정하여 수련을 하게 된다. 그러나 전쟁체제의 변화양상은 인간 신체활동의 변화에 직간접적 영향을 미치고, 평화시대에는 보다 구체화된 무도수련의 형태가 나타난다.

즉 실전성을 지속시키며, 무도를 수련할 수 있는 다양한 체계를 형성하고, 그 체계는 역사적인 흐름 속에서 독자적인 유파를 형성하였으며, 유파간의 우월성 과시를 통하여 실전성의 장단점을 규합하여 새로운 형태의 무도가 형성되었다. 이와 같이 형성된 무도는 교육적인 측면을 강조함과 동시에 정형화되고, 제도화되지 못한 상태에서 서양 스포츠의 영향에 의해 경기화를 지향하고 있다.

무도 경기는 과거의 역사적 기록 속에서 다양하게 등장하고 있으며, 오늘날과 같이 스포츠화 이전에 비제도적인 형태의 무도 경기를 시작하여 무도관(武道館)과 단체가 형성되고, 교육되는 과정을 거쳐 본격적인 경기가 개최되는 양상을 보이는데 한국 무도 단체의 경기는 일제시대에 본격적으로 나타나기 시작한다.

한국에서 무도와 관련된 최초의 공개 경기는 내각원유회(內閣園遊會) 주최로 비원에서 유도(柔道)와 격검(擊劍) 경기가 1908년 한일양국순경대회로 개최된 것이다. 그리고 1912년 10월 7일 유각권구락부(柔角拳俱樂部)가 광무대 단성사에서 유술(柔術), 권투(拳鬪), 각력(角力)의 대회를 유치하였다. 이 대회는 순전히 체육보급의 목적으로 유술, 권투, 각력의 세 가지를 점수의 많고 적음으로 승패를 결정하고 그에 따른 상품을 수여하였다.

특히 YMCA의 유도수련 참여 현황을 보면, 1923년 4,912명, 1924년 6,133명, 1925년 7,475명에 달할 정도로 많은 유도수련생이 있었으며, YMCA 주최의 각종 경기대회를 비롯한 무도대회가 개최된다. 그리고 1929년부터 전조선 중학교유도대회가 동경유학생무도회 주최로 1941년까지 개최되는데 1930년 9월 24일부터 25일까지 개최된 제5회 경성제국대 예과 주최 전선(全鮮:전국조선)중등학교 유도대회는 한국인이 처음 참가하기 시작한 대회이다.

또한, 1920년대 무도대회는 더욱 활발하게 진행된다. 일본인에 의한 개최가 대부분이며, 경찰관무도대회가 주축을 이루었다. 1921~1941년(21회)까지 개최된 '경찰관 유도대회'는 조선경찰청의 주최로 개최된 대회이다. 이 대회는 1회~6회까지는 일본인만 참가하였으며, 고또간(講道館) 유도를 가장 먼저 흡수하여 유도를 보급시키는데 일익을 담당하였다.

따라서 한국 무도의 역사를 고찰할 때 빼 놓을 수 없는 것이 경찰 유도이며, 검도 역시 당시 한국인이 출전한 기록이 있어 의미가 있다. 경찰관 무도대회는 식민지 전쟁에 앞장서 순직한 순사를 추모하기 위하여 열린 대회이며 대회규모는 현재의 경찰무도선수권대회보다 규모가 컸으며, 유도와 검도가 일본인들의 일본정신 함양을 꾀하는데 중요한 역할을 하였다.

전조선무도대회와 더불어 제2회 무덕제(武德祭)가 함께 개최되었다. 이러한 사실은 1920년대 중반과 30년대에 걸쳐 한국 사람이 검도대회에 참가했다는 것을 증명하는 사실적 자료가 되며, 그 외에도 창씨개명을 해 일본식 이름으로 출전한 한국인이 있었을 것으로 추측된다. 유도의 경우는 전남의 김동규, 평남의 김대기, 함북의 이영력, 경기의 이조구와 김수길, 평북의 박순업, 강원의 김오규, 서대문 형무소의 김영달 등이 출전하였다.

이와 같이 지역과 지역, 국가와 국가간의 통합조직체계인 국제스포츠기구로부터 비롯된 무도의 경기화는 각종 무도단체들이 독자적인 협회를 결성하여 조직체계를 확대함으로서 시작된다. 국내 무도단체로는 대한유도회, 대한검도회, 대한태권도협회 등의 조직체가 있으며 국가의 조직체계를 통합하는 기구인 국제연맹 및 세계연맹 등의 단체를 형성하여 경기화를 시작한다.

근대이후 도입된 스포츠종목의 활약이 두드러진 가운데 대한민국 정부는 1946년 런던올림픽 참가를 위하여 국내 올림픽 기구를 구성하여 국제올림픽위원회의 승인을 얻어야 했으며 국제올림픽위원회의 회원국이 되기 위해서는 국내올림픽위원회가 있어야 하고 올림픽 종목의 각 경기단체들이 국제경기연맹에 가입되어 있어야 한다.

따라서 조선체육회 산하단체 가운데 올림픽종목에 해당되는 육상, 수영, 축구, 농구, 역도, 권투, 레슬링, 빙상 등은 국제경기연맹에 가입하였다. 이처럼 광복이후 1948년 런던올림픽에 처음으로 참가[60]하였으며, 1947년 9월 필라델피아의 세계역도선수권대회에 역도종목이 출전하는 등 국제스포츠 교류가 시작되었다.

특히 국내의 경기화는 대한체육회의 공식가입과 승인으로부터 비롯된다. 대한체육회는 한국 아마추어 경기단체의 연합 조직이며, 대한체육회는 1920년 7월 13일 조선체육회로 창립하였으나 1938년 일본 제국주의에 의해 강제로 해산되고, 해방이후 1947년 대한올림픽위원회(K.O.C)가 국제올림픽 위원회에 가입하였다. 그리고 1948년 대한체육회로 개칭하고, 1953년 사단법인 대한체육회로 독자적인 사업을 진행하여 44개의 가맹경기단체, 15개의 시도지부, 11개의 해외지부를 가지고 연 394개의 전국 규모대회를 개최하는 한국 체육의 본산지

---

61) 런던올림픽에 참가한 선수들에 대한 국민적 기대는 컸지만 마라톤에 참가한 서윤복 등이 기대를 충족하지 못하였으나 복싱의 플라이급에 출전한 한수안과 역도 75kg급에 출전한 김성집이 동메달을 획득하여 대한민국은 사상 처음 시상대에서 태극기를 게양하는 감격을 맛볼 수 있었다.

한국 무도의 <신체 학문화>와 <역사적 재조명>

가 되었다.

따라서 모든 경기단체는 대한체육회에 가입함으로서 공식적인 스포츠로 인정을 받게 된다. 대한유도회는 1945년 11월 30일 대한체육회로 가맹되었으며, 대한검도회는 1953년 11월 20일, 태권도는 1962년 6월 25일 통합된 경기단체로 대한태수도협회라는 이름으로 12월 28일 대한체육회 이사회의 승인을 얻어 1963년 2월 23일 대한체육회 정기 대의원 총회에서 가입을 결정하였다.

이와 같이 각 무도단체는 대한체육회에 공식적으로 가맹을 시도하여 한국체육의 최대 규모를 자랑하는 전국체육대회에 채택되어 경기화가 시작되었으며, 각 협회별 독자적인 경기형태를 취하고, 전국규모의 각종대회를 개최하기에 이른다.

국내경기의 총괄단체인 대한체육회의 가맹과 함께 종목별 대회가 개최되면서 무도경기의 스포츠화가 시작된다. 해방이후 유도는 1949년부터 전국체육대회 종목으로 채택되고 그에 따른 협회주관의 다양한 경기를 진행하였다. 검도 종목은 1956년 전국체육대회에 채택되고, 태권도 종목은 1962년부터 실시된다.

국내 무도대회는 각 협회의 조직이 확대됨에 따라서 무도경기의 스포츠화가 가속화된다. 즉 유도는 1958년 8월 제2회 세계유도선수권대회에 최초로 선수단을 파견하고, 검도는 1973년 4월 4일 제2회 세계검도선수권대회에 참가하였다. 태권도는 1973년 제1회 세계태권도선수권대회를 국내에서 개최하여 19개국이 참가하였다.

이상에서 살펴본 바와 같이 한국 무도의 스포츠화는 과거의 전통적인 무도를 현대화시켜 다양한 형태의 경기화를 시작하였으며, 현재 동양 삼국의 전통 무도단체가 경기화를 시도하고 있으나 현대 무도의 경기화에 대한 논란은 끊임없이 제기되고 있다.

즉 평화체육으로서 검도의 경기화를 주장한 이호암(1995)은 현대 스포츠는 민주주의 사상을 배경으로 전장체육이 아니라 평화주의 체육을 지향하고, 오늘날의 검도는 스포츠로서의 검도가 되어야 한다고 주장하였다. 중국의 周林儀(1993)는 중국의 국술에 대한 조직구성과 표준적인 기술에 대해 국술이 21세기 국제운동의 주류가 되기 위해서는 세계인이 요구하는 표준적 기준마련과 국술조직의 단일화가 필요하다고 하였다.

그러나 무도의 경기화에 대한 반론을 제기하는 무도인도 있다. 황기(1970)는 무술이란 인간의 생명을 직접적인 대상으로 하는 것이므로 시합이 불가능하다고 하였다. 즉 과거의 무도가 생명을 담보로 하고, 전쟁기술이라는 전근대적인 무술의 형태를 주장하여 무도성을 강조하기도 하였다. 그러나 무도 경기의 스포츠화는 무도가 수련중심에서 경기화되는 과정에서 지나친 경기화의 입장을 취하면서 여러 논란이 일어나고 있다.

이들은 무도가 경기화 과정에서 무도성을 상실한다고 주장한다. 따라서 수양이나 정신은 주관적인 평가인 반면, 경기는 특정한 규칙에 의한 기법과 수련에 있어서 객관적 혹은 단편적인 평가방식이다. 즉 과거 다양한 유파의 실전무도가 존재할 때 수양과 정신의 평가는 유파내의 주관적인 평가였다. 그러나 일본 내에서 객관적인 평가가 시도된 것은 유파간의 시합인 타류시합에서 시작되어 승리지상주의 가치관이 각 유파간에 형성되면서 그 기법 역시 변화를 가져왔을 것이다.

결국 무도의 경기화 내지는 스포츠화는 현대무도가 지향하는 과제 중 어느 한쪽을 택하는 것이 아니라 고유의 전통적 수련방법과 현대적 수련방법의 융화를 통한 새로운 신체문화를 형성하는 것이다. 또한 이러한 새로운 신체문화의 형성을 통해 현대인이 요구하고 있는 다양한 측면의 욕구를 부합시킬 때 한국 신체문화로서 무도는 새로운 모습으로 탈바꿈할 것이다.

연구문제

본 장은 한국 무도의 학문화과정에서 나타난 정체성을 확립하기 위하여 전개하였다. 즉 한국 무도의 학문화에 따른 무도의 개념적 논쟁은 자의적, 국가적, 발전적 또는 진화적 과정의 개념이 형성되고 발전하고 있다. 하지만 한국 전통시대의 무도의 발전양상과 근대이후 무도의 전개과정에서 대두되기 시작한 첫 번째의 문제는 무도가 목숨을 담보로 하는 실전무도인데 경기화하고 스포츠화 할 수 있는가에 대한 문제 제기이다. 그러나 현대의 무도는 지나친 스포츠화를 지향하고 있다.

특히 1980년대 이후 전통문화는 우리 국민의 역사적 인식을 변화시키는 계기를 형성하였으며, 무도 또한 전통문화의 붐을 타고 전통에 대한 인식이 고조되어 각종 전통무도가 부활되고 무도단체가 결성되었다. 이와 같은 각 단체들은 전통에 대한 의식을 역사성의 확립을 통해 지향하고자 하였으며, 전통적 기법을 모태로 자신의 무도가 정통성을 가지고 있다고 주장하고 있다. 또한 무도영역에 대한 관심의 증폭과 상업화는 수련적인 문제를 야기 시키는 등의 다양한 변화를 초래하였다.

이러한 현실에서 한국 무도 신체문화의 학문화를 위한 방향성을 제시하기 위하여 〈신체 학문화〉와 〈역사적 재조명〉을 고민하였다. 여러분들은 제1장의 내용을 토대로 그동안 논의되고 있는 다양한 문제에 대한 통찰이 필요할 것이다. 특히 무도개념의 논쟁을 통해 무도의 명칭과 그 개념을 명확히 구분할 수 있는가? 그리고 무도 신체 학문화를 위한 학문적 체계는 어떠한 방향으로 설정해야 하는가? 또한 현대 무도의 발전양상에서 다양한 무도종목이 왜 역사성을 강조하고 있으며, 전통성에 집착하고 있는가에 대한 질문을 깊이 있게 생각할 필요가 있다. 아울러 여러분들은 한국 무도의 역사적 전개 과정에서 어떠한 역사적 의미를 도출하였는가? 이와 같은 관점에서 다음에 제시되는 문제를 생각하기 바란다.

1. 현재 본인이 전공하고 있는 종목의 학문적 체계에 대하여 어떠한 지론을 가지고 있는가?
2. 무술, 무예, 무도의 개념은 어떠한 차이가 있는가?
3. 현대 무도의 개념에 대하여 어떻게 생각하고 있는가?
4. 한국 전통시대의 무도 발전양상의 특징과 의미는 무엇인가?
5. 한국 전통무도의 쇠퇴원인은 무엇인가?
6. 근대이후 외래 무도유입이 한국 무도에 미친 영향에 대하여 어떠한 지론을 가지고 있는가?
7. 근대이후 서양문물과 스포츠 유입이 한국 무도에 미친 영향에 대하여 어떠한 지론을 가지고 있는가?
8. 현대 무도종목의 역사적 발전 양상과 그 의미에 대하여 어떠한 지론을 가지고 있는가?
9. 현대 무도의 발전양상에 따른 역사성, 전통성, 경기화, 상업화 등에 대하여 어떠한 지론을 가지고 있는가?

이상과 같은 문제의 쟁점들은 한국 무도의 역사적 정체성을 확립하고 현대 무도의 발전방향과 지향과제를 제시하는 의미 있는 연구의 주제이기도 하다. 따라서 여러분들은 이와 같은 다양한 문제에 대하여 토의하고 한국 무도의 역사를 올바르게 인식하여 미래의 자화상으로 삼아야 할 것이다.

참고문헌

≪京都雜志≫, ≪高麗史≫, ≪高麗史≫, ≪紀效新書≫, ≪東國歲時記≫, ≪武藝圖譜通志≫, ≪武藝諸譜飜譯續集≫, ≪武藝諸譜≫, ≪三國史記≫, ≪三國遺事≫, ≪朝鮮王朝實錄≫, ≪海東竹枝≫등.

〈경성신문〉: 1908년 5월 25일자, 1908년 11월 7일자, 1928년 5월 29일자, 1929년 5월 10일자, 1929년 6월 24일자, 1930년 7월 5일자, 1930년 7월 6일 자.
〈경성일보〉: 1927. 5월 23일자, 1928년 5월 8일자, 1929년 6울 25일자.
〈대한매일신보〉: 1912년 10월9일자.
〈대한민보〉: 융희 3년 8월20일 제59호.
〈동아일보〉: 1920년 7월 3일자, 1922년 6월 30일자, 1924년 1월31일자, 1926년 12월 2일자, 1932년 1월 19일자.
〈조선일보〉: 1938년 5월 12일 자. 1983년 4월 1일자.
〈황성신문〉: 1908년 5월 17일자, 1908년 5월 23일자, 1908년 9월 4일자, 1908년 9월 14일자.

강동원(1993). 한국 중세 사회계층에 따른 무예활동에 관한 연구, 명지대학교 대학원, 박사학위 논문.
_____(1997). 체육·스포츠사 연구, 보경문화사.
강만길(1994). 고쳐 쓴 한국현대사, 창작과 비평사.
_____(2005). 고쳐 쓴 한국현대사, 창작과 비평사.
강원식, 이경명(1999). 태권도 현대사, 보경문화사.
곽형기(1989). 근대체육의 전개양상과 체육사적 의미, 서울대학교 대학원, 박사학위논문
_____(1995). 한국체육사, 서울: 지식산업사.
국립민속박물관(20003). 한국 무예 단체현황, 도서출판 무지개.
국방군사 연구소(2004). 한국무기발달사, 군인공제회.
김 산(2002). 임진왜란 이후 조선의 권법에 대한 연구, 전북대학교 대학원, 석사학위 논문.
김 철(1982). 태권도 교육이론, 원광대학교 출판국.
김경지(1998). 태권학 개론, 경운출판사
김광성(1998). 태권도사, 경운출판사.

김규수, 허남영, 김진표(2001). 격방의 무예성과 놀이성, 대한무도학회지, 3(1)
김기웅(1977). 무기와 화약, 세종대왕기념사업부.
김달우(1992). 해방이후 학교체육의 재편 및 정착과정에 관한 연구, 서울대학교 대학원, 박사학위논문.
김대식(1986). 체육철학, 서울 : 나남.
김명수(1992). 태권도의 스포츠 제도화 과정에 관한 연구, 한양대학교 대학원, 박사학위논문.
김무길(1997). 학교체육을 통한 21세기 국민체육의 장기발전전략, 제16회 국민체육진흥세미나, 한국체육학회.
김민경(1993). 광복이후 한국 사회체육의 변천과정에 관한 연구, 이화여자대학교 대학원, 석사학위논문.
김병서, 신현순 옮김, 에드워드 쉴즈(1992). 전통, 믿음사.
김상철(1997). 궁술의 사적 고찰, 용인대학교 무도연구소지, 제8집 1호.
_____(2000). 유도론, 서울 : 교학연구사.
김성재(2002). 무예도보통지에 나타난 전통성에 관한 연구, 서울대학교 대학원, 석사학위 논문.
김성태(2004). 한국고대무예의 종합검토, 한국전통무예 학술대회, 국립민속박물관.
김성환(1984). ≪한국근대사≫, 동녘
김영학(1996). 전공검도, 생능출판사.
_____(1999). 갑오경장 이전의 한국검술의 형태, 국제무도학술대회, 대한무도학회.
_____(1999). 한국 체육사 영역에 따른 검술 및 검도의 발달과정에 관한 연구, 명지대학교 대학원, 박사학위 논문.
김용옥(1990). 태권도철학의 구성원리, 통나무.
김운택(1988). 일제제국주의의 한국통치, 박영사.
김의영(1989). 합기도, 서울 : 금광.
김이수(1995). 합기술의 한국 유입에 관한 무예사적 연구, 명지대학교 대학원, 석사학위 논문.
김재일(1990). 검도총서, 서민사.
_____(1990). 조선세법(비디오교재), 한국고무도연구소.
김정명(1995). 체육의 본질과 체육인의 역할, 안동대학교추계학술강연회.
김정행(1986). 유도개론, 대한유도대학 출판사.
　　　　김상철 · 김창룡(1997). 무도론, 도서출판 대한미디어.

김창룡(1988). 무도사상고찰(I), 대한유도학교 무도연구소지.
_____(1989). 동서체육사상과의 만남, 도서출판 대한미디어.
_____(1993). 부목겸치와 아부인의 무도론 연구, 용인대학교무도연구소지.
_____(1995). 스포츠 철학, 도서출판 대한미디어.
김흥배(1989). 세종기의 무예적인 체육활동에 관한 연구, 서울대학교 대학원, 석사학위 논문.
김희영(1994). 이야기 일본사, 청아출판사.
김희종(1999). 박정희 정권의 정치적 이념과 체육정책에 관한 연구, 한양대학교 대학원, 박사학위 논문.
나영일(1992). 조선조 무사체육에 관한 연구. 서울대학교 대학원, 박사학위논문.
_____(1994). 전통무예의 현황과 과제에 대한 연구, 한국체육학회지, 33(2).
_____(1997). 기효신서(기효신서), 무예제보(무예제보), 무예도보통지(무예도보통지) 비교연구, 한국체육학회지, 36(4)
_____(1997). 동양무예의 과거, 현재, 미래, 한국체육학회지, 14(1)
_____(2001). 무예도보통지에 나오는 무예의 도입 과정, 한국체육학회지, 7.
_____(2001). 전통무예의 문제점과 과제, 대한무도학회지, 제3권, 1호.
나현성(1970). 한국학교체육제도사, 도서출판 교육원
_____(1974). 한국체육사연구, 문샘사.
_____(1981). 한국체육사, 교학연구사.
_____(1985). 한국체육사 연구, 교학연구사.
남덕현(2002). 고구려시대 군사무예인 수박에 관한 연구, 고려대학교 대학원, 석사학위 논문.
노영구(2002). 조선후기 병서와 전법의 연구, 서울대학교 대학원, 박사학위 논문.
니시와키미쯔루(1999). 일본 무사도에 관한 연구, 서울대학교 대학원, 박사학위 논문.
대한궁도협회(1992). 한국의 궁술, 대한궁도협회.
대한체육회(1990). 대한체육회 칠십년사, 대한체육회
대한태권도협회(1990). 태권도. 제73호, 서울 대한태권도협회.
류병관(1997). 태권도의 발전방향에 관한 연구, 용인대학교 무도연구소지.
문교부(1955). 고등학교 교육과정, 서울: 교육주보사.
_____(1973). 체육교육자료총서 ≪씨름≫(1973), ≪체육사≫(1973), ≪유도≫(1976), ≪태권도≫(1976), ≪궁도양궁≫(1978), ≪검도펜싱≫(1978), ≪레슬링≫(1978), 서울신문사 출판국

_____(1988) 중학교 체육과 교육과정해설, 서울, 서울시 인쇄공업협동조합.
문화관광부(1993), (2003). 전국등록신고체육시설업현황
민중서림(1997). ≪한한대사전≫, 민중서림.
박경호(1999). 유도경기장의 변천과정에 나타난 의미, 대한무도학회지, 1(1)
_____(2002). 유도기술의 변천과정에 관한 연구, 용인대학교 대학원, 박사학위 논문.
박기동(1994). 조선후기 무예사 연구, 성균관대학교 대학원, 박사학위 논문.
박동철(1995). 대학검도보(현대무도의 실천적 의의와 인간형성). 한국 대학검도연맹.
_____(1995). 현대무도의 실천적 의의와 인간형성, 대학검도보, 가을호, 한국대학검도연맹.
박범남(1997). 택견의 문화적 실체(실체)와 특성(특성)에 관한 연구, 용인대학교 대학원, 석사학위 논문
박상돈(1995). 고구려 중기 무예적 체육활동에 관한 연구, 경기대학교 교육대학원, 석사학위 논문.
조용철(2001). 유도의 스포츠화 과정에 나타난 의미, 대한무도학회지, 3(1).
박종길(1995). 합기도 역사정립에 관한 고찰, 명지대학교 대학원, 석사학위 논문.
박주홍(1994). 한국 민속학 개론, 행운출판사
박현채(1993). ≪청년을 위한 한국현대사≫, 소나무
백승훈(2001). 조선왕조 이후 한국의 무예, 경희대학교 산업정보대학원 스포츠외교학과, 석사학위 논문.
송병기(1988). 개화기 일본유학생 파견과 실태(1881년-1903년),단국대학교 동양학 연구소 제18집.
송형석(2002). 동양무술의 기원과 발달에 관한 일고, 한국체육학회지, 17(1)
신영식(1991). 한국 전통사회와 역사의식, 서울: 삼지원.
신용하(1974). 우리나라 최초의 근대학교설립에 대하여, 한국사연구 제10집
심성구(2001). 한국무예의 역사와 특성-도수무예를 중심으로-, 군사편찬연구소, 군사43.
안자산(1974). 조선무사영웅전, 서울: 정음사.
양종언(1994). 삶의 무예, 서울: 학민사.
양진방(1986). 해방이후 한국 태권도의 발달과정과 그 역사적 의의, 서울대학교 대학원, 석사학위 논문.
_____(1989). 무도에 함장된 체육관, ≪태권도≫ 가을 제 70호.
오창환(1991). 택견전수교본, 영언문화사.
월간 씨름(1984). 대한씨름협회.
월간체육(1999). 10, 11, 11월호.

육군사관학교(1987). 무도교본, 서울: 형설출판사.
육태안(1991). 우리무예이야기, 서울: 학민사.
_____(1994). 전통무예 수벽치기의 유래와 기법에 관한 연구, 수원대학교 대학원, 석사학위 논문.
윤대중(2002). 합기도 단체의 조직 형성과 과정과 기술비교, 용인대학교 체육과학대학원, 석사학위 논문.
윤익암(1993). 정통합기도, 올림사.
성기훈(1994). 대학체육, 정훈출판사.
이건철(1993). 신라화랑의 체육활동에 대한 고찰, 선무학술 제3집, 국제선무학회.
이광린(1969). 한국개화사 연구, 서울: 신태양사.
이동현(2002). ≪이슈로 본 한국현대사≫, 민연
이상섭(1991). 교육학적 측면에서 본 무도교육의 현대적 과제, 선무학술논집.
이성진(2001). 일제하 한국 YMCA 유도 발전과정, 대한무도학회지, 3(1)
이성희(1994). 박정희대통령 집권하의 교육정책과 그의 교육이념 연구, 강원대학교 교육대학원, 석사학위 논문.
이신영(2001). 조선시대 수박희에 관한 연구, 단국대학교 대학원, 석사학위 논문.
이용복(1990). 택견, 서울: 학민사.
_____(1994). 민족전통 스포츠순례, 동아약보, 10월 제306호, 동아제약사.
이윤근, 한재덕(1998). 고려시대 무예활동에 대한 역사적 이해, 한국체육학회지, 37(1).
이재학(1998). 민속놀이의 체육사적 의미에 관한 연구, 용인대학교 대학원, 석사학위논문.
_____(2006). 朝鮮時代의 角觝에 關한 硏究, 한국체육사학회지, 통권 17호.
_____, 김창우, 이동헌(2007). 광복이후 한국 무도에 보이는 〈신체문화〉에 관한 연구, 한국스포츠리서치, 제18권 제1호(통권100호).
_____, 홍장표, 김의영(2000). 한국 전통놀이의 무도성, 대한무도학회, 국제학술대회 제2회.
_____, 이태현(2001). 한국 민속 씨름경기의 발달과정에 관한 고찰, 대한무도학회지, 3(1).
_____, 장재이(2005). 한국 무도의 재정립에 관한 연구, 대한무도학회지 7(2)
_____(2005). 한국 무도의 근대적 변천과정에 관한 연구, 용인대학교 대학원, 박사학위 논문.
_____, 손수범(2006). 외래 무도의 유입과정(일본 무도를 중심), 한국 체육사학회지 17.
이정학(1995). 동양무도의 구성원리에 관한 고찰, 대학검도보, 1995년 봄호, 한국대학검도연맹.

이제황(1976). 신유도, 서울수상계사.
이종구(1992). 검도 편, 동아세계대백과사전, 동아출판사.
이종림(1983). 고대 한국검술의 일본전이에 관한 소고, 한국체육학회, 제28권 2호, 한국체육학회.
_____(1999). 조선세법고, 한국체육학회지, 38(1)
이종원(1995). 검도이념에 관한 관견, 대학검도보 1995년 봄호, 한국대학검도연맹.
이중화(1929). 조선의 궁술, 민속학회 원포처
이진수(1994). 한국체육사, 지식산업사.
_____(1995). 신라화랑의 체육사상 연구, 서울 : 보경문화사.
_____(1996). 한국고대스포츠연구, 교학연구사.
이태웅(1996). 조선왕조실록에 나타난 임금들의 신체활동과 유희, 오락, 한국체육학회지, 35(4)
이태현(2001). 민속 씨름경기의 변천과정에 관한 연구, 용인대학교 교육대학원, 석사학위 논문.
이학래(1990). 한국유도발달사, 보경문화사.
_____(1990). 한국체육사, 지식산업사.
_____(2000). 한국체육백년사, 사단법인 한국체육학회.
_____(2003). 한국체육사연구, 국학자료원.
_____, 김종희(1999). 박정희 정권의 정치이념과 스포츠 내셔널리즘, 한국체육학회지, 38(1)
이현희(1998). ≪우리나라 현대사의 인식방법≫, 삼광출판사
이호암(1995). 한국검도논집, 서울: 한강문화사.
이홍종(1977). 한국유도의 발전과정에 관한 고찰, 단국대학교 대학원, 석사학위논문.
_____(1984). 한국유도사, 서울 : 한강문화사
임동규(1991). 무예사연구, 서울 : 학민사.
_____(1991). 한국의 전통무예, 서울 : 학민사.
임영무(1987). 한국체육사신강, 서울 : 교학연구사.
임영택(1998). 대한민국50년사 제2권, 도서출판 들녘.
임재선(1997). 조선조 무예도보통지에 관한 연구, 중앙대학교 대학원, 석사학위 논문.
장경태(2002). 택견 경기규칙 변천에 관한 고찰, 용인대학교 체육과학대학원, 석사학위 논문.
장재이(2000). 근대이후 중국무술발달사, 대한무도학회지, 제2권 1호.

최종균(2000). 고대 고구려의 고분벽화에 관한 무술사적 의미, 대한무도학회, 국제학술대회 제2회.
재일한국유학생연합회(1988). ≪일본유학 100년사≫
전재호(1997). 박정희 체제의 민족주의 연구, 서강대학교 대학원, 박사학위 논문.
정경현(1989). 한국병역제도 발전사, 병무청
정삼현(1996). 한국 무도사연구, 한국체육학회지, 35(4)
정영수, 한만길, 나정(1985). 한국교육정책의 이념, 한국교육개발원 연구보고.
정재정(1984). 갑신정변의 사상과 성격, 방송통신대학학보, 6월 11일자.
정재철(1982). 일제하 조선교육령 시행시기의 교육, 한국학 27권
정찬모(1999). 한국고대체육발달사, 제3회 동북아 체육·스포츠사 국제학술대회 발표논문집, 한국체육사학회.
_____, 이신영(2001). 조선시대 수박희에 관한 연구, 한국체육학회지, 8
정해은(2004). 한국 전통병서의 이해, 국방부 군사편찬연구소.
조명렬(1997). 체육사, 형설출판사.
조선총독부관보, 호외, 1914년 6월 11일 자, 1922년, 2월 6일 자. 1938년 30일 자.
조완묵(1995). 우리민족의 놀이문화, 정신세계사.
조용철(2003). 한국유도경기의 발달과정에 관한 연구, 세종대학교 대학원, 박사학위논문.
차명환(2002). 합기도 발전과제에 대한 해석적 접근, 용인대학교 체육과학대학원, 석사학위 논문.
천청엽(2003). 전통무예 택견의 현대 체육적 의의, 충북대학교 대학원, 석사학위 논문.
철학사전편찬회(1988). 철학사전, 일신사.
체육과학연구원(2004). 생활체육지도자 연수원
체육부(1984). 체육한국, 체육부
체육총서편찬회(1980). 체육사, 체육총서간행회.
최복규(1995). 전통무예의 개념정립과 현대적 의의, 서울대학교 대학원, 석사학위 논문.
_____(2000). 한국 무예사 정립을 위한 이론적 토대 검토, 대한무도학회, 국제학술대회 제2회.
_____(2002). 무예도보통지권법에 관한 연구, 한국체육학회지, 41(4)
_____(2003). 무예도보통지편찬과 역사적 배경과 무예론, 서울대학교 대학원, 박사학위 논문.
최영의(2005). 극진가라데 홈페이지
최종균(2002). 일본무도의 형성과정과 특징에 관한 연구, 용인대학교 대학원, 박사학위 논문.

최종삼(1993). 체육사, 보경문화사.
_____(1996). 무도경기규정의 변천과정에 관한 연구. 명지대학교 대학원, 박사학위논문.
_____, 강권구(2000). 태권도 경기의 시설 및 용구의 변천과정에 관한 연구, 대한무도학회, 국제학술대회 제2회.
_____, 최용배(1999), 무단통치기(1910~1919)의 한국유도경기에 관한 연구, 대한무도학회지, 1(1).
최홍희(1966). 권도 지침, 정연사.
_____(1972). 태권도교서, 정연사.
캐페너 스티븐(1998). 동양 무도 수련관의 변천과 현대적 의미, 서울대학교 대학원, 박사학위 논문.
한국군사혁명사편찬위원회(1963). 한국군사혁명사 제1권 하.
한병기(2001). 한국무술계의 현주소, ≪마르스≫, 5/6월호
한성일(1997). 월간 체육 1월호(사회체육진흥 5개년계획의 실시에 즈음하여.
한승주(1989). 정치:민주화의 시련과 진로, 계간사상 1989년 여름(창간호), 사회과학원.
한창효(2002). 태권도 경기규칙 변천과정에 관한 연구, 용인대학교 대학원, 석사학위 논문.
한탁근(1989). 한국통사, 을유문화사.
허건식(2002). 동양무도의 문화적 해석에 관한 연구, 용인대학교 대학원, 박사학위 논문.
현대레저연구회(1989). 현대 합기도 교본, 진화당.
황 기(1970). 수박도교본. 계량문화사.

Stewart Culin(1958). Games of the Orient, Charles E. Tuttle Company.
朝鮮總督府(1914). 學校體操敎授要目 勅令, 第27號
水野忠文(1975). 體育史槪說, 東京, 杏林事院.
吳文忠(1969). 中華體育文化史圖選集, 漢文書店:臺灣.
南鄕繼正(1990). 武道とは何か, 三一書房.
周林儀(1993). 國術振興及 推展硏討會 報告書, 國立體育學院.
林伯源(1994). 中國武術史, 北京體育大學 出版社, 北京.
阿部文雄(1927). 京城柔道發達史, 京城.
阿部忍(1992). 體育の sports 哲學論や武道論. 東京:不味堂.
山本義泰(1982). 雙水 執 流組討腰之廻について, 天理大學報.

제2부
동양무도의 〈실천철학〉과 〈가치〉

제1장 **동양 무도의 〈실천철학〉**
    1. 무도철학의 이해 / 120
    2. 무도수련을 통한 도덕성 함양 / 125
    3. 무도수련을 통한 인격형성 / 129
    4. 동양무도의 지식체계 / 133

제2장 **동양 무도수련의 〈가치〉**
    1. 무도의 탁월성 / 143
    2. 무도 겨루기의 폭력성 / 155
    3. 동양무도에 대한 서양철학 / 158
    4. 무도의 평화주의 / 166

    연구문제 / 181
    참고문헌 / 183

동양무도의 <실천철학>과 <가치>

서언

오늘날 인간의 모든 신체적 행위 속에는 철학적 측면이 내재되어 있다. 즉 동양무도는 사람이 무엇을 해야 되고 수련의 근본적인 가치가 무엇인가를 알아보기 위하여 철학적 측면의 검토·분석이 무엇보다 중요하다. 그러나 이러한 이론적인 것이 모두 무도철학은 아니다. 겨루기 기술은 일반적으로 반복적인 수련을 통해 이루어지지만 실천철학적인 부분은 아니다. 이와 같이 철학은 논리적이고 인식론적 태도[61]를 떠난다면 철학은 존재론[62]과 윤리학[63]의 2가지 주요 영역을 가진다고 할 수 있다. 즉 철학은 진리의 성격과 행위의 기준을 다룬다고 볼 수 있다.

---

61) 인식론(認識論)이란 인식·지식의 기원·구조·범위·방법 등을 탐구하는 학문이며, 라인홀트의 《인간의 표상능력 신론의 시도》(1789)에서이다. 영어의 'epistemology'는 그리스어의 'epistēmē(지식)+logos(논리·방법론)'에서 유래되었지만, 페리어의 《형이상학원론》(1754)에서 최초로 사용되었다. 물론 인식의 철학적 고찰은 고대나 중세 신의 인식으로서 행하여지기는 했으나 인간 주체의 인식 문제로서 철학의 중심부문을 차지하게 된 것은 근세에 이르러서이다. 로크의 《인간오성론》은 인식문제의 전환점에 선 것이었고, 흄에 의하여 인식론의 근대적 성격은 더욱 명확하게 되었다. 칸트의 인식론은 인식을 사실문제로서가 아니라 권리문제라고 한 점 때문에 '인식비판'의 의미를 가진다. 인식론은 형이상학과 더불어 철학의 2대 부문을 이루지만 양자의 관계는 차이가 있다. 로크, 데카르트, 칸트는 인식론은 형이상학에 우선하고, 스피노자, 헤겔, 화이트헤드는 그와 반대라 한다. 역사적 또는 문제적으로 본다면 인식론은 영국 경험론과 마찬가지로 인지(人知)의 근거를 경험을 중시하는 경향(경험론)과 그것을 이성 기타의 초경험적 계기에서 구하는 이성론의 방향으로 구분된다.

62) 존재론(存在論)은 그리스어의 'on(존재자)'과 'logos(논)'로 이루어진 합성어로 데카르트파의 철학자 클라우베르크(1622~1665)가 처음으로 썼다. 고대 그리스의 철학자는 모든 사물의 시초가 무엇이냐고 물었을 때, 그것은 사물의 존재에 선행해서 존재하는 사물 이외의 힘(신들)에 의해 사물의 존재를 설명(신화적 해석)하지 않고, 사물의 존재를 있는 그대로 보는 전체적인 추구라고 했다. 그리스 철학은 그 시초부터 존재에 대한 추구에서 출발하였으나 존재 문제를 그 자체로서 분명히 한 최초의 사람은 파르메니데스였으며, 존재에 대한 문제는 '있다(estin)'라는 말로 파악하고 존재자는 '있다'라고 하는 말이 모든 제약을 떠나 갖는 충분한 의미에 따라 완전무결한 것으로서 사고의 대상이 되었다. 여기서 불완전한 존재자는 모두 비존재자(非存在者)로 여겨졌고 무우주론(無宇宙論)에 귀결되었다.

63) 윤리라는 말은 일찍이 《예기(禮記)》 악기편(樂記篇)에서 사용한 말로써 인간이 한 집단으로 서로 의존해 지켜야 할 질서를 뜻했다. 그리고 서양에서 ethics의 어원인 라틴어 여성명사 ethica는 락탄티우스 피르미아누스(250경~330경)가 썼다. 이 어형은 라틴어로서는 비교적 새롭고 주로 중세 이후에 나타나는데 고전 라틴어는 마르쿠스 피비우스 콴티리아누스(35경~100경) 등에게서 'ethice'라는 여성명사로 쓰였다.

그리고 무도철학은 선(禪)과 동양사상과의 강한 역사적 관련성을 가지고 발전하였다. 선의 목표가 무도수련에서도 탐구되고 있기 때문이다. 선은 인간의 행위 자체에 대하여 끊임없이 의미를 부여하여 생각해야 하며, 한 행위로부터 다른 행위로 넘어갈 때의 수행과정을 중요시하고 있다. 이와 같이 무도수련 또한 선에서와 마찬가지로 자신과의 끊임없는 수행과정을 통해 자기 발전적 성찰을 이루고 있다.

또한 무도 수행자들이 추구하는 목표는 무아(無我)의 경지64)이다. 이 상태에 이르면 개인과 상황, 그리고 인식과 행위 등의 이분법이 사라지게 된다. 거기에서 '상황 속에 용해되어 상황 자체를 터득하고 깨우쳐 나가는 자신'만이 있을 뿐이다.

결국 무도수련은 선의 수행과 같이 무아(無我)의 경지에 도달될 수 있도록 조직적, 체계적으로 수련생들을 교육시키며, 기술이나 형(型)을 끊임없이 반복시키는 이유 또한 다음 동작을 의식하지 않고, 거의 반사적으로 수행할 수 있도록 하기 위함이다.

물론 무도의 수련 중 겨루기는 무의식적으로 주저함이 없는 동작을 연속적으로 수행하기 때문에 체력소모가 많다. 무도수련에서 집중과 집력(集力: power focus)의 강조는 예측력을 높이기 위한 하나의 방법이다. 이와 같은 예

---

64) 무아(無我)란 '내가 아닌 것(非我)'이라는 말과, '나를 소유하지 않은 것(無我)'이라는 두 가지 뜻이 있다. 우파니샤드 철학은 아트만을 인간에게 내재(內在)하는 보편적 원리로서 실체시(實體視)하는 데 비하여, 불교는 그러한 형이상학적(形而上學的) 실체를 인정하지 않는다. 나의 존재 유무에 대한 물음에 석가는 대답하지 않았다는 '무기설(無記說)'이 이를 잘 설명하고 있다. 그러므로 무아는 나의 것, 나의 소유라고 생각하는 집착을 배제하는 것이다. 또한 《아함경(阿含經)》에는 오온(五蘊)의 하나하나가 무상(無常)하며, 무상하기 때문에 고(苦)이고, 그렇기 때문에 무아라고 기술되어 있다. 이것은 오온으로 구성된, 무상하며 고를 감수하는 존재인 인간은 아트만이 아니라는 것이다. 결국 아트만, 즉 내가 아닌 것을 아나트만으로 보아, '나' 또는 '나의 것'이라는 관념을 배제하려 한 것이다. 그러나 후에는 점차 "아트만은 존재하지 않는다"는 의미의 무아설이 확립되었다. 대승불교에서는 상주(常住) 자기동일성(自己同一性), 자재력(自在力)의 속성(常一主宰)을 지닌 아트만이 존재하지 않는다 하여 무아는 무자성(無自性)으로 설명되었으며, 나아가 공관(空觀)으로 발전하였다. 또한 인무아(人無我)뿐 아니라, 법무아(法無我이 때의 법은 모든 사물을 의미함)라는 말을 낳게 되었다(출처 : 브리태니커 백과사전).

동양무도의 <실천철학>과 <가치>

측력의 강화는 명상과 같은 전통적인 수련방법과 불교의 선수행 기술과 유사하다. 따라서 무도의 수련과정은 무아(無我)의 경지에 다다를 수 있는 좋은 조건을 만들어 주는 것이다. 선의 가르침은 이 상태가 자동적으로 주어지는 것이 아님을 강조하고 있다.

무도수련의 본질을 구성하는 요소는 다양하지만 심리적·육체적·윤리적·심미적·정신적 의의를 다룬 신체학문이며 무도수련의 다양한 형태를 통합하는 것이 무도실천철학의 지식적 체계를 형성하는데 매우 중요하다.

즉 동양무도의 수련이 선과 도덕적 성격을 증진시킨다는 주장은 정당화될 수 있다. 다시 말하자면 무도수련이 다른 많은 활동들보다는 도덕적 성격을 더욱 더 증진시켜 주는 경향이 있다는 주장을 뒷받침해 주고 있다.

따라서 동양무도는 분명히 동양 삼국의 기나긴 역사 속에서 성장 발전되어 온 하나의 신체문화이다. 무도의 언어·형·전통적 수련방법 등은 모두 동양 삼국의 독특한 문화를 바탕으로 형성되고 발전하여 무도의 형태로 변천되어온 것이다. 이러한 동양무도는 모든 형태의 효과적인 격투기술과 함께 여러 가지의 특징들을 가지고 있다.

그러므로 무도를 수련한다는 것은 단순하게 격투기술을 배우고 신체의 균형을 발달시키는 것은 아니다. 무도수련은 무도가 갖고 있는 보다 깊고 심오한 심미적·종교적·철학적 경지에 도달할 수 있도록 자기개발과 수행이 끊임없이 요구된다. 그렇다면 이에 대한 부분은 이 장에서 필자가 동양무도의 실천철학적 측면[65])을 고찰하여 상세히 서술하여 전개할 것이다.

따라서 본 제2부의 제1장은 동양무도의 〈실천철학(實踐哲學)〉의 기초적 개념을 이해하기 위하여 무도철학의 이해를 토대로 무도의 도덕성 함양과 인

---

[65]) 동양무도의 실천철학에 대한 연구는 그동안 미흡하였으나 현재 다양한 측면에서 연구되고 있으며, 이러한 연구는 고인(故人)이 되신 김대식(金大植) 박사님을 추모하는 의미에서 주로 《태권도 지도이론》의 내용을 토대로 재구성 하였다.

격형성의 과정을 검토·분석하였으며, 동양무도의 신비주의에 대한 내용을 토대로 동양무도의 지식체계로 구성하였다.

또한 제2장은 무도수련의 궁극적 지향 가치를 검토·분석하기 위하여 무도의 탁월성, 현대사회에서 만연되고 있는 폭력의 상반된 개념으로 무도 겨루기의 폭력성을 고찰하였으며, 서양적 관점을 토대로 무도수련의 의미를 살펴보았다. 이와 같이 무도철학의 기초는 현시대가 지향하는 가치 즉 평화주의적 가치관을 지닌 인간완성과 무도수련을 통한 자아의 형성에 중점을 두고 논의하였다.

동양무도의 <실천철학>과 <가치>

제1장 동양 무도의 <실천철학>

1. 무도철학의 이해

1) 무도란 무엇인가?

무도에 대한 정의를 규정하기 위해서는 무도와 다른 비슷한 종목과의 차이점이 무엇인지를 먼저 알아보는 것이 무도를 설명하는데 도움이 될 것이다. 그러나 중요한 것은 본질적인 차이이다. 무도에 대한 한정적인 묘사는 쉽게 내릴 수 있겠지만 그런 식의 묘사는 본질적인 것이 되지 못하고, 지극히 불만족스러운 상태에 머물러 버릴 가능성이 많을 수밖에 없다.

무도를 특별한 내용에 한정하고 의존해서 정의를 내린다면 무도의 정의는 무도의 어느 한 부분만을 강조하는 오류를 범하기 쉬울 것이다. 무도는 분명히 전근대 사회의 격투기와 관계된다. 무도수련은 오랫동안 기초적인 동작을 반복하는 과정을 비롯하여 차고, 막고, 던지고, 조르고, 꺾는 등의 기술의 발전과 변화를 이루어 왔다. 겨루기는 가상의 적 공격을 막고 제압하는 형(품세, 본)의 여러 동작들과 치고, 메치고, 막는 등의 연속 동작이 포함된 시합을 위해서 준비된 수련 프로그램이다.

그러나 무도는 격투기술과 동의어는 아니다. 무도에 속하지 않는 격투기술과 유형이 있기는 하지만 오늘날 무도스포츠는 건강을 위한 것도 신체 무기화를 위한 것도 아니다. 누가 개인적으로 맨손 격투를 한다고 해서 그가 필연적으로 무도에 종사하고 있기 때문이라고 말할 수만은 없으며, 누가 무도를 개인적 맨손 격투기술로 분류한다고 할지라도 완전히 틀린 것도 아니다.

이와 같이 현대사회는 여러 가지 유형의 맨손 격투기술이 존재하고 있는데 무도는 이런 유형들과 어떤 차이점이 있는가? 무도는 독특한 형과 기술로 이루어져 있으며, 상하좌우의 직선적 움직임과 원의 힘을 이용한 회전동작을 동시에 가르치고, 강하면서도 유연한 동작들로 수련이 구성된다.

그리고 다른 유형의 격투기술과 달리 무도는 독특한 수련방법을 가지고 있으나 시대의 흐름에 따라 무도도 변화하고 발전하는 과정을 거친다. 따라서 무도를 특징짓는 본질적인 특성들을 찾아보아야 할 것이다.

무도가 가지는 명백한 특성들을 여기서는 동양 삼국을 중심으로 한 전통적 신체활동으로 한정하였다. 물론 이 점을 지나치게 강조하다 보면 여러 문제[66]가 생길 수도 있으나 무도가 스포츠화 되면서 여러 나라 사람들이 수련하게 되면서 그런 특성은 별로 중요하지 않다는 생각을 많은 사람들이 갖게 되었다. 그러나 무도는 분명히 동양 삼국의 역사 속에서 성장하고 발전되어온 하나의 신체문화이다. 무도의 언어, 형, 전통적 수련방법 등은 모두 동양 삼국의 독특한 문화를 바탕으로 여러 가지 무도의 형태로 발전하였다.

이와 같이 무도수련은 특정한 형과 기술을 바탕으로 하는 개인적 도수무도(徒手武道) 또는 무기격투술(武器格鬪術)의 형태라고 규정한다면 신중한 독자들은 이에 대한 논리에 반발할 것이다. 확실히 무도는 격투술 이상의 것이며, 삶에 대한 하나의 방식이고 태도이다. 그러나 무도의 독특한 가치 중에서 윤리적 성격과 자아실현 또는 비폭력적 태도를 길러준다는 중요한 특성을 사장해 버리는 경우가 종종 있다.

즉 무도가 단순한 격투기술이라는 선입견을 떼어버리고 무도의 중요한 측면들을 첨가한다면 현대의 "무도는 특정한 형과 기술을 체계화하여 인간의 질적 삶을 보다 윤택하게 하는 수련이라고 정의할 수 있으며, 무도의 본질적 수련을 통해 자아를 형성해 나가는 것이다."라고 말할 수 있다.

---

[66] 현대 무도의 특징 중의 하나가 지나친 역사성과 전통성에 사로잡혀있어 무도의 발전을 저해하는 요인으로 등장하는 문제이다.

2) 왜 동양의 격투종목은 무도인가?

무도는 단순한 격투기술 이상의 다양한 측면의 가치를 지닌다. 즉 무도수련은 예술적 차원을 넘어서 그 이상의 경지를 의미한다고 정의했다. 그러면 이제 왜 동양 삼국의 격투술을 무도라고 부르는지 알아보도록 하자.

우선 '예술(藝術)'이라는 의미는 반드시 그 의미 규정이 똑같지 않다고 하는 점에 주목할 필요가 있다. 첫째, 어떤 기술이 획득되어졌건 아니면 연습되고 있건 모든 기술은 예술이라는 의미로 사용되는 경우이다. 예술을 이렇게 정의한다면 무도가 예술이라는 의미는 별 가치 없는 것이 되고 만다. 둘째로, 예술은 보다 높은 이상에 관한 것이라고 정의하는 경우이다. 이렇게 예술을 정의하면 조각가나 무용가가 단순한 목수와 구별될 수 있게 된다.

이와 마찬가지로 예술을 이렇게 정의할 때만 왜 무도가 다른 격투술과는 구분될 수 있는 논리적 근거를 제시할 수 있다. 즉 단순한 격투술과 무도가 다른 점은 무도가 수련생들에게 격투 이상의 그 어떤 것을 가르친다는 사실에 있다. 무도에서 형의 수련은 격투술과 동시에 예술적 즐거움을 수련생들에게 부여하고 있으며, 또한 격투에 대한 관심을 예술에 대한 즐거움으로 승화시켜주기 때문에 하나의 예술형태인 것이다.

특히 격투기술은 상대를 제압하거나 신체적 위협을 주는 것이 그 특징이지만 무도는 일련의 수련과정을 중시할 뿐만 아니라 상대를 공격하고, 제압하는 데에는 여러 가지의 법칙과 원리가 존재한다. 그리고 수련과정은 예(禮)를 중시하고, 상대를 존중하고 배려하여 자아를 형성하는데 중요한 의미를 가진다.

3) 왜 우리는 무도를 수련해야 하는가?

무도수련의 궁극적인 목적은 무엇인가? 이것은 어떤 특정한 사람이 무도를 수련하는 특별한 이유는 무엇인가라는 의미가 될 수 있다. 이것은 왜 일반스포츠(권투, 펜싱) 등과 같은 종목을 선택하지 않고, 무도를 수련하는가라는 질문과는 다르다. 이런 의미에서 무도를 수련하는 사람은 각자가 나름대로의 이유 때문에 그것을 수련한다고 할 수 있다.

그러나 개인적인 이유는 무도수련에 전념하게 만드는 확고한 신념이 되기에는 미흡하다. 왜냐하면 개인적인 이유란 변덕스러워서 자신의 주변 환경이 변한다면 무도에 대한 관심 또한 변화하기 때문이다. 예컨대 그의 친구가 더 이상 도장에 다니지 않게 되었다거나 두려움이 사라졌다거나 불안이 없어졌다거나 했을 때 무도수련을 중도 하차하거나 포기할 수도 있다.

개인적인 주변 환경이 변화하여도 무도에 대한 신념을 바꾸지 않고 전념케 하는 이유는 따로 있으며, 무도수련의 저변에 흐르는 보다 안정적이고 강건한 이유가 있다. 그것은 어떤 순간의 일시적인 개인적 환경이 아니라 무도의 본질적인 특성을 반영하는 이유이기도 하다.

현대 사회의 인간 존재에 관한 문제는 무도를 추구하게 만드는 구조적 이유가 있을 것이다. 이런 의미에서 살펴보는 것이 왜 우리가 무도를 수련해야 하는가에 대한 접근할 수 있는 방법이 된다. 즉 어떤 급박한 상황에서 싸우지 않을 수 없다고 믿는 사람을 생각해 보자. 그들이 싸우는 방법을 배우려는 도덕적 의무를 갖는 것은 두 가지 측면의 이유가 있다. 첫째는 분별력에 기초한 것이다. 스스로 먹이를 먹을 수 없고, 스스로 행동할 수 없는 어린 아이를 책임져야 하듯이 자신을 지키고 방어하기 위해서는 자기 스스로에게 책임이 있다.

둘째는 실행력과 관계된다. 왜 사람들이 무도를 수련해야 하는가에 대한 항구적이고, 구조적인 이유가 있을 것이다. 싸움에 대한 사회적 관습이 변함에

 동양무도의 <실천철학>과 <가치>

따라 어떤 격투술이 중요한 의미를 갖게 된 것일까? 아무리 무도기술이 뛰어난 사람이라 할지라도 총이나 화살과 견줄 수는 없는 일이다. 즉 의무는 사람이 치명적인 타격을 받을지도 모르는 습격과 같은 형태의 공격에 대해 자신을 방어할 수 있는 능력에 관한 것이다. 특히 사람의 신체는 완벽할 수 없음으로 무도는 여전히 이 사회의 기본적 싸움 수단이 된다.

현대 사회는 점점 개개인의 비무장화 경향이 나타나고 있어 누구나가 무도 수련을 하는 것이 자기보호 수단이 된다고 볼 수 있다. 그렇다면 왜 무도는 싸우는 방법을 가르쳐 주는 효과적인 수단이 되는가? 이것은 무도가 주는 효과와 예술적 측면이 있는데, 특별한 능력이나 경비를 들이지 않고도 수련을 할 수 있다는 이점과 국제적인 문화전통을 체득할 수 있다는 점이 그것이다. 그러면 왜 다른 투기 종목보다도 무도를 선택하는가? 그것은 간단히 말해서 무도의 독특한 기술이나 이념을 습득하는 것이 싸우는 방법을 체득하기에 가장 효과적이기 때문이다.

2. 무도수련을 통한 도덕성 함양

무도수련의 궁극적인 목표의 하나는 도덕적 수련이 되어야 한다. 사람들은 여러 가지 이유로 무도를 수련하지만 이를 진지하게 배우는 사람만이 무도 본연의 정신을 깨닫게 된다. 무도를 단순히 여가선용, 운동 혹은 자기방어의 방법으로 생각하고 참가하는 사람들은 무도를 수련함으로써 어느 정도 이득을 얻지만 무도의 본질적 의미의 깨달음에 도달하지 못한다.

그러므로 무도의 중심이 되는 보다 복잡한 도덕적·정신적 목표의 실현을 위해서는 자신의 헌신과 수련이 끊임없이 요구된다. 충실한 수련은 기술·자각·훌륭한 도덕적 판단이라는 이득이 따른다. 따라서 무도수련은 21세기에 들어와서 예전보다 훨씬 빠르게 변화하여 퍼져 나가고 있다. 그리고 동양무도를 가르치고 수련하는 우리 모두는 오늘날 많은 중요한 문제들에 직면하고 있다. 이러한 전파는 무도의 여러 종합적 형태로도 나타나 심지어는 주어진 기술 안에서도 여러 가지 다른 유형이 생겨나게까지 되었다. 특히 현대사회는 다양한 무도의 종류가 생성되어 우리가 직면한 문제들에 대해 적절히 대처할 수 있도록 교육하고 있다.

무도의 역사는 지금까지 숱한 변화과정과 함께 이루어져 왔다. 현대적 변화의 요인 중 많은 부분은 인간의 다양한 욕구의 변화와 직접적으로 연관되어 있다. 만약 우리가 무도의 독특한 생명력을 보존하기를 원한다면 현재의 관심사뿐만 아니라 무도수련의 본질적 의미를 이해할 필요가 있다. 즉 모든 무도단체는 그 나름대로의 정통성과 전통성을 가지고 있으며, 그 수련 방법의 통일성을 유지하기 위해 국내 및 국제 조직을 통하여 노력을 기울이고 관리하고 있다.

중국무도의 역사는 달마대사가 중국 여행을 한 시기가 어떤 전환점이 되었다고 볼 수 있다. 달마대사는 중국에 불교를 설파하는 과정에서 소림사에 신

동양무도의 <실천철학>과 <가치>

체단련법을 가르쳤는데, 이것이 시간이 흐르면서 권법의 형태로 발전하여 점차적으로 중국 전역으로 퍼져 나갔다. 권법이 한국에 들어올 무렵에는 한국에서도 고유의 무술이 발달되어 있었다.

한국에서 삼국시대의 고고학적 증거를 보면 고유의 무도수련 흔적이 분명하게 나타난다. 화랑도는 문화적, 교육적 교류를 함께 나누는 선택된 귀족청년들의 단체였는데, 그들은 무도를 연마하고, 신의를 존중하며 엄격한 도덕적 규칙을 고수했다. 화랑도는 전쟁뿐만 아니라 풍류와 수련의 형식으로서 무도를 연마했다.

고려시대의 무도수련은 전쟁의 수단과 군사기술로서 온 나라에 수련되었고, 해마다 통치자 앞에서 시연대회가 열렸다. 하지만 조선시대는 유교가 불교의 빛을 잃게 하였다. 무도가 불교와 밀접한 연관을 가지고 있었던 까닭에 비교적 조직적인 유교사회는 무도수련이 쇠퇴하는 계기를 형성한다.

그리고 일제에 의한 강점기에는 한국의 전통무도를 비롯한 모든 고유의 문화들이 억압을 받는 상황에서 계속 무도를 연마하기 위하여 몰래 숨어서 수련하지 않으면 안 되었고 심지어는 많은 사람들이 탄압과 억압을 받지 않고 수련을 계속하기 위해 나라를 떠나기까지 했다.

드디어 1945년 8월 15일 한국의 해방과 더불어 무도인들은 다시 도장을 개설하였다. 명칭은 다르지만 유사한 여러 무도단체들의 사범들이 모여 한국 무도를 부활시키고 통합하려는 노력을 기울였다. 여러 도장의 구성원들이 한국 무도의 의미를 탐구하고 토론하느라 여러 해를 보냈으며, 마침내 주된 여섯 도장들이 하나의 통합된 스타일과 수련법에 동의하여 결국 태권도는 1960년대에 한국적인 무도로서 인식되었다.

이와 같이 한국 무도인 태권도는 협회차원의 관리하에 단급과 사범자격증을 발급하고 태권도장들이 개관하여 수련인구가 증가하기 시작하였으며, 국제적 스포츠로 발전하였다.

　오늘날의 무도는 화랑도나 다른 고대의 격투기술과 분명한 차이가 있다. 물론 무도의 기원은 이러한 오랜 선구자들에 의해 추적될 수도 있지만, 오늘날 무도의 의미는 전통과 변화의 역할을 이해하는 것이 중요하다. 가장 빠르게 무도관을 개관하였던 이들은 무도수련방법과 불교의 수행방법이 관계있는 것으로 보았다.

　이 당시의 무도수련은 비교적 위험한 시간과 장소에서 자기방어의 수단과 일종의 정신적 수련을 겸하는 방식을 선택하였으며, 동양의 여러 나라에서 일어났던 무관계급에 의해 무도가 불교와의 정신적인 유대를 형성하도록 환경을 조성하였다. 무사에게는 무도수련이 일종의 명상과 전쟁준비를 하는 수단이 되었다. 한국의 문화, 심지어는 초기의 화랑도에서도 무도를 레크리에이션과 운동으로서 수련하였다.

　현대 무도의 수련 가치를 이해하려면 무도수련에서 얻을 수 있는 모든 가치에 대한 연구가 필수적이다. 예를 들면 무도 수련은 인간의 삶을 풍요롭게 하여 준다. 무도는 다른 운동이나 행위들에서는 거의 찾아볼 수 없는 신체적 탁월함을 얻기 위해 노력한다. 그러나 대부분의 운동은 신체의 일부 근육들을 사용하지 않고 희생하여 어떤 한 부위의 근육만을 지나치게 사용하거나 강조한다. 테니스는 강한 팔을, 자전거 타기는 강한 다리의 근력을 강조한다.

　몇 가지 안 되는 육상 종목들만이 무도와 같이 전신 운동이 된다. 또한 친구들끼리 함께 할 수 있고, 서로 격려할 수 있는 사회성 발달의 장을 제공하며, 상호 격려와 비판을 해줌으로써 같은 도장에 다니는 두 형제라 하더라도 각각 좋은 개성을 지닌 인격체로 발전할 수 있게 도움을 준다.

　한편 무도의 여러 가지 수련활동은 독특한 성질을 가지고 있다. 특히 겨루기는 특정한 규칙에 따라 경쟁을 하게 되며, 이기겠다는 목표와 잘 해보려는

욕구가 함께 한다. 또한 자기방어는 상황을 적절히 조정하기 위한 테크닉을 강조함으로써 공격의 잠재적 위협에 대한 사전 준비의 역할을 하게 한다.

마지막으로 미적, 정신적 차원에서의 무도수련은 수련자에게 그들의 수련이 촉진시키는 실제적인 가치보다 보이지 않는 가치를 더욱 중요하게 한다.

무도는 계속 발전하고 있으며, 강한 정통을 유지하고 있다. 무도수련에 포함되어있는 여러 활동들은 유래된 무도와 필수적인 관련을 갖고 있지만 여러 수련활동 중 효과 있는 한가지의 운동자체만을 가지고는 따로 무도라고 볼 수 없다. 자기방어와 운동은 둘 다 그 내용에 효과적인 특정한 기술들을 강조한다. 이러한 특정한 기술들의 강조는 무도의 본질적인 측면에서 보자면 부수적인 것만을 우리에게 줄 뿐이다. 또한 무도를 단순한 오락으로 취급하는 것도 수련으로 얻을 수 있는 눈에 보이지 않는 이득을 무시하는 것이다.

아울러 무도수련의 참된 목표는 신체적인 수련을 통해 윤리적, 정신적 자세를 유지하는 것이다. 무도와 선 수련의 연계는 강하지만 선과 미적 즐거움간의 관계는 설명하기 매우 어려우며, 미적 측면은 성취되기보다 인식하기가 더 쉽다. 왜냐하면 그러한 기품, 예법, 명백한 자연스러움은 수년간의 진지한 수련에서 나오는 것이기 때문이다. 선의 목표는 미적인 탁월성보다 훨씬 성취하기가 어렵다. 그러나 선의 수련과는 달리 무도는 노력을 요하는 활동을 통해 정신을 진정시키는 일종의 명상이다.

3. 무도수련을 통한 인격형성

　무도수련을 통한 사회적 가치 즉 무도수련의 내면적 가치 형성에 대한 논의는 상당 부분 진척되 있으나 현실적 이론이 제시되지 못한 것 또한 주지의 사실이다. 무도수련의 다양한 내면적 가치 중 인간의 삶에 중요한 요소로 등장하고 있는 인격은 우리사회에서 수 없이 논의되고 있는 교육의 중요한 소재이다.
　올바른 인간의 자화상은 무엇을 뜻하며 어떠한 과정을 거쳐 형성되고, 어떠한 교육적 방법을 선택하여 형성시킬 수 있는가? 이와 같은 물음에 답할 수 있는 사람은 과연 어떠한 사람인가? 우리는 아마도 공자와 같은 성인을 이야기할 것이다. 특히 도덕적 품성과 같은 인간의 덕을 형성할 수 있는 방법은 무엇일까? 이러한 해답을 찾기 위해 우리는 다음과 같은 내용을 알아야 할 것이다.
　일반적으로 수행은 일상생활의 규범 그 이상의 엄격한 속박을 자신의 심신에 부여하는 것이다. 무도수련의 수행과정을 통해 자신의 도덕성을 함양하고 인격향상을 지향하는 실천적 의미를 말한다. 수행의 근원은 삼학(三學)인 계정혜(戒定慧)의 과정과 밀접한 관계를 가지고 있다. 불교의 궁극적인 목적은 혜, 즉 깨달음의 지혜를 얻는 것이며 깨달음에 도달하기 위해서는 계와 정의 단계를 통과하여야만 한다. 이와 같은 실천적 수행이란 삼학의 두 과정을 의미한다.
　계(戒)는 일상생활에서 자신의 심신을 구속하고 욕망을 제어하는 것이며 이 단계를 외형적 실천으로써 외계사물을 향한 실천을 의미한다. 그리고 정(定)은 명상수행의 단계로 내향적 실천이며, 자신의 마음 내부에 내재하는 실천의 의미이다.
　무도의 수련과정을 일본에서는 계고(稽古)라고 하는데 그 뜻은 '옛 것을 상고하면서 반복하고 배우고 익힌다'라는 뜻으로 수련과정을 경(經), 수업(修業), 술(術), 도(道)의 과정으로 설명하고 있다. 제1과정의 경은 무도의 입문단계로서 수련생은 시행착오의 과정을 거치며 기본동작의 끊임없는 반복을 통해 강

 동양무도의 <실천철학>과 <가치>

인한 의지와 인내심을 요구하는 피와 땀과 눈물의 과정이다. 제2과정의 수업은 끊임없는 수련을 통해 자신을 혹독하게 수행하는 단계로써 종교적인 엄숙함을 의미하는 정신적 수련의 과정을 의미한다. 제3과정은 수련생 기본기가 숙달되는 술의 단계로서 기술이 자동적으로 수행되는 수준을 의미한다. 제4과정은 마지막 단계로 도(道)라고 불리어지는데 이 수준은 자아실현의 마지막 단계로써 선의 깨달음과 동등한 수준인 것이다.

따라서 무도수련의 과정과 불교를 배우는 삼학의 과정은 서로 상통하는 의미로서 심신의 실천을 통한 의식적인 노력의 연속과정인 것이다. 무도수련의 수행은 두 가지 측면의 의미가 있는데 그것은 리(理)와 사(事)의 수행이다. 리는 수행이 정신(마음)의 수행이고 사는 신체 혹은 기(技)의 수행을 의미한다. 즉 검도는 검의 기(技)이고 유도 등은 몸의 움직임이라고 할 수 있다. 리와 사의 수행을 불교에서는 심신학도(心身學道)에서 논의하고 있는데 신학도(身學道)는 신체로 배우고 심학도(心學道)는 마음으로 배우게 되는 것이라고 하였다. 이는 신(身)을 심(心)보다 강조함으로서 신체수행의 중요함을 제시하고 있다.

즉 깨달음은 실천이 없이 경전만을 습득하는 것이 아니므로 마치 물에 들어가지 않고 수영을 논하는 것과 같은 이치라고 할 수 있다. 이와 같이 무도의 수련 기법을 머리만으로 느끼는 것은 무의미하며, 실제로 수행을 하지 않으면 신체의 움직일 수 없다.

이제 우리는 무도수련이 신체(몸)의 단련에만 국한된 것이 아니라는 본질적 의미를 알았을 것이다. 따라서 무도가 어떻게 좋은 품성을 형성시키는가를 이해하기 위해서는 덕(德)을 어떻게 얻을 수 있는가를 살펴보아야 한다. 현대 학자에 의해서 일반적으로 수용되는 견해는 악과 마찬가지로 선은 자연적인 것이 아니라 인위적인 것, 즉 인간 사회화의 산물인 것이다. 한 사람이 언어를 발명하거나 배울 수 없는 것과 같이 누군가가 선하고 악한 것을 만들어 낼 수는 없다. 언어와 품성은 사회화 과정에서 교육과 습관을 통해서 얻어지기 때문이다.

교육과정에서 사람들은 어떠한 주제에 대해 다른 사람들이 이야기하는 것을 듣고, 그것을 모방하는 과정을 통해 학습을 한다. 습관화의 과정은 지도자의 지시에 따라 어떠한 행동을 지속적으로 관찰하고 실천함으로써 배울 수 있다. 따라서 무도수련은 덕성과 도덕성을 향상시키는 독특한 의식을 통해 품성을 개발하는 교육의 한 방법이다. 특히 무도 도장은 현대사회와 같은 구조화된 사회 환경에 해당된다. 도장내에서의 엄숙함, 개인 상호간의 존중, 더 나아가 지도자에 대한 예의와 국가와 민족을 생각하는 구체적인 의식들이 있다.

즉 무도인은 항상 일관된 자세를 가지며, 상급자에게 예의를 표한다. 대련과 같은 긴장된 상황에서도 수련과 사회적 규범을 준수하며, 상대를 존경하고 예의를 표하는 것은 사회적 덕성인 것이다. 무도수련을 통해 형성된 덕성은 여러 사람과 더불어 살아갈 수 있도록 해준다. 따라서 무도수련의 수행 과정에서 사회적 의식은 좋은 덕성을 함양시킬 뿐만이 아니라 한 개인을 완전한 인격체로 형성시키는 교육적 수단이 된다.

하지만 무도수련의 사회적 특징이 형(形)과 격투의 목표와 직접적인 관련성을 가지지 않기 때문에 그 존재 자체가 필연이 아닌 우연으로 평가받을 수 있으므로 핵심적인 무도수련의 수행활동에 대하여 생각해 볼 필요가 있다. 즉 무도수련 중 수련자는 규범을 준수하지 않거나 폭력적 행동에 대해서는 그에 따른 처벌을 받는다. 또한 지도자는 폭력적인 태도와 행동의 예를 제시하며, 전통무도 수련에서도 수련자가 먼저 싸움을 걸어서는 안 된다고 교육시킨다.

전통적 무도수련은 무력을 사용하는 것보다 무력에 대하여 효과적으로 대처하고 통제하는 방법을 제시한다. 진정한 무도수련은 자신을 인내하고 극복하는 습관의 문제이다. 수련자들은 지도자 또는 상대방의 기술을 모방하고 연습함으로써 다양한 기술을 습득하고 형을 배운다. 또한 무도수련은 지도자가 형(形)의

 동양무도의 <실천철학>과 <가치>

움직임과 원리를 수련자들에게 설명하는 것과 같은 교육적 측면이 포함된다.
 이와 같이 무도수련의 과정은 분명히 도덕적이고 지적인 덕을 함양하는데 도움을 준다. 겨루기는 수련자를 용맹스럽고 민첩하게 만들어 주며 겨루기에 익숙하게 되면 자신감이 생성되는 반면 불안감은 자연 감소한다. 그리고 폭력적이고 위험한 상황에서 미리 짜여진 구조를 따라 반응하는데 익숙하게 된다. 한마디로 자신의 절제를 통한 통제력을 배우는 것이다. 그러므로 자신감과 자기 통제력이 향상되면서 물리적인 힘과 맞설 필요가 없다는 것을 깨닫게 된다.
 따라서 무도수련에 의해 형성된 습관은 인간 삶의 총체적 의미이다. 경험과 전례를 통해 보면 이성을 유지함으로서 당황하지 않고 침착하게 행동할 수 있을 것이다. 또한 예의 의식은 무도를 수련하는 이들을 침착하게 하며 온순하고 자제력을 갖고 행동하도록 하는 상징적인 표시이다. 바로 이러한 것들이 도덕성을 함양시킬 뿐만 아니라 한 개인의 인격을 형성시킨다고 주장하는 이유이다.
 무도수련을 통해서 자기 통제력과 다른 사람을 다루는 전략을 배운다. 즉 수련자는 자신감을 표현하려는 성향이 있으며 자신감은 제3자의 공격과 불필요한 폭력을 피할 수 있게 한다. 무도인이 정당하지 않게 행동하고 자신을 통제하지 않는다면 언제나 부상당할 위험이 매우 크기 때문에 절제의 덕성이 요구된다.
 결국 무도수련의 습관과 교육은 두 가지 방법에 의해 좋은 품성을 형성시킨다. 첫째는 대부분의 경우 어떠한 일을 경험하는 것은 미래에 비슷한 일을 미리 접할 때 잘 대처할 수 있게 해준다는 점이다. 즉 절제된 행동은 품성을 온건하게 만들어 주며, 용감한 행동은 용기 있게 만들어 주고, 예의를 통해 심성을 정화시킨다. 또한 무도수련은 긍정적 또는 부정적 강화를 통한 자발적인 수련이나 문헌 등의 모방을 통해 기민한 상황에 대처할 수 있게 한다. 둘째는 전체적인 관점에서 무도수련은 신중하고 의식적인 노력이 더해져 다양한 품성을 통합시켜 올바른 인격을 형성한다(김대식, 알렌벡, 2002).

4. 동양무도의 지식체계

동양무도에 대해 서양 사람들은 상당한 오해를 갖고 있는 것 같다. 오랜 역사와 전통을 자랑하며 맨손 혹은 간단한 무기를 사용하는 동양무도를 서양 매스컴이 잘못 보도하는 경우가 종종 있다. 그렇게 잘못 심어 준 이미지의 대표적인 경우가 동양무도란 신비한 기원을 가진 것이며 초인간적인 능력을 발휘하게 해 주는 묘한 능력을 지니고 있다는 것이다.

그들의 이러한 혼동과 신비한 수단이 된다는 오해는 진지하고 성실한 외국인 수련생들 중에도 퍼져 있는 듯하다. 수련과정에서 수련생은 무도를 온당하게 평가하든 그렇지 않든 간에 사범의 영향을 받게 되므로 기술이나 원칙에 관한 오해는 그 수련생들이 사범이 됨으로써 더욱 다양화되고 복잡해지지 않을 수 없다. 다행히도 현재는 관련 무도협회가 있어서 교육과 시험을 통해 사범의 자질을 확보하고 동양무도가 갖는 올바른 원칙을 전수하는 역할을 하고 있다.

무도의 기술을 담고 있는 인기 있는 영화에서조차 항상 그렇다고는 볼 수 없지만 정확한 기술을 보여 주기도 하지만 좀처럼 그 무도가 갖는 철학적 윤리적 측면들을 강조하지는 않는다. 영화에서 나오는 이러한 과장되고 허구적인 요소들 때문에 사람들은 동양무도를 수련한 사람의 능력과 실행에 관해 과장된 평가를 하고 있다.

1) 무도수련의 신체적 이득

도장을 찾는 많은 사람들은 누구나 무도수련이 매우 체계적인 프로그램을 이용하여 훈련을 시킨다는 사실을 곧바로 알게 된다. 실제 무도수련은 인간의 심신(心身)을 체계적으로 변화 발전시킨다. 예를 들어 무도수련은 역도나 마라톤과 같은 신체훈련과 비교하면 분명한 차이를 찾을 수 있다.

사람에 따라서는 천부적인 소질을 가지고 태어나 역도와 같은 순간적인 근력으로 무거운 물체를 들어 올리는 데 적절한 골격과 근육구조를 가진 사람이 있을 것이며, 장거리 달리기와 같이 오랫동안 근육을 조금씩 사용하여 장거리 경기에 적응할 수 있는 적절한 체격과 근육구조를 가진 사람이 있다.

그러나 대부분의 보통 사람은 천부적인 소질을 갖고 태어나지 않는다. 인간의 근육조직은 이러한 양극단의 중간수준에 있다고 생각한다. 인간의 대부분은 무거운 물체를 들어 올리는 운동이라든가 장거리 달리기에서 세계 최고가 되기는 힘들 것이다. 그런데 무도는 중간 수준에 있는 보통 사람의 신체를 보다 효과적으로 발달시키며, 그런 기술을 개발해 준다.

물리학에서 힘이란 질량과 가속도의 함수로 표현한다. 무도수련은 이러한 속성을 이용하여 체중이 적게 나가지만 재빠른 공수기술(攻守技術)을 개발해 냈다. 근력은 있으나 느린 사람보다는 가벼우나 빠른 사람이 공격과 수비에서 효과적인 기술을 습득하고 발휘할 수 있다. 그래서 무도수련에서 체격 조건은 문제시되지 않는다.

대부분의 동양무도는 유연하고, 부드러운 기술과 강력하고 빠른 기술을 동시에 사용하기 때문에 신체의 모든 부분을 발달시킨다. 따라서 무도수련은 힘과 절제, 정확성과 속도를 동시에 요구하기 때문에 근력을 배양하는 연습, 준비운동, 순발력 연습, 기술수련, 자유겨루기 그리고 명상과 같은 다양한 수련 프로그램이 없으면 그와 같은 완벽한 기술을 체득할 수 없다.

무도수련은 심폐기능과 연관된다는 의미에서 달리기와 크로스컨트리와 비슷하다고 할 수 있고, 유연한 운동기술을 요구한다는 의미에서 무용과 비슷하다고 할 수 있다. 또한 다른 스포츠와 마찬가지로 심장의 심박수를 적절한 수준으로 낮추어 주고, 혈액속의 산소공급을 증가시켜 주는 효과를 가져다주며, 생리학적 측면에서 다양한 효과가 있음이 증명되고 있다.

결국 무도수련은 여러 가지 스포츠가 갖는 가장 좋은 장점들을 동시에 가져다준다. 그것은 심장과 폐, 혈관에 유익하기 때문에 달리기의 장점에 비유될 수 있고, 발레의 우아함과 협동심을 함께 익히게 하여주며, 어떠한 특별한 신체부위가 아닌 근육구조 전체 즉 온몸을 균형 있게 발전시켜 준다.

2) 무도수련을 통한 도덕적 함양

무도수련이 주는 신체적 이득은 달리기나 수영이 주는 신체적 효과와는 다르다. 무도는 독특한 수련방법을 사용하여 기술을 가르치는 것으로 단순한 운동 또는 경쟁적인 스포츠와는 달리 그 출발에 있어서 독특한 윤리적 본질을 가진 효과적인 교육 형태이다. 언뜻 보기에는 무서운 폭력을 행사할 수 있어 보이는 기술을 목적으로 하는 무도가 수련을 통하여 도덕적으로 고결한 품성을 함양하고 평상심을 갖도록 한다는 것이 이상하게 들릴지도 모른다.

하지만 이것은 무도수련에서 매우 중요한 요소의 하나이다. 인간은 누구나 공격성향을 마음속에 지니고 있다고 한다. 무도는 이러한 공격적 성향을 수련을 통해 표현하고 정형화하여 조절한다. 나아가 공격성향에 대한 자제력을 길러준다. 즉 무조건적인 공격성향의 표출이 아니라 공격에 대한 정당성이 부여된 상황에 직면할 때 가능한 것이다.

대부분의 무도는 인간의 신체를 공격할 수 있을 뿐만 아니라 생명을 위협할 수 있을 만큼의 위력을 갖는 신체무기이다. 그러나 무도수련을 통한 가치관의 형성은 폭력이 발생할 수 있는 원인을 제거함으로써 보다 큰 재앙을 예방하는 경우를 볼 수 있다. 무도는 당사자 누구에게나 막대한 신체적 피해를 주는 격렬한 싸움을 막는 방법과 그 방법에 대한 확신을 심어주는 것이다.

따라서 현대의 무도는 수련생들에게 매우 다양하고 유용한 기술을 가르쳐 주어 상대에게 치명상을 입히지 않고도 상대를 무력화시킬 수 있게 해준다. 20세기에 고안된 자유겨루기는 자기 절제를 요구하는 긴장된 대결 상황에 익숙하도록 해주는 역할을 한다. 자유겨루기는 수련생의 상대자와 겨루게 되며, 상대의 공격을 예상하여 막고 공격을 할 수 있는 공격과 방어의 방법을 배운다.

그러나 처음 무도를 수련하는 초보자에게 지도사범은 먼저 다음과 같은 말을 한다. "만약 네가 위험한 상황에 직면하게 되면 가능한 한 빨리 피하도록 노력하라. 그 자리를 빨리 빠져나가는 것이 최고의 방법"이라고 이야기한다. 이처럼 무도수련은 자신을 내보이기 위한 수단이 아니며, 정중한 자세를 요구하는 개인적 수련이다. 고단자가 되기 위한 필수조건은 '도덕적으로 고결한 성품'을 갖추는 일이다. 위험한 상황에 직면했을 때 폭력을 거부하는 진정한 용기가 필요하며, 자신의 능력에 대하여 확신을 갖고 있는 사람의 경우에는 이러한 회피가 오히려 정정당당한 태도이다.

적십자의 수상안전과정이 물속에 빠졌을 때 생명을 구하는 방법을 가르쳐 준다면, 무도수련은 육지에서 위급한 상황에 처했을 때 공격을 막는 방법으로서 회피와 무력화의 방법을 가르친다. 따라서 예측할 수 없는 방향에서 오는 공격을 반복되는 개인의 수련을 통해 방어하게 해주며, 급박한 상황에서 자기통제, 자기 확신, 침착한 자세를 유지할 수 있게 해준다.

그리고 무도수련의 또 다른 중요한 요소는 스승과 상대를 존중하고 존경심을 강조하는 도장의 분위기이다. 사범은 수련생들의 무례한 행동을 용납하지 않으며, 예(禮)에 어긋난 행동과 태도를 용납하지 않는다. 수련생은 사범과 동료수련생, 상급자에 대한 예를 중시하고 지킨다. 특히 무도수련은 지속적인 인내와 안전 그리고 수행하는 자세를 유지하지 않고는 숙달될 수 없다. 유단자의 경지에 오르기 까지는 몇 년 내지는 그보다 더욱 오랜 시간이 걸리기도 하며, 고단자가 되기 위한 지행합일(知行合一)의 과정은 끊임없는 자기통제의 수행과정에서 더욱 강렬하게 나타난다.

그렇다면 무도수련을 통한 도덕적인 사람이란 무엇일까? 윤리학의 역사는 인간을 도덕적으로 교육시킬 수 있는가 아닌가라는 질문과 관계되면서 형성되어 왔다. 플라톤은 이와 같은 물음에 대한 긍정적 논리를 주장할 수 있을까? 하지만 어떠한 철학자도 명확한 해답을 제시하지 못할 것이다. 단지 어떤 사람이 실제적이고 도덕적인 문제의 상황에 직면하여 반응하는 방법은 부분적으로 그 사람의 인성과 도덕 교육에 의해 결정된다는 것을 주장할 뿐이다. 이와 같이 무도수련은 문명인의 도덕적 관심을 환기시켜 준다.

무도수련은 어떤 유토피아적[67] 사회에 접근하는 것도, 격정으로부터 해방시켜 주는 것도, 격정을 고무시켜 주는 것도 아니다. 무도의 도덕적 가치는 실제로 잠재적 격정의 상황을 다스릴 수 있는 능력과 다양한 선택을 할 수 있는 능력을 길러준다. 안전을 위한 효과적인 호신술이라는 측면을 떠나 무도수련은 현대문화에서 중요한 추상적인 도덕적 가치, 즉 긴박한 상황에 따른 자기 신뢰, 용기, 자기통제 능력을 길러주는 사회화의 과정에 유용한 수단임을 기억할 필요가 있다.

3) 무도수련의 심미적 관점

무도수련이 주는 다양한 가치들 중 실제 격투기술은 무도수련이 의도하는 주요 목표가 아니다. 무도가 사람으로 하여금 무도의 본질적 가치와 심미적 인식을 이끌어 준다는 사실을 알게 되면 모든 사람들은 깜짝 놀랄 것이며, 경이로운 마음을 가질 것이다.

인간의 심미적 경험은 이상한 충격으로 다가올 수 있으며, 때로는 우연한 기회에 체험되기도 한다. 낙엽이 떨어지는 언덕의 풍경, 숲과 나무 사이로 지는 해 또는 길거리 바닥에 홀로 떨어져 구르는 낙엽도 인간에게 심미적 체험

---

[67] 유토피아(utopia)란 사람들이 겉으로 보기에 완벽한 조건 아래 있는 이상사회. 즉 '이상가'(utopian)와 '유토피아적 이상주의'(utopianism)는 대체로 실현 가능성이 거의 없이 이상적인 개혁을 뜻하는 말로 쓰인다.

 동양무도의 <실천철학>과 <가치>

을 줄 수 있다. 반면, '좋은 예술품'은 은밀하게 인간의 심미적 감정을 건드려 표출시킨다. 그러나 이러한 예술품이 우리의 흥미를 자극시키는 방법에 대해서는 유미주의(唯美主義)자들 사이에 논란68)이 많이 제기된다. 그리고 고전음악과 발레와 같은 전통적 예술에 있어서 그것이 우리에게 어떻게 심미적 즐거움을 주는지에 대해 찾아내는 것은 쉬운 일이 아니다.

복잡하고 어려운 철학적 문제를 떠나 무도와 전통적 예술의 유사성에 관해 논의하는 것이 다른 심미적 이론을 논의하는 것보다 효과적일 것이다. 만약 현대 무도가 전통적 예술로 간주될 수 있다면 당연히 그것은 심미적 원칙에 따른 것이다.

무도수련은 기술이 숙달될 것을 요구하지만 개인적 형태나 자기표현에 있어 다양한 상황이 전개될 수 있다. 수련의 숙달 정도를 파악하기 위한 일련의 고정된 형태의 요건과 단급(승단)을 매기고 있는 것이 사실이지만, 이와 같이 무도를 잘 할 수 있다는 것이 가르친 사람의 전형적인 스타일을 모방하는 것은 아니라는 점도 부정할 수 없다. 기술의 숙련이란 단지 개인에게 가장 잘 맞고 효과적인 기술을 개발하고 중점을 두기위한 하나의 전제조건에 불과하다. 즉 수련생은 그들 자신의 형이라고 할 수 있는 일련의 기술을 변형 발전시킨다. 마치 기술개발은 어떤 독특한 형식과 유형의 원칙이 있다.

훌륭한 전통적인 예술 또한 리듬과 타이밍이 매우 중요한 요소인 것과 마찬가지로 하며, 무도수련 역시 마찬가지이다. 무도수련은 내적 리듬을 발전시켜 주고, 동작의 균형을 잡아주는 '호흡조절'법을 강조하며, '집중력'은 수련의

---

68) 유미주의(唯美主義 Aestheticism)란 탐미주의(耽美主義) 또는 심미주의(審美主義)라고 표기하고 있으며, 이는 미적 가치를 가장 지고한 가치로 보고 모든 것을 미적인 견지에서 평가하는 태도 및 세계관을 의미한다. 대개 생에 대한 수동적·체념적·관조적 태도라든가 쾌락적 감각주의, 또는 모순적이고 적대적인 현실로부터 미적 현상세계로 도피하려는 생각에서 연유한 까닭에, 종종 반사회적·비정치적 허무주의로 귀착하기도 한다. 유미주의의 경향은 이미 고대(특히 헬레니즘)·중세·르네상스(매너리즘)에서도 찾아볼 수 있지만, 근세에 와서 예술과 문학에서 더욱 발전하여 19세기말 유럽에서는 예술은 오로지 아름다움 자체를 위해서만 존재한다는 신조 아래 '예술을 위한 예술'(l'art pour l'art)의 이론이 널리 퍼지게 되었다. 따라서 유미주의는 예술지상주의를 가리키는 말로도 쓰인다(출처: 브리태니커 백과사전).

주요목표가 된다. 집중은 정확한 지점에서 그리고 최대의 힘으로 기술을 수행한다는 것을 의미한다. 또한 수련에서는 거시적 리듬을 강조한다. 주어진 기술의 스피드와 타이밍을 미시적 리듬이라고 한다면 두 가지 이상의 기술 간에 변형조합을 거시적 리듬이라고 할 수 있다.

그리고 무도수련은 개별화된 훈련과 자신의 정확한 절제를 요구한다. 자유겨루기도 상대의 동작을 파악하여 리듬을 타지 못하면 자유겨루기의 효과를 극대화 시킬 수 없으며, 자신의 동작에 최대의 집중력을 기울여서 상대의 동작에 대한 계산된 대응행위로서 효과적인 기술이 나오는 것이다. 또한 형의 수련은 전통적 예술과의 강한 연관성을 분명히 보여준다. 다양한 형과 복잡한 변형 기술은 전통적 무용의 형 또는 무하마드 알리와 같은 춤의 변형된 동작(고대의 검무가 현대의 검도본으로 재정립됨)을 연상하게 해준다. 역사적으로 무도수련의 정수(20세기에 이르기까지 자유겨루기는 없었다)는 형이었으며, 형은 전통적인 춤과 음악의 시범과 같았다.

어떤 사람들은 무도가 '격투(상대를 무력으로 제압하는 형태)'이므로 무도는 심미적 수준에 도달할 수 없다고 생각하기도 한다. 비록 무도수련이 잠재적으로 일련의 격투기술을 갖추도록 할지는 모르지만 실제로 궁도나 펜싱보다 격투로의 목적은 적다고 볼 수 있다. 따라서 격투 자체 때문에 심미적 흥미를 자극시키는데 방해받지는 않을 것이다. 간혹 무도수련은 심미성보다 폭력의 유혹에 빠질 수 있다. 어떤 유미주의자들은 그들의 유미적 태도와는 상반되게 오히려 폭력을 요구하여 논란의 문제를 야기하기도 한다.

그러나 이런 이론적인 문제는 접어두고 우리는 도덕적인 고려가 어떤 예술의 대상물이나 사건에 대한 심미적 태도를 방해한다 하더라도 이것은 예술의 본질적 부분이 아니며, 개인과 상황의 함수라고 주장하고자 한다. 피카소의 〈게르니카〉[69]나 기타의 다른 폭력적인 장면을 묘사한 작품을 보고, 심미적

동양무도의 <실천철학>과 <가치>

즐거움을 얻는 사람은 많든 적든 분명히 있기 때문이다.

결국 폭력이 심미적인 인식에 파괴적이라는 도덕적 요구는 산만함이 심미적 태도를 방해한다는 뜻이 아닐까? 개인적이고 의도된 수련으로서 무도수련은 산만한 환경으로부터 완전히 벗어날 수 있는 분위기를 조성해 주어야 한다. 실제 무도수련은 고도의 집중력을 요구하며, 쓸데없는 잡념을 버릴 것을 강조한다. 그래서 다른 예술보다 한사람의 심미적 태도를 심어주기에 안성맞춤이다.

무도수련은 이와 같은 독특한 특성을 지니고 있기 때문에 초보자라 할지라도 무도수련에 대한 본질적인 이해와 흥미를 유발시킬 수 있으며, 특히 하나의 기술을 완벽히 표현하고 성공함으로서 자신의 심미적 감정은 더욱 강화되고, 겨루기 상황에서 그러한 심미적 감정은 확연히 드러난다.

4) 무도수련이 주는 심리적 관점

현대인의 생활은 긴장된 상태의 연속이며, 적대심과 좌절감을 느끼기 쉬운 척박한 환경에서 피로에 지친 심신을 생산적인 방법으로 치유할 필요를 느낄 것이다. 이와 같은 현대인의 피로한 생활을 치유할 수 있는 방법 중의 하나가 무도수련이라고 볼 수 있다. 무도수련은 자기표현과 공격성을 통제하는 수단이며 격정을 가라앉히는 정신적 수양의 수단이 된다. 또한 긴장감을 폭발하거나 억누르지 않고도 그것을 풀 수 있는 방법을 제공해 준다.

따라서 무도수련은 개인적 목적의 성취수단을 제공한다. 개인의 발전은 전적으로 개인의 노력과 진전에 달려있다. 현대사회에서 보이는 지위와 상징과

---

69) 게르니카[Guernica]는 파블로 피카소(1881~1973)의 1937년 작품이며, 흑색·백색·회색의 입체적 형상 속에 전쟁의 비참함이 잘 나타나 있다. 즉 스페인 바스크 지방의 소도시 게르니카를 독일 콘도르 비행단이 무차별 폭격, 1,540여 명의 사상자를 낸 사건에 대한 분노를 표현한 작품이다. 파시스트들에 의해 게르니카가 폭격 당하자 공화파는 이 비극을 고발하는 그림을 파리 박람회의 스페인관에 전시하기 위해 피카소에게 의뢰하였으며, 피카소는 당시의 상황을 죽은 아이를 안고 울부짖는 여인, 창에 찔린 말, 부러진 칼등을 통해 인간을 파괴하는 무모한 폭력을 비난하며, 보이지 않는 적(敵)인 파시즘 자체를 극복하고자 하는 바람을 표현했다(출처 : 브리태니커 백과사전).

는 다르게 무도수련은 금전적으로 해결할 수 있는 부분이 아니며, 노력하여 획득하는 것이다. 즉 무도수련생의 띠 색깔은 개인적인 목표에 대한 한사람의 집념의 표시이자 자신과 다른 사람에 대한 명백한 자기능력의 지표이며, 이와 같은 집념과 성공은 자아를 발전시켜 준다.

또한 무도수련은 건전한 사고를 형성하는데 기여하고, 다른 경기종목과는 달리 온갖 수단을 다 동원하여 승리하기 보다는 서로의 존중하는 자세를 장려한다. 무도수련은 인간을 위협할 수 있는 치명적인 기술을 가르치기 때문에 모든 수단을 다해 싸워서 이기라는 태도를 장려할 수 없으며, 연습경기는 자기 자신의 기술개발뿐만 아니라 상대방의 발전을 위해 상대를 주위 깊게 관찰하도록 요구한다. 존경과 신뢰의 이러한 분위기는 시합이 갖는 긍정적인 측면을 장려해 주는 것이다.

5) 무도수련의 철학적 의미

철학의 심오함은 우주 혹은 세계 생성의 근본과 본질을 탐구하는 학문이기 때문이다. 무도수련의 본질을 구성하는 요소는 다양하지만 앞에서 설명한 바와 같이 심리적, 육체적, 도덕적, 심미적, 정신적 그리고 역사적 측면이다. 그러나 여전히 하나의 의문이 남는데 그것은 무도수련의 다양한 부분(측면)을 어떻게 하나의 응집된 전체 속에 수렴하고 통합할 수 있을까 하는 것이다. 즉 무도수련의 다양한 형태를 통합하는 것은 무도철학의 지식 체계를 형성하는데 매우 중요한 것임을 인식해야 한다.

무도수련은 무술적 전통을 심미적으로 관습화 또는 의식화한 것이며, 그 통합의 힘을 제공하는 것은 다름 아닌 전통이다. 오늘날 전통에 대한 현대인들의 인식은 명료하다. 한국 고유의 무도가 쇠퇴기의 시련을 겪고 난 이후 현대 무도인들은 무도의 예술적 심미성을 회생시켰는데 단순히 과거의 형태로 돌아

 동양무도의 <실천철학>과 <가치>

간 것도 유형을 복구시킨 것도 아니다. 그들은 과거를 보존할 뿐만 아니라 미래를 생각했던 것이다. 무도의 전통은 무도와 스포츠에 대한 그들의 끊임없는 관심을 반영하고 있다.

  전통무도는 한국 고유의 신체문화와 사상을 반영하고 있으며, 선불교가 설파한 개인적 깨달음의 이치를 반영하고 있다. 무도의 전통은 수련내면에 내재하고 있는 철학을 가르쳐주고 있는 원칙과 마찬가지로 과정을 중요시하고 반영한다. 결국 현대의 무도수련은 포괄적인 실천의 행위이다. 무도의 형은 전통을 간직하고 있으며, 새로운 세대들은 현대 무도철학을 새롭게 해석하고 발전시킬 것이다. 이것이 동양무도라는 유산을 수련생간에 끊임없이 살아 있게 하는 무도의 근원인 것이다.

제2장 동양 무도수련의 <가치>

1. 무도의 탁월성

무도에 대해 긍정적인 견해를 지닌 사람들은 비록 통계적으로 증명할 수는 없지만 잠재적 폭력성을 지닌 무도인에 의한 폭력사고가 거의 발생하지 않는 다고 말한다. 그동안 많은 사람들은 무도인들의 행동을 보고 판단하여 무도수련을 할 만한 가치가 있는 것으로 생각하고 있다. 어떤 사람들은 무도수련의 여러 가지 측면, 즉 신체단련, 자기방어, 겨루기, 형식적인 형(품세), 의식(儀式), 무도도장의 사회적 구조, 선종(禪宗)70)과의 종교적 교류 등이 가장 가치 있는 것이라고 생각한다.

그러나 서구인들이 무도에서 발견한 이러한 긍정적인 특성에도 불구하고, 위에 열거한 부정적인 특성들 때문에 무도를 배우는 일이 가치가 있는 것인지 아니면 무가치(無價値)한 것인지에 대한 상당한 의문이 제기될 것이다. 왜 사람들은 동양무도만큼 인간의 삶에 총체적으로 영향을 끼치는, 긍정적인 특성을 지닌 다른 활동들을 찾지 못할까? 똑같은 질문이 복싱과 그 밖의 다른 신체 접촉 스포츠에 대해서도 심각하게 제기되어 왔다. 인간은 신체발달을 위해 노력하고, 인내력을 시험해 보려 한다.

이러한 질문들은 마찬가지로 무도에 대해서도 제기될 수 있다. 즉 무도를 없애거나 또는 적어도 무도의 격렬한 수련을 안전하게 수정하는 것은 어떠한

---

70) 선종(禪宗)이란 화엄종(華嚴宗), 법상종(法相宗) 등의 교학(教學)을 중시하는 교종(教宗)에 대하여 직관적인 종교체험으로서 선(禪)을 중시한다. 원래 선종은 석가가 영산(靈山) 설법에서 말없이 꽃을 들자 제자인 가섭(迦葉)이 그 뜻을 알았다는 데서 연유한 것으로 이심전심(以心傳心), 불립문자(不立文字)를 종지(宗旨)로 삼는다. 종파로 성립된 것은 개조(開祖)로 전해지는 달마(達磨)가 650년경 중국에 입국하면서 비롯되는데, 혜가(慧可), 홍인(弘忍), 혜능(慧能) 등으로 계승되면서 크게 발전하였다.

가? 분명히 이와 같은 장점들을 제공할 수 있는 다른 운동들이 있다. 그런데 동양무도가 제공한다고 생각하는 위에서 열거한 모든 장점들을 제공할 서양스포츠를 찾거나 고안하기란 확실히 어려운 일이다.

더욱이 그 장점들을 모두 지니고 있는 하나의 운동은 없다는 대답이 나올 수 있다. 동양무도는 전통적으로 여러 다양한 기능을 수행해 왔다. 그러나 만일 현대적 분석방법에 따른다면 지난 세기(世紀)의 서양스포츠의 경우처럼 개개의 목표를 위한 세분화된 운동들을 개발하는 것이 효율성과 성과를 증대시킬 수 있다는 것을 쉽게 발견할 수 있을 것이다. 사실 그 장점들 중의 몇몇 항목들을 서로 비교하는 것은 불가능하다.

예를 들어 당신이 건강을 위해 신체단련에 관심을 갖는다면 당신은 수영을 하거나 그와 유사한 다른 활동을 하려고 할 것이다. 당신은 확실히 무도의 겨루기를 원하지 않을 것이다. 만일 당신이 사회활동의 일환으로 운동을 하고 싶다면 연습으로 인한 괴로움을 받지 않고 연습할 수 있는 장소가 있을까? 특히 종교적 목적을 위해서 무도도장에 가는 이유는 무엇일까?

사실 지금까지 논의해 왔듯이 적어도 현재 서양에서 행해지고 있는 동양무도는 몇몇 부정적 특성들을 지니고 있다. 물론 무도가 제공하는 긍정적 장점들 중에 무도만이 지닌 독특한 특징이 없다는 논리를 주장할 수도 있다. 이와 대조적으로 몇몇 다른 문화단체(사교 클럽, 교회)를 포함한 현대 서양스포츠는 무도에 비해 여러 단점 없이 무도가 제공하는 것과 똑같은 장점들을 제공한다. 그러므로 무도로 인한 현재의 폐해를 인정한다면 무도를 없앰으로써 잃는 것은 아무 것도 없을 것이며 오히려 많은 것을 얻게 될 것이다. 그러므로 무도를 하지 않는 것이 도덕적으로 타당하다는 약간의 설득력 있는 주장을 할 수도 있다.

사실 위의 추론은 그것이 의무적인 좌석벨트 사용법안과 코카인 사용금지 법안을 찬성하는 여론에 비교되면서 널리 인정되고 있는 것 같다. 그러나 위의 주장은 결함을 내포하고 있다. 여기에서의 의도는 위의 가정 중의 하나인 동양무도가 제공하는 몇몇 장점 중에서 무도에만 독특한 것은 아무것도 없다는 가정을 검토해 보는 것이다. 동양무도는 이국적이며 신비한 과거를 가진 스포츠화된 것임에 틀림없다고 생각할 수도 있다. 이 장에서는 동양무도가 다른 어떤 것, 독특한 어떤 특징이 있는지를 논의하고자 한다.

1) 무도의 스포츠화

이와 같은 논제는 무도가 스포츠화 될 수 있는가에 대한 문제로부터 시작해서 무도의 스포츠화는 무도가 전통적인 수련방법을 탈피하여 경기화 되면서 많은 논란이 제기되어 왔다. 하지만 이 문제는 논리적 방법을 통해 무도의 스포츠화를 논의할 수 있다.

이 논제는 매우 간단하다. 즉 스포츠는 일종의 놀이이다. 동양무도는 놀이가 아니다. 그러므로 동양무도는 스포츠가 아니다. 무엇보다도 이 논제의 증명방법의 근거는 두 번째 전제의 사실 여하에 달려있다. 우선, 행동이 놀이인지 아닌지를 결정할 수 있는 놀이의 개념 내지는 적어도 기준이 필요하다. 여기에서는 후이징거(Huizinga)가 제시한 개념에 의해 놀이의 특성을 기술하고자 한다.

이 특성의 기술은 스포츠에 관해 철학적 방법과 사회과학적 방법으로 글을 쓰는 사람들에게 널리 사용되므로 경험적인 지지뿐만 아니라 이론적인 설득력도 지니고 있다. 즉 후이징거는 놀이는 진지하지 않은 것으로서, 의식적으로 '일상생활'을 벗어난 자유로운 활동이며, 그와 동시에 플레이어는 강렬하고 완전하게 놀이에 열중하게 된다. 놀이는 물질적인 욕망과도 무관하며, 놀이로 인한 어떠한 경제적 이득도 발생하지 않는다. 놀이는 일정한 가치와 규칙적인 방식에 의거해서 시간과 공간의 적당한 범위 내에서 계속된다. 그것은 비밀스럽게 놀이 자체를 둘러싸고 변장하거나 다른 수단에 의해 일상세계와의 차이

점을 강조하는 사교 그룹의 형성을 촉진시킨다.

따라서 후이징거가 설명하는 놀이의 일반적인 특성은 변화한다. 그러나 몇몇 기준은 명확하게 드러난다. 첫째, 놀이는 지속기간이 공간과 시간 안에 제한되는 활동이다. 어떠한 시점에서 놀이를 멈추면 게임은 끝난다. 당신은 현실생활로 또는 비교가 불가능한 다른 규칙을 가진 활동으로 복귀하게 된다.

둘째, 놀이는 진지하지 않다. 놀이의 결과로 인한 현실적인 차이점은 발생하지 않는다. 이 기준은 여러 가지 면에서 인정되고 있다. 후이징거는 생물학적 필요성만을 배제하면서 놀이를 판단하고 있다. 그러므로 성행위 그 자체는 놀이가 아니지만 구애와 전희는 놀이가 된다. 또한 전쟁터에서의 살인은 생물학적 현실이므로 놀이가 아니지만 검술은 놀이이다. 좀 더 명백하게 말해서 게임의 승패나 게임에서의 선전(善戰) 혹은 졸전(拙戰) 등이 게임 후의 플레이어들에게 아무런 영향을 끼치지 않는 활동이므로 놀이가 된다. 그러므로 체스 게임의 패배자가 게임에서 패했다고 해서 현실적으로 잃는 것은 아무것도 없다. 또 술래잡기 게임에서 죽은 어린이가 실제로 죽은 것은 아니다.

한편 동양무도는 전형적인 행동의 연속, 즉 시작인사, 명상, 스트레칭, 준비운동, 기술수련, 형, 약속 겨루기, 자유 겨루기, 정리운동, 명상, 끝인사 등으로 이뤄진다. 물론 어떤 경우에는 이 연속적인 일련의 수련과정 중의 일부가 생략된다. 그러나 기본적인 구조는 모든 무도에 공통적으로 일정하게 나타난다.

또 다른 견해는 그러한 예속적인 행동들로 인하여 동양무도는 놀이의 다른 형태로 스포츠의 일종인 것처럼 보인다. 그 까닭은 동양무도의 연습이 일정한 공간과 시간 안에 제한되어 있기 때문이다. 동양 무도수련의 시작과 끝은 인사하는 의식(儀式)을 통해서 표면적으로 확실히 구분된다. 겨루기에는 규칙이 적용되며, 수련결과는 수련시간 이후의 무도인에게 거의 아무런 영향도 미치지 못하는 것처럼 보인다.

그러나 표면적으로 드러난 현상은 판단을 흐리게 한다. 핵심적인 차이점은 무도인의 태도에서 나타난다. 비록 표면적으로 나타난 현상은 수련이 일정한 시간과 공간 안에 한정되어 있지만, 그 수련의 영향은 무도인들의 일상생활에까지 이어진다. 물론 스포츠의 경우도 마찬가지이지만 놀이하는 사람은 놀이의 경험에 영향을 받아 그의 생활을 수정하기도 한다.

무도수련의 전통적인 목적은 수련시간과 일상생활 사이의 장벽을 없애 버리는 것이어서 수업 중에 습득된 태도와 행동유형은 일상생활에서 계속 유지된다. 그러므로 전통적으로 무도의 숙련도를 단지 도장에서의 연습과 시합의 성적에 의해서만 판단하지는 않았다.

오히려 결정적인 판단기준은 무도인의 전반적인 생활을 통해서이다. 즉 명상과 관련된 동기는 별개의 문제로 하고 무도가 자기방어로 기울어지는 경향에는 이와 같은 실제적인 이유가 있다. 만일 이런 경향이 단지 수업 중의 피상적인 연습에 의해서만 습득된다면 자기방어의 목적은 거의 달성할 수 없을 것이다.

2) 무도의 예술성

비록 무도를 엄격한 의미에서 스포츠가 아니라고 해서 무도가 긍정적이고 독특한 가치를 지니고 있는 것이라는 결론이 유추되는 것은 아니다. 지금까지 무도가 일정한 시간과 공간 속에 한정되지 않고, 진지하며, 놀이가 아니기 때문에 스포츠가 아니라는 점만을 논의해 왔다. 이러한 특징이 무도의 본질을 파악하는데 도움이 되어 주진 않는다. 부언하여 설명하면 그러한 특징들은 다른 활동들과 무도를 구분하는 데 도움이 되지 못한다. 지금까지 무도의 부정적인 특징을 통해 연구를 계속해 왔다. 여기에서는 무도의 긍정적인 특징을 알아보기로 한다.

무도의 기본적인 목표 중의 하나가 시합이라는 것을 상기하여야 한다. 무도는 겨루기와 자기방어를 위해 싸우는 기술을 배운다. 여기서 스포츠와 무도의 공통적인 운동경기 요소를 발견할 수 있다. 그러나 무도라는 단어에서 알 수 있듯이 무도의 또 다른 점, 즉 예술적 측면이 존재하고 있다는 사실이다.

무도의 형식적인 유형(類型), 즉 형은 단지 싸우는 기술의 향상을 위해서만 행해지는 것이 아니다. 형은 그 나름의 목적을 위해 행해진다. 무도의 형과 무용 간에는 커다란 유사점이 있다. 이 두 경우에 안무는 일정하다. 무도인과 무용가는 이상화(理想化)시킨 형을 어느 만큼이나 잘 연기하느냐에 따라서 평가되어지며, 형은 무엇인가를 전달하고자 한다.

무용에서의 의사소통은 대개 음악, 의상, 팬터마임 그리고 심지어 무용의 제목에 의해 쉽게 이해할 수 있다. 무도의 경우 무도인의 도복 착용이 무도를 실행하고자 하는 의도를 나타내 주고 있을지는 모르지만 각각의 형에 해당하는 독특한 음악도 의상도 없다. 경우에 따라서는 형의 제목, 즉 고려, 평원과 같은 단어들이 일단의 정보를 제공해 줄 경우도 있다.

그러나 엄밀한 의미의 팬터마임과는 달리 무도인은 단순히 싸우는 사람을 모방하는 것에 그치지 않는다. 그 대신 그들은 무도를 하면서 싸우는 사람이 되며, 또는 적어도 싸우는 사람으로서 무도를 수련한다. 따라서 무용이 예술이 되는 것과 마찬가지로 무도 또한 예술처럼 생각할 수 있다. 이와 같은 점을 고려할 때 차이점이 나타난다. 형(품세)은 무무(武舞) 즉 무적 무용이 아니다. 그 차이점은 형이 한 행동의 모방이 아닌 바로 그 행동 자체라는 사실에 기인하기 때문이다.

무도는 두 가지 초점, 즉 싸우는 기술과 예술적인 측면을 모두 지니고 있다. 그 예술적인 형들은 싸우는 기술의 향상을 목적으로 하는 수련을 보조하기 위해서 뿐만 아니라 그 나름의 목적을 가지고서 행해진다. 싸우는 기술, 특히 겨루기를 향상시키는 데 적합한 활동들은 또한 여러 단계에 따라서 시합으로서, 자기방어의 수련으로서, 그 연속적인 형들에 관한 통찰력을 얻는 수단으로서 행해지기도 한다. 좀 더 높은 수련단계에서는 무도가 이 두 가지 점, 즉 형을 하면서 싸우고 싸우면서 형을 수행하는 것이 하나로 통합되어 나타난다.

3) 무도의 독특한 가치

후이징거는 일본 무사들의 무도수련에서 놀이의 특성을 배제시키고 있다. 하지만 무도수련이 삶에 긍정적인 행동이 된다는 것을 입증하기 위하여 후이징거의 개념을 발전시켜 보기로 하자. 후이징거는 일본 무사들의 전통적인 무사도에서 놀이가 고도로 발전된 형태(인생 그 자체는 게임이며 죽고 사는 문제는 그리 중요하지 않다)를 발견하였다.

이 견해는 근본적으로 풀기 어려운 여러 문제들이 존재한다. 이미 그러한 일본 무사도의 게임이 일반적인 의미에서 결코 시간과 공간 속에 한정되지 않으며, 그 게임은 생물학적 현실과 관련되어 있어 후이징거가 주장한 대로 놀이가 될 수 없다는 것을 고찰하였다. 그러나 비록 위에서 후이징거의 견해를 부인함에도 불구하고, 그의 견해에서 발견한 것을 가치 있게 이용하고자 한다.

알렌 가트만(Allen Guttman)에 의하면 예술은 상징적으로 의사(意思)를 전달하는 반면 스포츠는 그렇지 않기 때문에 예술이라고 할 수 없다고 주장했다. 무용의 경우 예술가는 예술의 기준에 의거해서 무용을 잘 하려고 한다. 그와 동시에 무용가는 무용을 통하여 무엇인가를 표현하려고 한다. 반대로 가트만은 운동선수가 스포츠를 잘 하려고 하지만 잘 하는 것 이외의 어떤 것도 생각하지 않는다. 즉 거기엔 어떠한 예술적인 목적이 없다고 주장한다.

무용이나 스포츠 그 양자(兩者)에 대한 가트만의 생각의 옳고 그름의 여부는 단언할 수 없다. 그의 논지의 중요한 초점은 방향을 바르게 설정한 것 같다. 운동선수는 스포츠의 규칙에 따라서 그의 성적이 탁월하길, 다시 말하면, 시합에서 승리하기를 원한다. 규칙을 지킨 승리는 위대한 운동선수를 만든다.

그러나 규칙을 지킨 승리가 위대한 무용가를 만들지는 않는다. 기술적인 기준에 따라 무용을 잘 하는 것도 중요할지 모른다. 아마도 더 중요한 것은 탁월한 예술적 표현과 감수성의 특질이다. 즉 무용가는 청중에게 무엇인가를 전달할 수 있어야 한다. 무용가에게 승리가 중요하지 않은 것과 마찬가지로 엄격한 의미로써 운동선수는 예술표현이 중요하지 않다.

동양무도가 어느 정도 상이한 점을 지니고 있지만 예술과 스포츠의 요소를 포함하고 있다고 주장해 왔다. 무도는 싸우는 기술과 자기방어의 기술을 가르친다. 자기방어는 혼합된 형태의 새로운 요소이다. 우선 자기방어는 스포츠 영역에 속하지 않고, 오히려 생존기술과 더불어 생물학적 현실에 관련되어 있다.

이와 같이 무도는 항상 자기방어를 지향하고 있다. 자기방어 활동은 비록 그 행동이 문화적인 측면에서 비롯되었다 하더라도 생물적인 요소이지 문화적인 요소는 아니다. 무도에 나타나는 여러 활동 즉 수련, 형, 겨루기는 자기방어와 밀접한 관련을 맺고 있다. 겨루기의 인기 상승에도 불구하고 종종 스포츠에 있어서 불법적인 수련기술(예를 들면, 눈 찌르기, 물기)들이 여전히 가르쳐진다. 따라서 동양무도는 대부분의 스포츠보다도 생존 기술과 수련의 관계가 더 자의식적이며 수련의 초점은 일정 부분 생존기술에 맞추어져 있다.

자기방어라는 목적 외에도 무도가 삶과 죽음의 현실을 강조하는 경향에 대한 또 다른 이유가 있다. 수련은 매우 위험하기 때문이다. 수련 중의 보호장비 착용은 심각한 부상의 가능성을 많이 줄여준다. 무도인들은 공격의 힘을 조절하거나 약화시켜서 대부분 상해를 방지한다. 가벼운 실수가 심각한 상해를 입히거나 심지어는 죽음까지도 야기 시킴으로서 무도수련 그 자체는 삶과 죽음이 완전히 공존하는 세계이다.

그러나 고통의 위험에 대해 무도인들은 대부분 정말로 무관심한 태도를 보인다. 위험한 상황을 방지해야 하는 것이 아니라 오히려 위험한 상황들을 좀 더

진전된 수련에 필수적인 요소로 생각하고 있다. 후레드 로브렛(Fred Lovert)이 무도는 무도인이 자신을 고통스럽게 희생하고, 그 결과로 고통스런 결과를 초래하는 기술을 잘 실행하는 것을 칭송한다는 점에서 독특하다고 지적하였다.

이와 같은 비교를 자살의식에서 찾아 볼 수 있다. 자살의식은 약함이나 패배의 표현이 아니라 행복이나 성공적인 삶이 개인의 능력 외의 문제로 귀결되는 상황에서 자아억제나 자아통제의 구현인 것과 마찬가지로 고통에 대한 무도인들의 태도도 부정적인 고통스러운 경험으로부터 긍정적인 어떤 것을 유도해 내려는 시도에서 유래하는 것이다. 즉 인간의 삶이 처해있는 상황은 수많은 고통과 연관되어 있으며 인생을 실패했다고 단정 짓는 것은 쉬운 일일 수 있다. 푸념하는 대신에 가치가 없는 것으로부터 긍정적인 가치를 지닌 어떤 것을 창조해 내는 것은 어떠한가?

이와 같은 견해는 프란시스 카픈(Francis Capon)의 비교와 유사하다. 그는 상당히 우스꽝스럽게도 인간은 신(神)의 식료품실의 하나의 쓰레기와 같다고 말했다. 그러나 그저 보통 흔한 하나의 쓰레기가 아니다. 오히려 훌륭한 모양의 오렌지 껍질과 같이 한때의 영광을 지녔으며, 곧 갑작스럽게 시들어버릴 쓰레기이다.

여기서 예술적 함축의 뜻이 강하게 나타난다. 즉 인공품을 창조하는 예술은 흔히 생물학적 시점에서 볼 때 쓰레기에서 그것들을 창조한다. 어쨌든 그 인공품은 그 자체만으로는 어떠한 현실적인 가치도 지니고 있지 않다. 무용과 같은 무대예술은 단지 동작만을 창조한다는 점에서 무도와 유사하다. 그리고 연기자의 관점에서 보면 동작들은 발생한 즉시 사라진다. 만일 예술적 창조에 어떠한 영광과 만족이 존재한다면 그것은 순간적인 동작을 창조하는 데 있으며, 그 결과 생물학적으로 볼 때 무의미한 사건들은 지속적인 가치를 지니게 된다.

이와 같이 관점에서 보면 무도의 수많은 수련은 무의미하다고 생각될 수 있다. 무엇보다도 타인이 자기 자신을 해치도록 허락하거나 고무하는 데 어떠한

 동양무도의 <실천철학>과 <가치>

이유가 있을까? 당신은 무도수련보다 더 안전한 활동에서 무도와 똑같은 장점을 이끌어내면서도 일상적으로 위험한 상황에 처하는 것보다 더 나쁜 상황에 당신을 빠트릴 것인가?

그러나 그러한 수련일지라도 예술적 의미를 지닐 수 있다. 고통스런 상황에서 일정한 방법으로 대응함으로써 당신은 최악의 순간에서도 긍정적인 무엇인가를 이끌어 낼 수 있을 것이다. 무도의 그러한 수련들은 토너먼트나 단급 시험과 같은 무도 활동을 위해서 뿐만 아니라 일상생활을 영위하기 위해서 계획되어있는 것이다. 스포츠와 달리 무도수련은 시간과 공간 속에 한정되어 있지 않다. 이와 같이 수련에 따른 고통과 고난에 대응하는 방식은 전통적으로 인생을 살아가는 생활방식과 관련되어있다.

일상적으로 위험한 상황보다 더 나쁜 상황에 자신을 드러내 놓는 것에는 긍정적인 측면이 있다. 그 하나는 훌륭한 삶을 위한 최선의 준비방법을 잘 배우기 위해 자신을 위험한 상황에 놓이게 하는 것이다. 다른 하나는 일상생활에서 실제로 고통스러운 상황에 직면했을 경우보다는 무도의 이러한 선택의 가능성을 실현하는 경우가 더 자기 주도적이기 때문이다. 비록 많은 사람들이 여러 가지 활동에서 그렇게 하고 있음에도 불구하고 위험과 고통을 추구하는 것이 고집스러워 보일지도 모른다.

여기서 우리는 무도의 독특한 특성을 파악했다고 믿을 수 있는 증거로는 어떤 것이 있는가? 하나의 유력한 증거는 대가(大家)의 특성에 있다(대가란 단이 높은 무도 전문가를 의미한다). 젊은 대가는 없다. 다른 자격요건 이외에도 연령의 제한이 있기 때문에 젊은 대가는 존재하지 않는다.

흥미 있는 것은 전통적인 동양무도가 스포츠화 되면서 대가들의 전문적 기술이 자주 의문시되어 온 점이다. 대부분의 스포츠가 그러하듯이 거의 모든 무도 토너먼트의 정상(頂上)에 있는 경쟁자들은 젊은 층이다. 만일 시합성적이 무도능력을 측정하는 것이라면 왜 많은 사람들이 대가들의 능력을 의문시 하는지 이해가 될 수 있을 것이다.

그러면 대가들이 지니고 있는 독특한 능력은 무엇인가? 최근의 역사에서 알 수 있듯이 그것은 시합의 능력이 아니다. 그것은 그들의 과거의 능력, 그들이 과거의 시합에서 선전(善戰)하여 획득한 지위이다. 타이틀을 획득한 복서는 챔피언으로 불리고, 체스 게임은 점수를 얻음으로써 승자가 된다. 무도의 대가는 은퇴한 복싱 챔피언과 같다. 옛 복서에게 무슨 일이 있을 수 있을까? 그들은 현재 시합에 출전하거나 복싱을 할 수는 없다. 다만 남들보다 뛰어난 복싱기술을 가지고 있거나 때로는 선수를 지도하는 역할을 할 뿐이다. 그와 마찬가지로 무도의 대가도 좋은 자격을 갖추고 있으며, 과거에 좋은 기록을 보유했던 코치일 뿐이다.

그러나 모든 면에서 다 그런 경험이 적용되는 것은 아니다. 한 가지 일에 대해서 대가가 되는 것은 단지 과거에서뿐만 아니라 현재에서도 연장선상에서 정상의 위치에 서 있는 것으로 본다. 그가 현재 최고인 것은 무엇일까? 그것은 자기 방어적인 측면이다. 비조직적이고 예기치 못한 상황에서의 자기방어는 겨루기 시합보다는 더 긴 수련 시간을 필요로 한다.

또한 풍부한 경험이 선수를 지도할 때 도움이 되지만 나이를 먹는 것은 반사작용을 더 둔화시키고 신체를 더 약하게 한다. 그래서 대가의 독특한 탁월성이 겨루기 혹은 자기방어에 있다고 말하는 것은 충분한 근거를 갖고 있지 못하다. 대가들이 아무런 무도의 기술도 갖추고 있지 못하다는 말을 하려는 게 아니라 대회고문으로서의 역할이 훨씬 더 적합하다는 말이다.

전통적인 대답은 즉 대가들만이 지니고 있는 독특한 능력은 인생을 바라보는 태도라는 사실을 주장해 왔다. 일본 검술의 최고 명인인 미야모토 무사시[71]가 주장한 무도인의 목표는 '진정한 인간'이 되는 것이라는 의미를 되새

겨 보아야 한다.

　전통적인 의미에서 무도는 독특한 어떤 특징을 지니고 있다고 주장한다. 무도는 모방이 없는 예술과 규칙이 없는 스포츠의 결합이다. 이 단일한 결합체는 인간에게 합리적인 것이라고 권할 수 있는 긍정적인 가치를 포함하고 있다. 여기서 이러한 결론을 무도에 관련된 현재의 사회적 법률적 문제에 적용하지는 않을 것이다.

　결론으로 몇 가지 요약해 보면, 첫째, 위의 설명은 현대의 무도도장보다는 전통적 무도도장에 훨씬 더 잘 적용된다. 특히 수련을 강조하지 않고, 겨루기나 형을 수련하지 않는 도장은 위에서 말한 무도의 특성에 적합하지 않다. 둘째, 어느 정도의 고통과 폭력은 무도의 필수적인 요소라는 점을 논의했다.

　그러나 이 결론이 어떠한 폭력이나 야만적인 연습을 인정하는 것은 아니다. 반드시 무도도장에서는 안전한 규칙과 주의가 요구된다. 또 다른 한편으로는 어느 정도의 고통과 위험은 무도의 본질적인 요소이며, 내면적인 가치를 함축하고 있다. 무기의 사용은 이러한 이론적 근거에서 허용된다. 적어도, 무기들이 위험하고 불필요한 위험한 행동의 일부라는 이유 때문에 도장에서 무기의 사용이 금지되어서는 안 된다는 것을 증명해 왔다.

---

71) 미야모토 무사시(宮本武蔵)의 본명은 미야모토 마사나[政名] 니텐[二天]이며, 수묵화가로서 붓놀림을 과감히 절제해 힘이 있고 직선적인 화풍의 그림을 그렸다. 그리고 그는 검술(劍術)을 향상시키기 위해 두루 여행을 한 결과 뛰어난 검객들에게 도전할 수 있었으며, 쌍검을 사용하는 검도인 니토류[二刀流]를 개발했다(출처 : 브리태니커 백과사전). 무사시는 13세부터 16년 동안 진검 결투에서 60명을 상대해 이긴 실력자였다. 훗날 니덴이치류(二天一流)의 검도전수관을 세우고 30세가 된 이후 더 이상 상대할 적수가 없자 곧바로 살생 검을 그만두고 검술에 대한 자신의 철학을 완성시키는데 몰두하였다. 전설에 따르면, 세수도 하지 않고 수염도 깎지 않은 채 동굴 속에서 기거하며 수련하였다고 한다. 특히 자신만의 검술을 완성하기 위해 철저한 금욕주의(禁慾主義) 생활을 하였으며, 어떠한 승부에서도 상대에게 반드시 승리하는 철저한 원칙을 가진 무도인 이었다. 무사시의 검술 세계는 '니토류(二刀流), 즉 두개의 검을 가지고 사용하는 검법을 완성하였다. 일본 사무라이의 전통적인 대소쌍검은 허리에 찬 대도와 소도를 사용한다. 대도는 오른손에 소도는 왼손에 들고 대결하면 정 쌍검, 이와 반대로 검을 잡으면 역쌍검이라 한다. 그는 전통적인 형태가 아닌 대도 두개를 사용했는데 그의 자화상을 보면 그것은 대도와 소도의 조합으로 되어 있다. 그러나 자화상속의 검의 조합처럼 니덴이치류(二天一流)가 대도와 소도를 사용하는 것은 아니다. 그의 저서인 《오륜서》'에서도 밝혔듯이 진검대결에서 이왕 죽을 바에는 허리에 차고 있는 검을 전수 사용해야 한다는 그의 실용적인 사고에서 비롯된 것이다.

2. 무도 겨루기의 폭력성

격투(fighting)와 폭력(violence)의 관계에 있어서, '격투'란 어떤 종류의 행위(behavior)를 의미하는 것이고, '폭력'이란 의도적으로 상대자를 해침으로써 도덕적 책임을 져야 할 어떠한 의도적인 현상을 뜻한다. 여기서 규명하고자 하는 의문은 폭력과 격투 사이의 논리적인 연관성이다.

무릇, '모든 격투는 폭력이다.'라든가 반대로 '모든 폭력은 격투다.'라는 등식이 성립될 수 있는 것일까? 격투와 폭력 사이에는 필요한 관계가 있다는 주장과, 그와는 반대로 '선(禪)'이나 동양무도에서 주장하는 '무심(無心)'[72]이 의미 있는 것인지를 살펴보기로 한다.

특수한 경우 어느 특정한 격투 또는 싸움은 폭력이 아니라고 주장한다. 그러나 이렇게 되면 인간은 자신의 행동에 도덕적으로 책임을 지지 않고도 격투를 할 수 있다는 논리가 성립된다. 인간은 자신의 의도적인 행위에 도덕적으로 책임을 져야 한다는 논리와 모순되는 양상을 띠게 된다. 이제, 이런 문제의 해결점을 찾아냄으로써 결론을 내리고자 한다. 여기에서 격투라는 의미는 분명한 신체적 행위로서 관찰자들이 감지할 수 있으며, 그 행위로 인하여 타인에게 타격을 가하거나, 그럴 목적으로 행동하는 것을 의미한다. 따라서 격투란 개인들 간에 상대를 의도적으로 압도하기 위하여 상대의 반응을 예상하며 공격하거나 피하는 물리적 힘의 교환이라고 정의할 수 있다.

또한, 여기에서 사용된 '의도적'이란 말은 행동을 지칭하는 말로 이해되어야

---

[72] 무심(無心)은 아무런 생각 없이 무심하게 길을 지나쳐 버리거나 무심코 꺼낸 이야기가 큰 희망이 되기도 한다. 따라서 감정도 의식도 없는 마음의 상태를 의미하며, 불교에서 허망하게 분별하는 삿된 마음, 미혹한 마음을 여읜 것을 가리켜 무심이라 한다. 부처님을 믿고, 향하여 그 마음에 더러움이 없고, 무심의 가르침을 또한 믿으면 이것이 굳은 믿음이다. 광박엄정경(廣博嚴淨經)은 온갖 그릇된 생각을 떠난 마음 상태, 망념을 떠난 진심(眞心) 그것이 무심이다. 허망하게 분별하는 마음이 마치 그림자 같아서 자성(自性)을 얻을 수 없기에 무심이라 하며 잠시 동안 심식(心識)이 쉬어서 일어나지 못하게 한다 하여 무심이라 한다. 만약 망심(妄心)이 일어나지 않으면 깨달음에 이른다(출처: 다음문화원형백과사전 http://culturedic.daum.net)

할 것이다. 격투를 하는 당사자는 그의 행위(물론, 구두로 하는 행위 또한 포함된다)로 관찰자에게 자신의 의도를 분명히 밝히는 것을 뜻한다. 그 의도는 때로는 하찮은 것일 수도 있다.

격투나 싸움을 행동적인 측면으로만 고려한다면 우리는 '폭력'을 도덕적인 판단이 적용되는 정신적 자세라고 할 수 있을 것이다. 정신적 자세는 도덕적이고 합법적인 학설들이 의식적이며 의도적인 것이라고 정의하고 있다. 그와 같은 관점에 의하면, 내 자신이 하는 행동이 무엇인지 알고 있고 그 행동이 의식 속에서 의도적인 것이라면, 나는 그 행동에 대해 도덕적으로 책임을 져야만 하는 것이고, 반면 하는 행동이 무엇인지 의식하지 못할 경우 그 행동에 대한 도덕적인 책임을 지지 않는 것도 경우에 따라서는 가능한 일이 될 수 있다.

그러나 의식적인 도덕적 행동에 대한 칸트식의 정의에 관해 굳이 공감을 해야 할 필요는 없다. 다만, 인정하고 공감해야 할 것은 도덕적인 책임을 지려는 사람들이 그렇게 주장하는 데는 실제 어떤 근거가 있다는 점이다. 그 근거는 분명히 행동으로 나타나는 것이다. 어떤 사람이 만약 '격투'를 한 후 그에 대한 도덕적인 책임감을 느낀다면 그 사람은 폭력적인 사람이라고 간주될 것이다.

그렇다면 폭력이란 의식적으로 다른 사람으로 하여금 자신이 원하는 행동을 하도록 물리적인 힘을 가하는 것과 연결된 태도라고 할 수 있다. 그런 행동은 때때로 상대에게 해를 입히기도 한다. 여기서 분명히 밝혀 둘 것은, 한 사람이 다른 사람에게 물리적으로 해를 끼칠 수 있는 행위는 여러 가지가 있는데, 그 모든 것을 '격투'라거나 '폭력'이라고는 할 수 없다는 점이다. 만약 내가 기지개를 하려고 두 팔을 들어 올렸다가 우연히 다른 사람을 쳤다면, 그것은 격투나 폭력이라고 할 수 없는 것이다.

위에서 열거한 바와 같이 폭력 행위가 격투에서만 비롯되는 것이 아니라는 정의에 별다른 논란의 여지가 없다면, 우리는 당연히 "그럼 격투는 모든 폭력

행위인가? 아닌가?"하는 의문을 제기하게 된다. 언뜻 보기에는 이 문제도 간단해 보인다. 특히 '격투'에 대한 나름대로의 정의를 내리고 있기 때문에 그렇게 느껴질 것이다. 그러나 우연하게 발생한 행동에 대해 다른 사람들은 그 행위를 의도적으로 받아들이기 때문에, '의도적인 해석의 요소'는 있을 것으로 보인다. 만약 격투에 의도적인 요소가 있고, 폭력이 되기 위해서도 의식적인 요소가 있어야 한다면, 당연히 모든 격투는 폭력이라는 논리가 성립되어야 할 것이다.

　이와 같은 관계가 언뜻 생각하기에는 분명함에도 불구하고, 동양무도는 그것을 부정할 만한 근거를 갖추고 있다. 만약 부정이 되지 않는다 해도 동양무도를 알게 되면 처음 생각했던 것보다는 위와 같은 주장을 자신 있게 할 수 없을 것이다.

3. 동양무도에 대한 서양철학

　서양에서는 동양무도가 깊고 신비한 의미를 가지고 있고 비밀스럽고 초자연적인 수련을 하는 것으로 생각되는 경향이 있다. 한 가지 무도에 능통한 사람은 격투에 능할 뿐만 아니라 그의 제자들에게 종교적 지위를 가지는 정신적 스승으로도 간주된다. 그러나 무도의 역사, 철학, 사상에 관한 글들 중 많은 내용들이 이런 성격을 지나치게 강조하여 혼란스럽고 당혹하게 만들고 있으며, 근거 없는 무도의 신비주의를 조장하여왔다. 이러한 주장들 중 세 가지를 알기 쉽게 검토해서 서양의 철학적 전통과 조화를 이루게 하고자 한다.
　이와 같은 주장들의 진위를 평가하기 보다는 차라리 어떤 주장들이 전개되고 있으며 어떻게 정당화될 수 있는가를 설명할 것이다. 무도에 관한 철학적 문제제기가 인간의 내재적 가치와 신비한 통찰력과의 밀접한 관련으로부터 서양철학과 조화를 이루는 방식으로 논의될 수 있는 보다 공개적인 영역 속으로 끌어오는 것에서부터 시작하기로 하겠다.
　여기에서는 무도에 대한 세 가지 철학적 주장들을 살펴보고자 한다. 즉 무도는 (1) 선하고 도덕적인 성격형성을 증진 시킨다 (2) 비폭력적 태도와 행위를 증진 시킨다 (3) 교화 또는 어떤 종류의 신비한 의식이나 신적인 합일을 이끈다는 주장들이다. 이 주장들은 "무도를 수련하는 목적이 무엇인가?"라는 철학적 물음에 대한 대답과 관련되어 있다.
　논의의 중심을 인간의 신체부위를 이용하여 공격하는 무도에 맞추려고 한다. 이러한 무도들은 나라마다 그 스타일과 이름이 다르다. 중국의 '우슈', 한국의 '태권도', 일본의 '가라데', 오키나와의 '데' 등이다. 어떤 스타일의 옹호자들은 자신들의 스타일이 독립된 별개의 무도라고 주장할 수도 있다. 그러한 주장들을 여기에서 논의하지는 않겠다.

사실, 이것이 무도수련의 가장 기초적이며, 전문지식의 초점이지만 위에서 언급한 주장들에 관해 내리게 될 결론들이 모든 무도에 적용될 것이라고 생각한다.

1) 무도수련을 통한 도덕적 성격형성의 증진

첫 번째 주장은 무도수련이 선하고 도덕적인 성격을 증진시킨다는 것이다. 이 주장은 무도에 대해 공통적으로 이루어지고 있다. 이 주장이 얼마나 설득력 있게 수용되고 있는가 하는 것은 몇몇 무도스타일에서 찾아 볼 수 있다. 즉 검은 띠 획득의 첫째 자격요건은 선한 도덕적 성격을 갖추는 것이다.

선한 도덕적 행위에 부합되는 어떤 행위를 하는 것이 선한 성격의 발달을 증진시킨다고 하는 주장이다. 그러나 이 주장 역시 아리스토텔레스가 도덕성은 이론적으로 배워질 수 있는 것이 아니라고 했기 때문에 완전히 비논리적인 주장은 아니다. 그 대신 선한 사람들 사이에 둘러싸여서 그들처럼 행동하는 것을 학습함으로써 도덕적으로 되는 것을 배울 수 있다. 만약 아리스토텔레스의 견해가 받아들여진다면, 주위에서 교제하는 이들이 선하고, 그 무도수련이 훌륭할 경우 자연히 무도는 선한 성격을 증진시켜 준다는 결론에 도달할 수 있다.

무도수련에 참여한다는 것은 일반적인 말을 통해서가 아닌 무도기술의 훈련에 의한 지도가 요구될 것이다. 그러므로 무도학습의 형태는 아리스토텔레스의 용어로 말하자면, 테오리아(사색 또는 이론)[73]가 아니라 프로세시스(실천적 지혜)이다. 여기에 해당되는 수련 동작은 막기, 치기 또는 그것들을 결합한 연속동작(형)의 신체적 수련뿐만 아니라 둘 또는 그 이상의 사람들의 상호작용이 관련된 수련과정이다.

무도수련이 선한 도덕적 성격을 증진시킨다는 주장을 보다 논리적으로 정당화

---

[73] 테오리아(theōria)란 일반적으로 감각된다는 것은 '보는 것을 의미하나, 철학적으로는 포착할 수 없는 진리의 '관상'이란 의미로 쓰인다. 아리스토텔레스는 인간의 정신활동을 제작(製作)과 실천과 관상으로, 또 학문을 각각 제작적 학문·실천적 학문·관상적 학문(형이상학이나 수학 등)으로 나누고, 관상적 학문을 최고의 가치가 있는 학문이라고 하였고, 인간의 모든 생활형태를 쾌락을 추구하는 향락적 생활, 명예를 추구하는 정치적 생활, 이성(理性)을 움직이게 하는 관상적 생활로 나누고, 인간의 행복이란이 관상적 생활에 있다고 하였다.(출처: 두산백과사전 EnCyber & Encyber.com).

시킬 수 있다. 말하자면 무도수련이 다른 많은 활동들보다는 선한 도덕적 성격을 더욱 증진시켜 주는 경향이 있다는 주장을 뒷받침해 주는 근거가 있다. 즉 겨루기는 일상생활에서 벌어지는 대부분의 상황에서보다 훨씬 더 거친 수련과 자아통제의 실험장을 제공한다. 비록 대부분의 겨루기 규칙들이 허용되는 공격의 종류를 제한하고는 있지만 신체적 고통을 당하는 기회는 흔히 발생한다. 또한 겨루기란 흔히 한 쪽이 다른 쪽보다 더 뛰어난 경쟁적인 상황을 연출하기도 하기 때문이다.

많은 사람들에게 있어서 이런 종류의 경쟁은 다른 게임이나 스포츠에서보다 더 중요하게 여겨지는데 그 이유는 아마도 스스로를 방어하는 능력이 자신의 자존심에 있어서 높은 위치를 차지하기 때문일 것이며, 무도수련은 탁월한 방식으로 자기통제, 용기와 같은 미덕을 증진시킨다.

무도가 선한 성격을 증진시킨다는 데에는 두 번째 의미가 있다. 만약 한 인간의 도덕적 성격은 그의 말에 의해서가 아니라 행동에 의해서 판단되어 진다는 니체의 원칙을 받아들인다면 이 의미는 유의미(有意味)한 평가를 받을지도 모른다. 이 말을 현재의 주제에 적용시켜 보면 잠재적으로 폭력적인 상황에 처한 사람은 그가 어떻게 말하는가 하는 것에 의해서 라기 보다는 '할 수 있음'의 강한 의미에서 그가 어떻게 행동하며 행동할 수 있는가에 의해 평가되어진다는 것이다.

2) 무도수련을 통한 비폭력적 태도의 증진

무도수련이 비폭력적인 태도와 행위를 증진시킨다는 주장에 대한 정당화는 경험적이기도 하고 이론적이기도 하다. 우선 경험적 측면에서 이 주장이 옳음을 지적해 보고자 한다. 그동안의 무도경험을 통해 알 수 있듯이 고도로 능숙한 경지에 도달한 무도인은 호전적인 경향을 띠지 않는다는 것을 많이 보아왔다. 그러나 경험적인 관찰이 이 주장을 정당화 시키는 것에는 다소의 무리가 있다. 왜냐하면 많은 사범들이 호전적인 학생들을 승급이나 승단심사에서 승급시키지 않거나 극단적인 경우는 그들의 존재를 인정해 주지 않기 때문이다.

그러므로 무도의 전통은 비호전적인 수련자들만을 고도로 능숙한 경지에 도달하게 하는 것인지도 모른다. 이런 점에서 무도는 수련이라기보다는 그 무도의 수련자들이 비폭력적인 경향이 있음을 확인하는 승급의 기준일 수도 있으며, 반면 다른 형태의 격투는 그렇지 않을 수 있다. 비록 그렇다 할지라도 이 주장은 다소의 경험적 정당성을 지니고 있다.

무도수련은 비폭력적 태도와 행동을 조장하며 호전적인 성향을 순화시키는 경향이 있다. 그럼에도 불구하고 만약 우리가 말한 것이 이 비폭력의 주장에 대한 정당화의 전부라면 무도에 관한 독특한 특징이 없을 것이다. 왜냐하면 비호전적 성향의 사람들과의 교제가 그 미덕을 조장하는 범위에서만 무도수련이 비폭력을 조장할 것이기 때문이다.

그러나 이 경험적 정당화 이외에 무도를 한다는 것과 비폭력적 태도와 행위를 취하는 것 사이에는 보다 본질적이고 이론적인 연관성이 있다. 우선 수련자가 상당한 격투능력을 획득하게 되면 싸움에서 이길 수 있다는 자신의 능력에 대한 결과적인 신념으로 인하여 스스로의 능력을 시험하고자 하는 호전적인 태도와 동기를 제거하게 된다. 더구나 그 결과적으로 생기는 자기 확신은 공격을 받을 기회를 감소시키며 폭력적 상황에 처하게 될 가능성도 감소시킨다. 이러한 특징들이 모든 형태의 무도수련에 공통된 목표일 것이다.

또한 무도의 수련기술들은 싸움이 목표일 필요가 없는 격투에 대한 신중한 태도를 만들어 준다. 이 신중한 태도는 단계별로 싸움의 기술을 수련함으로써 얻어진다. 초보자는 기초적인 기술의 연습에 많은 시간을 할애한다. 이 연습과 개인적 수련의 종합은 무도수련자가 겨루기에서의 자신의 행위를 보다 잘 의식하게 해준다. 특히 자기반성의 시간은 훈련의 속도를 가속화 시키며 이 가속화로 말미암아 민첩하게 움직이는 상황 속에서의 자신의 행위에 대해 잘 생각할 수 있게 한다.

이 요소들 역시 어느 정도는 무도 및 다른 형태의 격투기술에 공통된 것이다.

이제 무도가 다른 종류의 격투와 어떻게 다른지는 분명해졌다. 모든 종류의 격투가 어느 정도는 이와 같은 주장을 정당화시키는 속성들을 가지고 있다. 하지만 여러 무도 종목간의 두드러진 차이는 격투기술 이외의 다른 요인에 의한 것일 수도 있지만, 다른 종류의 격투연습의 결과는 보통 격투기술에만 국한된다. 그렇다면 훌륭한 격투기술과 예술적 쾌락을 동시에 얻을 수 있는 방식의 싸움에 대한 관심을 유도함으로써 무도가 비폭력적인 태도와 행동을 조장할 수 있도록 하는 것이 바람직할 것이다.

3) 무도수련을 통한 교화 또는 신비한 의식

세 번째 주장은 무도수련이 종교적 언어와 신비한 의식 때문에 명백히 하기가 어렵다. 무도수련을 하면 어떤 종교적 체험을 하게 된다는 말이 다양한 종교적 용어로 주장되고 있지만 종교적 언어를 분석하는 중책을 떠맡을 생각은 없다. 다만 종교적 체험은 우주 또는 우주의 원리(신)를 스스로 지각하고 있다는 것을 믿는 바로 그것이라는 것을 말하려 한다. 따라서 무도와 종교적 체험간의 관계를 설명하려고 한다.

무도와 선불교는 강력한 역사적 연관성이 있음을 아울러 주목할 필요가 있다. 이 연관성에 대해서는 많은 고찰과 전설들이 있다. 예를 들면 일본의 무사들은 선의 열성적인 추종자들이며, 그들의 검술이 선에 의해 결과적으로 도움을 받았다고 생각했다. 선에서는 잠시 멈추고 자신의 행동에 대해 깊이 생각해서는 안 되며, 흐르듯이 한 행동에서 다음 행동으로 넘어가는 것을 강조한다. 선 수련과 격투에 임하는 사람들에게는 잠시 멈추어서 상황에 대해 추론적으로 생각하는 것은 바람직하지 않다. 왜냐하면 그렇게 하면 치명적일 수도 있는 머뭇거림을 초래하게 될 것이기 때문이다.

또한 무도에서 흔히 추구되고 있는 선의 상태 또는 선의 한 국면이 사마디[74]가 될 수 있으며, 이를 통해 교화[75]된다. 이 상태는 주관과 객관이라는 이원(二元)의 최종 상태 또는 종합이거나, 무의식의 상태로 묘사될 수 있다. 확실히 사마디는 교화와 밀접한 관련을 맺고 있는데 이는 상황 사이를 흘러가는 능력이 주관과 객관의 구별의 종결에 달려 있기 때문이다. 그러므로 사토리는 사마디의 상태를 동반하는 정신적 상태라고 말할 수 있다.

그러나 사토리에 대한 선적 견해를 교화라고 한다면, 무도수련을 통해 이 정신적 상태에 도달하는 것은 격투기술 이상의 어떤 것을 부여하는 것이다. 사토리의 획득은 여전히 격투능력을 보유하고 있으면서도 무도수련을 통해 어떤 예술적 능력을 획득하는 것과 훨씬 더 유사하다. 말하자면 형에서의 능력과 마찬가지로 사토리는 격투에 있어 유용하지만 이 유용성보다는 다른 중요성을 가지고 있는 것으로 보인다.

한편 선에서의 사마디와 같은 종류의 체험들을 서술하듯이 서양철학의 여러 주장들에 대해 주목해 보자. 물론, 창조주와 피조물의 구별뿐만 아니라 주관과 객관의 차별에 대한 초월과 신과의 합일 또는 사고와 행동의 세계를 논하는 서양의 오랜 신비한 전통이 있다. 서로 다른 종교적 전통들 간의 비교가 흥미 있지만 서양의 전통은 흔히 선만큼이나 이해하기가 쉽지 않다.

---

74) 사마디(三摩地/三昧)란 마음을 하나의 대상에 집중하여 전혀 동요가 없는 상태를 일컫는 말을 의미한다. 즉 적정한 상태에 들어감으로써 진리를 체득하는 것으로, 선정(禪定)과 같은 뜻이다. 산스크리트 '사마디'의 의역으로서 마음의 활동·정신작용을 의미하지만, 일반적으로는 삼학(三學戒·定·慧)의 하나, 또한 실천덕목으로서의 8정도(八正道), 5근(五根), 5력(五力) 중의 하나로 열거된다. 육바라밀(六波羅蜜) 중의 정바라밀(淨波羅蜜)은 산스크리트 '디아나(靜慮)'의 역어로 약간의 차이는 있으나 '선정'으로 함께 사용되었다. 《성유식론요의등(成唯識論了義燈)》에서는 7종으로 분류하고 있는데, ① 등인(等引):필요 이상으로 흥분·절망하는 상태를 떠나 신심을 안정시키는 것, ② 등지(等持):마음을 항상 한 대상에 집결하여 활동시키는 것, ③ 등지(等至):정(靜)의 힘으로 도달한 신심안정의 상태, ④ 정려(靜慮):마음의 안정과 지혜에 기초한 올바른 관찰이 병행하여 일어나는 것, ⑤ 심일경성(心一境性):마음이 하나의 경지에 안주하여 있는 상태, ⑥ 지(止):마음이 하나의 경지에 안주하여 동요가 전혀 없게 된 상태, ⑦ 현법락주(現法樂住):정(靜)을 닦음에 따라 일체의 망상을 떠나 현실 생활 중에 심신이 안정된 법락의 상태에 들어가는 것을 설명하고 있다.(출처: 두산백과사전 EnCyber & Encyber.com).

75) 교화란 교도감화(敎導感化)의 준말로서 가르쳐 이끔, 사람을 일깨워 고통 받는 자를 편안히 하고 의심하는 자를 믿게 하고 잘못을 저지르는 사람을 바른 길로 돌아가게 함을 말한다. 법화경 방편품에 '여러 부처님께서는 다만 보살이 되도록 가르칠 뿐이다'라고 했듯이 중생을 가르쳐 악에서 선으로 이끌어 주는 것, 즉 불법에 귀의시키는 것이다(출처 : 다음문화원형백과사전).

동양무도의 <실천철학>과 <가치>

　데카르트 같은 철학자를 생각해 보면 더욱 명료해질 것이다. 〈방법서설〉76)에서 데카르트는 자연과학에서 진리에 도달하는 방법을 제시하고 있다. 그 과정에서 과학적 주장들과 논의들은 가장 단순한 부분들로 분해하고, 각 부분을 면밀히 조사하고, 그 다음 이러한 부분들이 그 주장이나 논쟁 안에서 어떻게 결합되어 있는가를 주의 깊게 고찰하는 것이다. 데카르트는 그의 제4규칙에서 "세목(稅目)을 완전하게 하고 조사를 보편적으로 해서 어떤 것도 생략하지 않았음을 내가 확신하게끔"하는 필요를 강조한다.

　데카르트가 제안하는 자연과학적 지식의 이상은 직관인데 그 직관 안에서 분석상의 명료성이 획득되는 동시에 보편적인 시각이 획득된다는 것이다. 예를 들어 피타고라스 정의를 생각해 보자. 직관은 주어진 시간에 획득된다는 것이다. 또한 주어진 시간에 한 단계에만 집중함으로써 증명법은 한 단계씩 배우게 된다. 그러나 이 학습과정의 최종 결과와 목표는 그 증명의 단계들을 능숙하게 분석하는 능력이 아니라 전체적인 정의를 하나의 전체로서 볼 수 있는 전체증명에 대한 종합적 직관인 것이다.

　따라서 무도에서도 격투의 기술들과 형의 동작들은 한 단계씩 배우게 되며, 그런 다음 단일 동작들과 동작들의 양상에 대한 인식이 상실되진 않았지만 싸움 또는 형이 하나의 전체로서 행해지고 생각되어지는 식으로 종합되어지는 것이다. 수학자가 피타고라스 정의를 전체로서 생각하지만 필요하다면 어떤

---

76) 방법서설(方法序說)은 데카르트가 자신의 철학 전체를 처음으로 세상에 공표한 저서로서 원제는 《이성(理性)을 올바르게 이끌어, 여러 가지 학문에서 진리를 구하기 위한 방법의 서설》이다. 그는 1628년에 자기 사상의 완성을 위하여 네덜란드로 이주하여 자연 연구에 몰두하여 전자연학(全自然學)을 포괄하는 '우주론(宇宙論)'을 준비하였다. 그러나 1633년에 갈릴레이의 지동설(地動說)에 대한 위법(違法) 판결이 내려져 지동설을 주요 내용으로 한 이 책의 간행을 단념하게 되었다. 이후 친구들의 요청과 구고(舊稿)에서 물의를 일으킬 만한 부분을 생략하고, 〈굴절광학〉〈기상학〉〈기하학(이것이 해석기하학의 최초 형태)〉의 세 시론(試論)을 한 권의 책으로 묶어 공간(公刊)하였다. '방법서설'은 이들 세 논문의 서설(序說)로서 맨 마지막에 쓴 것이다. 이 저서는 데카르트 자신의 학문적 생애를 이야기한다는 형식을 취하여 학문연구의 방법과 형이상학·자연학의 개요를 논술한 것이다. 결국 기성권위에 의하지 않고 자신의 두뇌로써 사물을 사고하기 위해서는 어떠한 방법을 좇아야 하는가를 스스로 탐구해 온 저자의 정신역사를 솔직하게 논술하였다. 이 방법에서 인도되어 소위 방법적 회의(懷疑)에 이른 끝에 "나는 생각한다, 고로 나는 존재한다"라는 증명인식에 도달한다(출처: 브리태니커 백과사전)

특정단계에 맞는 이유를 상기해 내듯, 무도인은 전체적 방식으로 지각하고 행동하지만 필요한 경우에(예를 들어, 지도를 위한 목적으로) 자신의 지각과 행동을 각각의 구성요소로 분석할 수 있다.

데카르트적 자연과학과 무도는 각 구성단계의 연습 또는 반복을 강조한다. 양자의 노력은 전체적 개관의 주체적 분석을 통해서 얻어진다. 데카르트에 의하면 분석적 명료성이 자연과학적 진리의 종합적 지각 속에서 상실되지 않는다. 따라서 무도에서도 각각의 요소들이 고립되지 않고 인식되어지는 전체적 개관이 추구된다. 이 전체적 개관이 사마디의 상태이다. 그러므로 이 짧은 설명은 선의 목표인 의식과 데카르트주의의 목표인 의식이 주제와 접근방법의 명백한 차이에도 불구하고 동일할지도 모른다는 것을 시사한다.

그러므로 무도수련의 몰입이 어떤 신비하거나 신성한 의식으로 이끈다고 하는 주장을 보다 명료하고 평범한 말로 표현할 수도 있다. 이러한 상태들의 신비스런 혹은 종교적인 중요성은 그것들이 어떤 가치와 의미를 지니고 있다고 판단되느냐 하는 데서 기인한다.

더구나 앞에서 시사했듯이 만일 이것이 어떻게 일어나는지에 대한 일반적인 설명이 가능하다면 이 설명은 모두 다 무도에 적용될 수 있을 것이다. 무도가 이런 상태들과 어떤 현저한 연관성을 가지고 있다는 주장은 대략 살펴본 선 위에서 평가되어질 수 있다. 형의 수련, 집중 및 초점 강조, 겨루기 상황의 인지능력 습득은 결국 무도의 특징적인 수련과 기술들이다. 즉 무도수련의 과정이 다른 활동들을 행하는 것보다 더욱 선의 상태로 도달하게 하는 경향이 있는가에 주목해야 한다.

무도의 탁월성은 사건들이 어떠한 과정을 통하여 형성되고, 하나의 새로운 전체적 개관 또는 지각양식을 이루기 위해 어떻게 종합되는 가에 기인할 것이다. 따라서 무도의 철학에서 공통적으로 이루어지는 세 가지 주장들을 고찰해 보았고 공개적으로 이해될 수 있도록 시도하였으며 정당화되는 방법을 보여 주고자 노력하였다.

4. 무도의 평화주의

흔히 잘못된 인식으로 인해 상반된 개념으로 다루어지고 있는 두 분야, 즉 동양무도와 평화주의 사이에는 긍정적인 면에서 뚜렷한 관련성이 있다는 사실부터 먼저 밝히고자 한다. 더불어 거의 맹목적인 평화주의자들까지 포함하는 모든 도덕주의자들도 무도를 익혀야 할 의무가 있다고 언급한 바 있다.

이와 같이 오래 전부터 내려오는 관습적인 사고방식에 의해 동양무도를 익히는 수련자들의 의식 속에는 폭력에 대한 긍정적인 관념이 내재해 있다고 믿고 있기 때문이다. 이에 도덕적인 면에서도 그와 같은 수련과정을 몸소 경험하는 것이 의미 있는 일이라고 주장한 바 있다.

1) 무도의 도덕성과 평화주의

격투기 또는 무도를 익힐 것인가 또는 일반적인 상황에서나 어떤 특수한 상황에서 격투(格鬪)를 해야 할 것인지의 판단 여부는 도덕적인 문제라는 점에서는 이견(異見)의 여지가 없을 것이다. 어떤 조치를 취해야 할 급박한 상황에 처했을 때, 당사자는 어떤 행동이 자신의 의사에 합당한 것인지를 충분히 생각할 겨를도 없이 순간적으로 결정을 내려야만 한다.

따라서 격투에 대한 결정은 당사자에게 예기치 않았던 상황이나 기대하지 않았던 결과를 가져오기도 하는 것이다. 이런 점으로 미루어 볼 때 모든 사람은 어느 순간에 자기를 보호하기 위하여 싸워야만 한다면 그 도덕적인 책임을 져야 할 것이다. 모든 인간에게는 일상생활에서 상대방의 물리적인 힘과 맞서야 하는 가능성이 항상 존재하고 있기 때문에 이 같은 문제가 제기된다.

여기에서 우리는 격투의 의미를 좀 더 자세히 살펴보기로 하자. 일반적으로 '격투'라고 하는 의미는 어떠한 방법으로든 상대를 제압할 의사가 있는 개인들이 서로 상대에게 물리적인 힘을 직접적으로 가하는 상황을 말한다. 따라서 내가 만약 격투를 하기로 결정했다면 상대가 나와 똑같은 행위를 가하기로 결심한 상황을 뜻한다. 죽은 사람에게 폭력을 가했다면 그것은 격투나 싸움이라고 할 수 없고, 격투할 의사도 없는 행위이다.

그러나 잠든 사람을 때렸다면 그것은 격투할 의사가 있다고 봐야 할 것이다. 잠든 사람이 깨어나 물리적으로 대항해 올 수 있기 때문이다. 하지만 잠든 상대가 대항할 의사를 밝히지 않는다는 점을 잊어서는 안 된다. 따라서 대항할 의사를 밝히지 않은 상대와의 격투는 일방적인 폭력으로 밖에 볼 수 없을 것이다.

넓은 의미로 생각하면, 전쟁과 같은 집단적인 폭력도 격투의 범주에 넣을 수 있으나 여기에서는 개인적인 폭력이나 격투만을 다루기로 한다. 개인적인 격투에서 인간이 취할 수 있는 도덕적인 입장은 여러 가지가 될 수 있을 것이다. 먼저 규정지을 수 있는 것이 평화주의자와 비평화주의자의 규범으로 나눌 수 있다.

극단적 평화주의자는 살아 있는 미물이나 생명에 해를 끼칠 수 있는 행위나 폭력의 행사뿐만 아니라, 이의 유발을 예방할 수 있는 행동을 기피하는 태도까지도 도덕적으로 잘못이라고 주장하고 있고, 또 다른 한쪽에서는 어떤 경우에는 인간이 심각한 부상을 당하더라도 격투나 싸움이 정당화될 수 있다는 견해를 피력하고 있다.

(1) 무도수련의 도덕적 근거

모든 인간은 도덕적 책임감을 갖고 있는 한 격투가 정당화될 수 있다고 생각하는 측과, 어떤 경우에도 격투는 정당화될 수 없다고 믿는 측으로 나누고자 한다. 여기에서 후자의 관점을 우리는 "절대 평화주의"라고 한다. 조나단

그로버는 도덕적 이념을 지닌 절대 평화주의자들의 정의를 "어떠한 이유나 어떠한 결과가 비롯된다 하더라도 인간에게는 다른 인간을 해칠 권리가 없다고 믿는 사람들"이라고 규정하고 있다.

격투는 항상 죽음이나 치명적인 부상이 따를 가능성이 있으므로 '절대 평화주의'를 논하는 것은 지나친 가상이라고 생각할 수 없을 것이다. 따라서 발생할 가능성이 있는 어떤 상황에서는 싸워야만 한다고 믿는 사람들의 예를 살펴보기로 하자. 이럴 경우, 이들은 무도를 수련해야 하는 도덕적 근거를 두 가지로 설명하고 있다.

(2) 무도수련을 통한 도덕적 책임감과 의무감

그 첫 번째 근거는 경계심에서 기인된다. 조심성이나 경계심이 도덕적으로 가치가 있는 것이라면, 그것은 타인의 폭력으로부터 자신을 보호하는 한 가지 방법이 되기 때문이다. 사실, 경계심이 미덕이냐 하는 문제에 대해서는 많은 사람이 이론(異論)을 제기하고 있으나 경계심을 자기방어의 한 방법으로 간주할 때 분명히 미덕이라고 생각한다. 인간은 자신에게 의존하는 존재들의 요구를 충족시켜 주어야 하는 책임감이 있는 동시에 자신의 요구와 욕구를 책임져야 하는 의무도 있는 것이다.

이런 점을 미루어 생각할 때 인간은 그 무엇 또는 누구보다도 자신에게 주어진 문제들 즉 호흡을 한다거나 안전을 유지하는 등의 기본적인 문제를 먼저 해결할 수 있는 생존권 확보의 특전이 있으며, 다른 도덕적인 요소보다 자신의 보호를 위해 보다 많은 노력을 경주하는 일이 타당치 못하다고 단정할 수는 없을 것이다. 이와 같은 이유로 해서 우리는 자기보호를 위한 경계심을 도덕적으로 모자람이 없는 미덕이라고 주장하는 것이다.

뿐만 아니라 도덕적인 견지에서 자신의 문제에만 특별히 비중을 둔다는 것

동양 무도수련의 <가치>

이 바람직한 일이 못된다고 생각할지 모르나 그렇다 할지라도 다른 문제에 소요되는 만큼의 노력을 자신에게 부여할 권리는 있는 것이다. 여기서 한걸음 더 나아가 자신의 문제를 먼저 해결할 특전을 인정한다면 자신의 해야 할 일에 보다 많은 양의 시간을 할애한다는 것이 부당하다고 할 수 만은 없을 것이다.

두 번째 근거는 자기와의 약속에 바탕을 두게 된다. 자신에 대한 평가는 어떤 행위나 동작에 의존해야 한다는 주장은 수많은 학자들에 의해 거듭 강조되어 왔다. 즉 어떤 사람이 "나는 내 배우자를 죽일 수 없소"라고 말했다고 하자. 이럴 때, 그 사람은 그렇게 말한 행위를 자신에게 다짐하는 것이다. 절대 평화주의자가 아닌 사람이 "나는 어쩔 수 없는 상황에서 싸울 수밖에 없을 것이고, 그와 같은 상황은 일어날 것이다"라고 말했다면, 그 사람은 자신과 무엇을 약속한 것일까? 물론 그 사람은 장래에 발생할지도 모르는 어떤 상황에서 어떤 행위를 하겠다는 사실을 자신에게 다짐(또는 위임)하고 있는 것이다.

이 경우 결정적인 의문은 그 사람이 그와 같은 상황에서 효과적인 행동을 할 수 있는 구체적인 대책을 세우고 있느냐 하는 것이다. 즉 그 사람은 보다 잘 싸울 수 있도록 격투기술을 배웠거나 배울 것을 계획하고 있느냐가 중요한 문제이다. 우리는 자신의 행위에 도덕적 책임을 질 줄 아는 사람이라면 자신의 행위의 효과를 높이기 위한 방법을 익혀야 한다고 생각한다.

몇 가지 일상적인 예를 살펴보도록 하자. 어떤 사람이 "나는 수영하는 법을 알아야만 해. 그런데 나는 수영을 할 줄 모르고 배울 계획을 세우지도 않고 있어"라고 말했다면 우리는 그 사람의 진위를 의심할 것이다. 다른 예로 어떤 사람이 마라톤 대회에 참가하겠다면서 전혀 뛰어 본 경험도 없는데다가 연습도 하지 않는다면 우리는 그 사람의 진의를 의심하거나 아니면 지적 수준을 의심하게 될 것이다. 위의 두 가지 예로 미루어 볼 때 사람이 자신과 무엇인가를 약속했다면 그 목표를 이루기 위해선 그에 따른 준비과정인 적절한 수련이 필요함을 확인하였을 것이다.

만약 무도수련이 목표의 달성에 도움이 된다면 절대 평화주의자가 아닌 사람들은 도덕적인 책임감의 측면에서도 무도수련이 절대적으로 필요할 것이다. 이러한 경우 무도를 수련하는 사람에게 무엇보다 필요한 것은 도덕적인 책임감이다. 따라서 무도를 배우는 사람에게는 다른 필요조건도 있겠지만 가장 중요한 것은 역시 도덕적인 의무감이어야 할 것이다.

(3) 무도수련과 평화주의자

절대 평화주의자들의 경우를 생각해 보기로 하자. 그들은 어떤 상황 아래서도 싸우는 것이 옳지 않다는 결정을 내리고 있다. 따라서 그들은 어떤 행위가 아닌 자제력에 자신을 맡기고 있다고 할 수 있을 것이다. 하지만 그와 같은 자제력을 일으키게 하는 데에는 또 다른 동기도 있을 수 있다. 이중에서도 가장 뚜렷하게 부각되고 널리 통용되는 동기는 싸우는 것을 두려워하는 사람들에게서 찾아볼 수 있을 것이다.

즉 자신들이 두려워하는 걸 부끄럽게 여기고 있기 때문에 자신과 타인들을 설득할 수 있는 적당한 이유를 찾게 된다는 데서 비롯된다. 이런 사람들은 나아가 자신의 행위를 고도의 도덕적인 행위로 간주하기에 이르며, 직접 싸우는 사람들보다 더욱 용기 있는 사람으로 간주되길 원하기도 한다.

그러나 옆에서 보는 사람들은 싸우는 상대가 한 쪽은 100kg이 넘는 체격조건을 갖추고 있고, 한 쪽은 50kg도 채 안 되는 약한 체격일 경우 후자가 절대 평화주의자라고 자처한다고 해서 그것을 도덕적인 행위라고 순수하게 받아들이기는 힘들 것이다. 마찬가지로 같은 평화주의자라 할지라도 받아들이는 태도는 분명히 다를 것이다. 이런 논리로 미루어 볼 때 인간들이 자신들의 약점이나 실패를 장점이나 승리로 가장하기는 어렵지 않은 일이므로, 그와 같은 오해를 피하기 위해서라도 절대 평화주의자들도 무도를 수련해야 한다고 주장하는 것이다.

만약 싸움에 대한 공포 때문이 아니라 도덕적인 이유로 인해 싸우지 않아야 한다고 생각하는 사람이라면 그 사람은 당연히 자신이 도덕적으로 인간답게 행동할 수 있는 방법을 찾아야 할 의무가 있는 것이다. 만약 격투기술을 잘 익히고 있는 사람이라면 그의 평화주의자로서의 행위가 설득력이 있는 것이며, 그가 싸움을 피한다 할지라도 자신이나 타인들이 두려움에 의한 치졸한 행동이라고 여기지는 않을 것이다.

이런 주장은 좀 더 간단하게도 설명될 수 있다. 만약 도덕적인 근거 때문에 다른 쪽 뺨을 내놓아야 한다고 생각했을 때 당사자는 격투기술을 익히고 있느냐의 여부에 따라 뺨을 내놓는 마음의 자세가 달라질 것이다. 격투기술을 익히지 않은 사람의 경우는 도덕적인 관점에서가 아니라 오로지 자신을 방어하는 가장 현명한 방법으로 아무런 저항 없이 뺨을 맞을 것이다.

그러나 만약 무도를 다년간 수련하고 격투기술을 익히고 있으면서도 싸우지 않는다면 그야말로 절대 평화주의를 실천하고 있다는 데 별다른 의심이 없을 것이다. 싸우는 것과 싸우지 않는 것은 실제적으로 반대 효과를 가져 오게 된다. 물론, 무도를 수련한다는 것은 절대 평화주의자들이 특권처럼 기피할 수 있었던 어떤 행위, 즉 폭력 행위와 연결된다는 점에서 반론이 제기될 수 있다. 그러나 그렇게 되면 무도를 수련해야만 한다는 도덕적 욕구와는 모순된 주장이 되는 것이다.

그와 같은 찬반론은 무도를 수련한다는 것과 폭력 사이에 어떤 연관성이 있다는 데에서만 성립할 수 있다. 이 점에 대해 우리는 이제부터 적어도 동양무도에는 그런 요소가 없다는 주장을 하고자 한다. 따라서 만약 절대 평화주의자가 되는 것과 무도를 수련하는 것이 모순되는 일이 아니라면 절대 평화주

동양무도의 <실천철학>과 <가치>

자도 무도를 수련해야 하는 당연한 도덕적 의무를 지니게 된다. 똑같은 예를 조직폭력이나 전쟁에서 찾아볼 수 있다.

한 국가가 자국의 방어책을 알면서도 그와 같은 방어책을 사용하지 않기로 결정했다면 자국을 수비할 능력이 없는 나라보다 강력한 평화주의의 의지를 보여 주는 것이다. 뿐만 아니라 조직폭력에 반대하는 입장에 처해 있을 때도 싸우는 방법을 알고 있는 사람은 그렇지 못한 편보다 강력한 도덕적 근거를 유지할 수 있게 된다.

그러나 후자의 경우는 특별한 경우에 속할 때가 있다. 그들의 당연한 도덕적 임무는 외적 상황에 의해 지배당할 수도 있다. 즉 현대전에 있어서 전술을 익히는 단 한 가지 방법은 군대에 들어가 실제적으로 익히는 방법밖에 없는 것이 좋은 예이다. 우리는 참전한 일이 있는 제대 군인들이 평화주의를 주장할 때 군에 가 본 적이 없는 사람들이 같은 주장을 하는 것보다 진지하게 받아들이는 경향이 있다는 것을 잊어서는 안 될 것이다.

2) 동양 무도수련과 평화주의

동양무도가 평화주의자들에게 적합한 것이라고 주장하는 데에는 두 가지 근거가 있다. 첫째, 공격적이고 격렬한 무도수련을 통해 인간 내면에 내재한 공격성을 순화시킬 수 있다는 점과, 둘째, 수련자는 원하기만 한다면 어떠한 상황에서도 독립된 정신 상태를 유지할 수 있다는 점이다.

이와 더불어 우리는 동양무도의 특성 중의 하나가 비폭력적인 자세와 행위를 유발하게 한다는 점을 강조하고자 한다. 여기에서의 비폭력이란 비공격적이란 뜻으로 절대 평화주의자나 모든 폭력적인 행위나 태도로 부터의 자제력과는 거리가 있다고 보아야 할 것이다. 승화되고 순화될 수 있는 주된 원인은 첫째, 자신을 방어할 줄 아는 데서만 나올 수 있는 자신감과 동양무도가 격투로서 뿐만 아니라 그에 못지않게 이상적인 자세나 체형으로 나타나는 예술적 경지가 있다. 따라서 무도를 익힌 사람은 어떤 특수한 상황에서 싸우는 게 정당하다고 느끼고 그렇게 행하지만 공격적인 의도는 갖지 않을 수 있다.

인간이 성자(saint)가 아닌 이상 그 어떤 평화주의자라도 공격적인 충동을 받게 될 때가 있을 것이다. 이럴 경우 자제력을 증가시키고 공격적인 충동을 감소시키는 데 동양무도의 수련이 매우 효과적이라고 생각된다. 대부분은 그런 상황자신에서 공격적인 충동을 묵살하거나 충동이 일어날 만한 상황을 피하는 방법을 선택하고 있다.

따라서 평화주의자들은 자신의 본성을 일방적으로 억제하는 것보다 직접 마주쳐서 솔직하고 올바른 방법으로 대처하는 게 바람직하지 않을까 생각해 본다.

(1) 무심, 무아의 경지

여기에서 생각해야 할 점은 폭력과 연관된 행위를 피하기로 결정하고 있는 절대 평화주의자들도 동양무도를 수련하는 과정에서 폭력과 연관된 행위를 해야만 하느냐의 문제이다. 이 점에 있어 먼저 유의할 점은 동양무도의 수련과정은 매스컴에 의해 대중에게 알려진 것만큼 폭력적이지 않다는 점이다. 하지만 수련에 사용되는 용어가 폭력 행위를 나타내는 것도 사실이다. '머리 차기', '주먹 지르기', '조르기', '꺾기', '메치기' 등이 그런 예이다. 따라서 어떻게 생각하면 절대 평화주의자들은 폭력이 난무하는 투기장에 들어가는 것 같아 보일 것이다.

그러나 누구나 폭력을 주제로 한 영화를 보기 싫으면 거부할 수 있듯이 무도의 수련과정에서도 적어도 폭력적 행동을 거부할 수 있다. 그렇다 할지라도 평화주의자들도 인간이기 때문에 폭력의 충동을 느낄 때가 있을 것이다. 그것을 동양무도의 수련 과정에서는 자신의 폭력에 대한 본능적 욕구를 피하지 않고 맞서서

극기하는 방법으로 초월하게 한다.

여기에서 다시 한 번 강조해 두고 싶은 것은 동양무도의 수련과정에서는 수련자가 폭력과는 무관한 상태에 있을 수 있으며, '무심(無心)'의 경지에 이르면 어떤 정신적인 초월감에 이른다고 주장한다. 여기에서도 아직 남아 있을지 모르는 회의(懷疑)에 대해 살펴보기로 한다.

동양무도의 수련은 폭력적인 충동으로부터 정신적으로 격리될 수 있고 승화될 수 있다고 주장하고 있음에도 불구하고, 절대 평화주의자들은 그와 같은 행위가 일반적으로 알려져 있는 폭력과의 연관성을 배제한다고 쉽사리 믿으려 들지는 않을 것이다. '무심'의 경지에 이른다는 것은 수련자가 무아(無我)의 경지에 이른다는 것을 뜻한다.

무심의 경지에 이른 사람의 상태는 눈앞에 있는 적을 알아보지 못하고 승리나 패배나 용기나 공포의 감정을 잊게 되며, 복수나 야망이나 공격적인 욕망 같은 잘못된 생각들이 뇌리에서 사라지게 된다. 그의 영혼은 그 어느 곳에서도 멈추지 않고 자유롭게 흐르게 되며, 자신을 자신의 몸의 움직임에 맡기게 된다. 이와 같은 무심 또는 무아의 경지는 어떤 계획된 과정에 의해서 야기되는 것이 아니라 동양무도의 수련 과정에서 얻어질 수 있는 것이다.

이와 같은 무심의 경지는 최영의의 정의와 오래 전부터 내려오는 전통적인 정의와 아주 잘 부합된다. 전통적인 정의는, 스즈키의 정의에 의하면, 불경의 내용 중 무심, 또는 무아의 경지란 삶과 죽음, 선과 악, 존재와 부재 등 인생의 모든 이원성(dualism)을 초월한 경지에 이른다는 뜻이다. 그와 같은 상태는 무의식의 개념과 일치한다고 볼 수 있다.

철학적 의미의 이러한 정신적 상태는 어디서부터 비롯되는지 모르는 '힘'을 자신에게 무제한 공급해 주며, 그 힘을 의식하지 못하는 사이에 의식이 있는 모든 것을 압도할 만한 위력을 발휘하게 된다. 즉 무심의 경지에 이른 당사자는 의식적인 면에서 본다면 거의 어떤 자동의 상태(automation)에 이르러 있으며, 당사자는 무의식 속의 의식 또는 의식 속의 무의식 상태에 있다고 할 수 있다.

이와 같은 무심의 정신적 상태는 동양무도의 수련과정이 없이도 간헐적으로 현실화될 수 있을 때도 있다. 그러나 일본 무사들의 경우 그들은 선에 달관하고 있으면서도 끊임없이 수련을 해왔다는 것을 알아야 할 것이다. 스즈키도 폭력적인 상황에 있어서 무심의 경지를 얻는 데에는 동양무도의 수련이 필요한 조건이라고 말하고 있다.

(2) 훈련에서 수련으로

선에 대한 많은 이야기들과 선의 경험은 무심의 경지에 이르는 데 도움이 된다는 것을 추정할 수 있다. 여기서 연구하고 주장하고자 하는 것은 무심의 경지는 절대 평화주의자에게도 있을 수 있는 공격적인 욕구를 제거하게 되며, 동양무도의 수련과정을 통해 얻어진다는 점이다. 이 주장은 역설적인 의미를 지니고 있다. 이와 같은 관점은 직업적인 무사들이나 무도의 고단자들에 의해 증명된다. 그들의 주장에 의하면 싸움에 들어갔을 때 그들은 숙달된 동작에 의해 움직였을 뿐 공격적인 욕구는 없었다고 확언하고 있기 때문이다.

무심과 연관성이 있는 이 같은 주장의 근거는 다음과 같다. 무도는 수련자들이 격투기술을 배우기 위해서 전형적인 방법으로 수련을 시작하게 된다. 그리고 수련자는 미래의 언젠가에 싸울 상황에 대처하기 위해 자신에게 다짐하게 된다. 그 수련자가 익히고 있는 수련방법이 성공적인 것이라면 수련자는 어느 순간 의식적인 반응에 의해서가 아니라 일정한 방법으로 무의식적으로 반응을 일으켜 싸우게 된다. 그것은 마치 이미 있었던 본능을 제거해 버리고 수련으로 인해 새로운 본능이 몸속에 자리매김한 것으로 느껴지는 현상이다.

동양무도의 <실천철학>과 <가치>

　따라서 무심의 경지에서 이런 사람들은 정작 싸움을 한다 해도 공격적 욕구나 승부욕 또는 의도적인 행위가 없는 것이다. 그는 단지 무도의 수련과정에서 익힌 동작을 주어진 상황에 맞도록 반사적으로 구사하는 것뿐이다. 하지만 위에서 열거한 상태가 무심의 효과에 의해서라면 동양무도의 수련에 의한 행위로 자신에게나 공격적인 의사를 제거하려는 평화주의자들에게는 불만스러울 수도 있을 것이다. 그는 무도를 수련하기에 앞서 자신의 의사에 따라 어떤 상황에서는 싸울 수도 있다는 도덕적인 결정을 내렸기 때문이다. 평화주의자들은 어떤 상황에서 자신이 의식의 방향과는 관계없이 '싸우는 기계'(fighting machine)로 변하는 게 도덕적으로 지탄받을 상황이 될 수도 있다고 판단할 것이다.

　무사들은 싸움에 들어가서는 승패에 그다지 신경을 쓰지 않을지 모르나 그들은 평소에 끊임없는 수련을 하여 자신이 승리할 수 있는 확률을 극대화하고 있다는 것을 알 수 있다. 무사는 가장 효과적이고 능률적인 격투기술을 익히며, 그에 대한 결과는 승패로 판가름을 받게 되는 것이다. 따라서 무도의 고단자는 공격적 욕구와 폭력과는 완전히 무관하다는 주장을 엄밀히 말해 약간의 과장이나 오해가 있다고 말할 수밖에 없다. 그렇다 할지라도 무심의 경지에 이르기 위해서는 절대 평화주의자들에게 동양무도의 수련을 권장할 근거는 충분한 것이다.

　즉 무심의 경지에서 싸우게 되었을 때 당사자는 싸우지 않았다고 말할 수 있는 요소가 성립된다. 이런 경우를 생각해 보자. 어떤 사람이 테러리스트들에 의해 포로로 잡혔다가 비행기에서 군중이 운집한 위에 본의 아니게 내던져졌고, 그 결과로 그 곳에서 세 사람이 죽었다고 하자. 이럴 경우 그 사람에 의해서 세 사람이 죽었다고 말할 수 있을 것이다. 그럴 의사가 없다 하더라도 그 사람에 의해 세 사람이 죽었기 때문이다. 그렇다고 해서 그 사람에게 책임을 물을 수는 없을 것이다. 이와 같은 논리에 의해 동양무도를 수련하는 경우

싸움이 만약 반사적인 행동에 불과하다면 다른 사람들이 보기엔 싸움일지라도 본인은 싸우지 않았다고 말할 수 있을 것이다.

그러나 이런 논리는 불완전한 요소가 있다. 왜냐하면 무사들은 적어도 어느 순간에 대비하기 위해 끊임없이 무도를 수련한다. 즉 무력의 행위를 익히고 있기 때문이다. 따라서 그들은 자신들의 결정에 대해 도덕적인 책임을 져야 할 것이다. 텐다이 사원(Tendai Monastery)과 주변 지역의 2만 명을 몰살한 오다 노부나가는 이런 주장을 한 일이 있다. "이 사원을 파괴한 것은 내가 한 짓이 아니다. 이 사원의 파괴자는 이 사원 자체다." 그러나 이 말은 어떤 의미에서든 수긍하기 어려운 법이다. 스즈키도 이 점을 인정하고 있다.

> "비록 그들(무사들)은 능동적으로 그들이 폭력적인 전문 기술을 발휘할 자극을 받지는 않았다 하더라도 그들에게 어떤 이유가 주어졌을 때 수동적일지라도 그들을 지배하고 있는 것은 전문적인 기술일 것이다. 도덕적으로도 선은 어떤 사태가 벌어졌을 때 뒤를 돌아보지 않도록 가르치는 종교적인 것이기 때문에……."

이렇게 선은 도덕성과는 관계없는 종교적인 의미가 부각되어 있다. 따라서 여기에선 도덕적인 사고(moral consideration)가 무시되거나 적어도 강조되지 않고 있다. 한 걸음 더 나아가 행위자는 자신의 행위나 결정에 대해 도덕적인 책임을 질 필요조차 없다고 까지 주장하고 있다.

살인을 하는 것은 그 무심 상태에 있는 무사가 아니라, 칼 그 자체이다. 그는 그 누구도 해칠 의사를 지니고 있지 않으나 적이 출현하여 그로 하여금 가해자가 되게 한 것이다. 그의 칼은 거의 자동적으로 정의(justice)의 기능을 발휘한 것이며, 그것이 자비의 기능이라고도 할 수 있을 것이다.

이것은 한 마디로 부도덕하기 짝이 없는 궤변의 본보기이다. 이렇게 이따금 잘못 이용되고 해석되기도 하지만 그래도 무심의 경지에는 절대 평화주의자들의 주목을 끌기에 충분한 요소들이 있다. 인간 자체의 정신적인 현상이라고 할 수 있는 무심의 경지는 지각할 수 있는 행위와는 무관한 것이다.

　폭력으로부터 자신을 격리시키는 방법을 찾고 있는 절대 평화주의자에게는 이 경지에서 비롯되는 행위에 대해 숙고해 볼 필요가 있다. 더욱이 무도수련 과정에 있어서 자제와 무심의 경지는 양립할 수 없는 것이다. 무사는 단순히 싸우는 기계가 아니다. 그들의 폭력적인 반사작용은 어떤 종류의 자극에 의해 유발되는 것이다. 그 자제력은 무도의 수련에 의해 얻어지는 결과라고 일반적으로 알려지고 있다.

(3) 자제력으로 무심의 경지까지

　무심의 경지와 자제력 사이에는 관계가 논리적으로 분명히 무엇이라고 꼬집어 말하기는 어렵지만 수련과정을 제외하고는 양립할 수 없다고 분명히 말하기가 어렵다. 동양무도의 수련은 경험에 의해 일반화된다는 평가에는 변함이 없다. 절대 평화주의자들이 무도를 수련해야하는 이유는 일반적인 수련자들의 수련의도와는 다른 점이 있다. 승리하기 위해 싸우거나 수련하는 게 아니고, 능숙한 기능을 연마하기 위해 수련하는 것이다. 뿐만 아니라 그들은 자신들의 본성 중에서 폭력적인 요소와 직면하여 그것을 해결하려 하는 것이다.

　또한 폭력이 난무하는 상황에서도 분(격)리 될 수 있는 정신자세는 평화주의에 근거를 두지 않고서도 자신의 행동과 도덕적인 결정을 내릴 기회를 주게 된다. 물론 어느 상황이냐에 따라서 당사자를 정신적으로 분리시키는 방법은 다를 수도 있지만 폭력의 와중에서는 그 무엇도 무도의 수련보다 효과가 클 수는 없다. 현대사회에서는 평화주의자들도 필수적으로 폭력과 관련이 있는 환경에 처하게 되기 마련이다.

　따라서 폭력이 있는 환경에서 자제력을 증진시키는 제도야말로 절대 평화주의자가 배워야만 하는 것이다. 이런 이유로 해서 절대 평화주의를 신봉하는 사람이 동양무도를 수련한다는 행위가 조금도 모순된 것이 아님을 알 수 있었을 뿐만 아니라 절대 평화주의자는 그와 같은 수련을 통해 폭력의 충동으로부터 자신을 순화(sublimate), 또는 정신적 격리 상태를 만들 수 있다.

이와 같은 결과로 미루어 볼 때 절대적인 도덕적 임무를 지닌 절대 평화주의자들은 동양무도를 익혀야 한다는 주장의 타당성이 입증되는 것이다. 한 가지 유의해야 할 점은 여기에서 관찰하고 소개한 종류의 수련방법은 소위 동양무도도장이라 자처하는 모든 도장에서 실시하는 수련법이 아니라 전통적인 방법에 큰 비중을 둔 수련법을 이야기 하는 것이다.

3) 동양무도의 평화주의

무도인들은 평화주의자 또는 일반적인 사람들도 싸우는 방법인 격투기술을 익혀야 한다고 주장한다. 이와 같은 결론의 중요성은 무엇일까? 그것은 절대적인 도덕적 임무를 실제로 행하기란 누구에게도 쉬운 일이 아니라는 데서 비롯된다. 먼저 두 가지 측면으로 살펴 볼 수 있다.

첫째, 절대적인 도덕적 의무는 찾아내야만 하는 선이 있다. 그것과 비교되는 더 큰 선이 없는 한 찾아내야만 한다. 이와 같이 선을 추구하지 못하는 이유를 열거하기란 어려운 일이 아니다. 그러나 어떠한 이유도 폭력을 정당화시킬 수 없다. 나아가 무도수련의 도덕적 의무의 다른 측면은 건강의 유지, 다른 사람들의 보호, 자제력의 발휘, 정의를 행할 수 있는 능력, 신의와 예의 등과 일치할 수 있는지를 살펴보아야 할 것이다.

이 같은 여러 가지 요소들 중에서 어느 것이 인간의 생활에 어떤 역할을 하는지 진지하게 그 비중을 측정해 보아야 할 것이다. 여기에서 밝혀 둘 것은 그렇다고 해서 의무적으로 일생 동안 동양무도를 수련해야 한다고 주장하는 것은 아니라는 점이다.
 둘째, 어떤 종류의 무도가 논의의 대상이 되는가 하는 의문을 가질 수 있다. 의문은 도덕적 책임을 지닌 평화주의자가 그 소임을 다하기 위해 총잡이가 되어야 하는가 아니면 전투기 조종사가 되어야 하는가 하는 의문과 같은 것이다. 이 같은 의문은 이 문제에 대한 간접 증명법에 의한 해답을 줄 것이라고 생각하는 사람들이 많을지 모르나 그렇게 생각하지는 않는다. 어떤 종류의 무도수련이 중요한지는 기법상의 문제 또는 그 사회에서의 싸움의 성향에 따른 문제일 뿐이다. 맨손 격투기는 총 또는 활 같은 무기 앞에선 별다른 쓸모가 없다.
 그러나 논의의 초점은 도덕적 책임감을 지니고 있는 평화주의자가 현실 가능성이 많은 상황에서 공격적인 욕구로부터 자신을 지킬 수 있을지 없을지의 여부에 관한 것이다. 이런 임무를 수행하는 데 있어서 총기의 전문가가 될 필요는 없다. 무도의 수련에 열중함으로써 무도를 배우고자 하는 도덕적 의무는 만족스럽게 이행되기 때문이다.
 그렇다 할지라도 한 가지 강조해 두어야 할 것은 동양무도는 어떤 종류의 싸움에서도 통용된다는 점이다. 격투기의 기본은 아직까지도 맨손무술이기 때문이다. 이와 더불어 현대사회에 있어서 조직적인 폭력 사태나 전쟁을 제외하면 무기를 지니지 않은 싸움은 늘어가는 추세를 보이고 있다는 것도 생각해 볼만한 사실이며, 이에 따라 무기를 사용하지 않은 무도수련이 더욱 필요해지고 있다는 점도 간과해서는 안 된다.
 이런 이유들로 말미암아 우리는 이제껏 논의해 온 도덕적 책임감을 불합리한 것이나 하찮은 게 아니라고 주장하는 것이며, 더불어 이에 따른 어느 특정한 무도는 사회나 개인이 처한 상황에 따라 사용의 필요 혹은 불필요가 결정된다는 점도 밝혀 두고 싶다. 여기에서 결론적으로 말하고 싶은 것은 어떤 상황이나 어떤 경우를 막론하고 무도를 수련 하는 것은 도덕적으로 중요한 임무라는 점이다.

연구문제

　흔히 동서양의 철학적 견해에 대하여 설명할 때 우리는 주저 없이 동양의 철학은 '심신일원론'으로 설명하고 있으며, 서양의 철학은 '심신이원론'을 주장한다. 그리고 무도는 스포츠와 구별되는 그 무엇이 존재하고 있다고 설명한다. 하지만 몸과 마음의 관계는 눈으로 볼 수 있는 것이 아니며, 과학적인 수치로 설명하기가 어려운 점이 있다고 해도 과언이 아닐 것이라 생각된다.

　이것은 무도수련의 내면에 내재한 정신적 문제 또는 형이상학적인 「도道」를 설명하는 과정에서 인간에 의해 만들어진 용어로 표현한다는 것 자체가 어려울 수 있다. 특히 현대 스포츠와 동양무도에 대한 차이점을 논의한다는 것은 어려움이 있다.

　이와 같은 문제의식은 동양무도의 〈실천철학〉과 〈가치〉의 문제에서 비롯된다. 동양무도는 신체(身體)의 수행을 통해 인간이 추구하고자하는 정신적 세계관을 형성하는 과정의 집합체이다. 따라서 동양무도의 수련은 기계적인 동작의 연속성을 중요시하는 것이 아니라 동작 하나하나가 곧 인간의 삶이요 철학인 것이다. 이러한 동작들은 인간의 생명을 위협하고 해칠 수 있는 기술이기 때문에 정신적인 요소가 강조되지 않으면 안 된다.

　따라서 여러분들은 제2부의 동양무도의 〈실천철학〉이 어떠한 철학적 사상을 토대로 형성되고 있으며, 가치 지향적으로 무엇인가를 고민한 적이 있는가? 또한 여러분들은 무도수련을 통해 무엇을 얻고자 하였는가? 단지 주어진 현실이기 때문에 무의미할 수 있는 계속적이고 반복적인 수련을 하고 있지는 않는가?

하지만 여러분들은 제2부를 통해 무도수련의 내면에 내재한 다양한 철학적 지식을 습득하고, 그 진정한 가치를 발견하였을 것이다. 철학이란 의미가 '지혜'를 사랑하는 것으로부터 출발한다는 사실을 알고 있는가라는 질문을 통해 무도철학의 심오한 경지 즉 여러분들이 수련과정에서 체험하고 끊임없는 물음과 화두를 통해 자기성찰을 이루는 일련의 과정이다. 따라서 본 연구 문제를 깊이 있게 생각하여 여러분의 인생철학을 형성하여야 할 것이다.

1. 무도란 무엇인가?
2. 무도수련을 통한 윤리관의 형성 과정에 대하여 어떠한 지론을 가지고 있는가?
3. 현대 무도가 사회적 지향가치에 미치는 영향에 대하여 어떠한 지론을 가지고 있는가?
4. 현대 무도의 사회성 함양의 과정에 대하여 어떠한 지론을 가지고 있는가?
5. 무도와 스포츠의 차이점은 무엇인가?
6. 현대 무도의 종목별 지식체계에 대하여 어떠한 지론을 가지고 있는가?
7. 무도수련을 통한 인격형성 과정에 대하여 어떠한 지론을 가지고 있는가?
8. 무도스포츠의 겨루기에 대한 미적 특성과 가치에 대하여 어떠한 지론을 가지고 있는가?
9. 무도수련을 통한 폭력성의 정화과정에 대하여 어떠한 지론을 가지고 있는가?
10. 현대 무도가 지향하는 방향성에 대하여 어떠한 지론을 가지고 있는가?

이상과 같은 질문과 연구 문제를 통해 여러분들은 동양무도의 철학적 기초를 형성할 수 있을 것이다. 더 나아가 여러분의 인생철학에 중요한 지표가 될 수 있을 것이다. 앞에서 제시한 바와 같이 철학은 끊임없는 사고의 결과를 통해 형성되며, 왜 또는 무엇 때문에 그러한 현상이 일어나는가에 대한 물음과 자신의 성찰을 통해 자아를 바람직한 방향으로 형성할 수 있을 것이다.

참고문헌

김대식, 김영환(1986). 체육철학, 나남출판사.
_____, 장주호, 김지학(1973). 현대인을 위한 신체적성운동, 보신문화사.
_____(1973). 체육철학, 보신문화사.
_____(1974). 태권도단급과 동작시간의 관련성에 관한 연구, 한국체육학회지, 제9호.
_____(1974). Relationship of Movement Time to Different Ranks of Tae Kwon Doists, 한국체육학회지, 제9호.
_____, 김광성(1985). 세계로 뻗는 국기태권도, 나남출판사.
_____, 김광성(1987). 태권도지도이론, 나남출판사.
김정행, 최종삼, 김창우 역(2002). 무도론, 교학연구사.
Kim Daeshik and Tom W., Leland, *Karate*(Dubuque, Iowa, Wm. C. Brown Company Publishers, 1978), pp.5-6.
Kim Daeshik and K. S., Shin, Judo(Dubuque, Iowa, Wm. C. Brown Company Publishers, 1979).
Kim Daeshik, Tae Kwon Do : Brief History of Tae Kwon Do and Korea Third Tae Kwon Do World Championship(September 1977).
Kim Daeshik and Allan Back, "Martial Arts in Physical Education Program." *U.S. Tae Kwon Do Journal* Vol. 1, #2(Spring 1981), pp.20-21.
Kim Daeshik and Richard B. Goldgar, "Athletics & Presonal Development in Tae Kwon Do." *U.S. Tae Kwon Do Journal and Martial Arts Research Quarterly,* Vol. #1(Fall 1981), pp.6-7.
Kim Daeshik and Richard B. Goldgar, "The History and Philosophy of the Tae Kwon Do A New Olympic Sport." A paper read at the Martial Art Institute, Austin, Texas, December 12, 1981.

제3부
동양무도의 〈실천사상〉

제1장 **합기도의 신체지**
    1. 대동류 유술의 <절차탁마> / 189
    2. 합기론 / 193

제2장 **검도의 신체지**
    1. 오륜서의 독행도란? / 196
    2. 하찌(8)단, 무박자의 검 / 198

제3장 **유도의 신체지**
    1. 술과 도란? / 200
    2. 술에서 도로 변천한 유도 / 201

제4장 **공수도의 신체지**
    1. 색즉시공 · 공즉시색이란? / 204
    2. 극진의 길이란? / 205

제5장 **동양무도의 〈심법지침서〉의 의미와 시사점** / 207

    연구문제 / 209
    참고문헌 / 211

서언

동양무도는 신체움직임이라는 터전에서 사상을 낳았고, 「술術」이라는 곳에서 「도道」를 승화시켰다. 이러한 〈실천신체사상(實踐身體思想)〉의 「도」는 하루아침에 완성된 것이 아니다. 기나긴 세월 속에서 다양한 체험을 통해 개개인에게 전래되어 오늘날의 찬란한 문화로 꽃을 피어온 것이다.

그러나 오늘날의 각종 「무武」를 수련하는 무도인들의 〈신체기법(身體技法)〉은 내부가 텅 비어있고 공허하다. 현시대의 무도인들은 자기 자신의 「무」에 대한 신체수련의 의무를 다하지도 않으면서 가장 높은 단계에 있는 신체지(身體知)의 깨우침에 들어서려 한다. 이는 분명 잘못된 방법이다. 자기 자신의 육체에 있어서 가장 기초적인 수련을 확고히 습득하고 나서야 보다 높은 수준으로 올라가야 한다.

즉 신체가 없는 관념은 신체가 없는 정신만을 양산할 뿐이다. 이러한 「무武」에 있어서 신체의 「술術」을 극한에 까지 끌어 올리지 못하면 신체지(身體知)에 깨우침을 얻을 수 없을 뿐만 아니라 진정한 「무」의 이치와 사상을 터득하기는 매우 어려울 것이다. 동양사상의 정신적인 기반이 「무」의 수행에 의해서 완성되었다는 것은 부인할 수 없는 사실이다. 이러한 「무」는 무도인들에게 어떠한 영향을 주었을까?

그렇다면 「무武」의 신체지(身體知)를 알아볼 필요가 있다. 위에서 언급한 내용과 관련하여 동양무도에 나타나는 「행行」과 「지知」의 신체사상에 관한 선행연구를 살펴보면 다음과 같이 내용을 확인할 수 있다.

중국 명대의 유학자 왕양명(王陽明)의 지행합일설(知行合一說)은 「지知」는 「행行」의 바탕이고, 「행」은 「지」의 발현이라는 〈실천신체사상(實踐身體思想)〉이다. 즉 동양무도는 이 지행합일을 중시하여 지식을 위한 지식을 경시하였는데, 이는 지식은 근본적인 목적이 아니라 지혜를 얻는 수단으로 여겼다는 것을 의미한다. 동양무도에 있어서 강조되는 덕목은 의·용·인·예·성·명예(義·勇·仁·禮·誠·名譽) 등이 있다. 즉 무도인들의 「무武」에 있어 끊임없는 추진력의 바탕은 바로 무도이며, 그것은 명예·겸손, 그리고 무덕(武德)의 유산이기에 이를 불멸의 교훈으로 삼았다. 이러한 무도인들의 「무」의 수행이 없이는 도저히 이루어 질수 없는 것이다(송일훈, 이황규, 2005).

그렇다면 「술術」과 「도道」의 「무武」에 대한 수련도 이와 마찬가지라고 할 수 있다. 즉 「술」과 「도」를 통한 「무」의 신체지(身體知)를 깨닫기 위해서는 무도인들의 신체에 관한 올바른 마음가짐에 대한 자세를 갖추고 예의범절을 지키는 것이 매우 중요하다. 항상 자기 자신의 삶을 반성하고, 신체수련을 게을리 하지 않는 무도인들만이 「행行」과 「지知」의 깨우침을 터득할 수 있다.

또한 신체와 마음이 하나가 될 때, 신무(神武)의 경지에 도달할 수 있다는 것이다. 이것이 바로 「술術」과 「도道」를 통한 「무武」의 신체지(身體知)라고 할 수 있다. 즉 「무」의 신체지에 보이는 지행합일(知行合一)은 화살 「시矢」자에 입 「구口」자를 합치면 알 「지知」(矢+口=知)자가 된다. 이처럼 이는 '앎'이란 '깨달음'을 상징하는 행위였다.

그리고 동양무도의 모든 기본이 신체의 「술術」로부터 시작되고 출발한다는 신체사상은 장자의 사상과 같다.77) 「도道」만을 입으로 부르짖는 신체가 없는 관념은 신체가 없는 정신만의 것이 되고 만다. 즉 신체의 「술」을 극한에 까지 끌어 올리지 못하면 「도」에 들어 갈 수가 없다. 최상위의 「도」에 대한 경지는 신체의 「술」이 마음과 일치되어 무위의 경지에 이르러서야 완성된다는 것이다. 이를 바탕으로 하여 동양무도의 각종 무도에 보이는 신체사상을 살펴보면

---

77) 이진수 기철학(氣哲學)의 이기론(理氣論) 중에 마음은 닦을 수 있는가? 관한 제목의 한국체육사상사(韓國體育思想史)에서 마음은 몸의 주가 되며 하나이지 둘이 아니라는 내용과 함께 결코 둘이 아닌 하나인데, 하나인 마음이 다른 마음을 본다는 것은 논리적(論理的)으로 맞지 않아 마음을 둘로 나누면 폐단이 생기게 된다. 그렇다면 여기서 나는 누구인가? 몸인가, 마음인가! 에 대한 메시지(message)가 있다(이진수, 2001).

다음과 같다.

즉 동양무도78)는 신체수련에 있어 수련자들에게 신체의 마음가짐을 강조한다. 무도란 무술을 배우는 수련생들의 수행을 통해 그들의 도덕성을 높이고 삶의 질을 향상시키는 것이다. 이를 위해서는 신체수련에 앞서서 올바른 마음가짐이 매우 중요하다. 항상 자기 자신의 삶을 반성하고 신체수련을 게을리 하지 않는 무도인들만이 무도 수행에 있어 「도道」를 체득할 수 있다는 것이다.

또한 무도인들이 「무武」를 수련하여 신체와 마음이 하나가 될 때, 우리는 직통(直通)의 경지에 도달할 수 있으며, 「무」의 「도」는 저절로 완성된다.79) 이것이 바로 동양무도의 〈실천신체사상(實踐身體思想)〉인 것이다. 이를 언급하기 위해 일본무도를 대표하는 합기도(合氣道)·검도(劍道)·유도(柔道)·공수도(空手道) 등의 창시자들이 필역한 「무」에 대한 신체지(身體知)에 관한 부분을 이 장에서 상세히 서술할 것이다.

---

78) 일본무도의 전서(傳書)에 관한 내용을 살펴보면 다음과 같다. 즉 부동심(不動心)이나 무주심(無住心), 공(空)의 마음(心)과 같은 불교적(佛敎的) 표현이 많았다. 특히 유술의 문서에는 기(氣), 화(和), 유(柔), 음양(陰陽), 강유(剛柔)등의 유교적(儒敎的) 표현이 많이 보인다. 이것은 무도가 생명을 담보로 하는 투쟁의 기술에서 출발하여 승부의 세계를 초월하려는 마음의 탐구로 이어졌기 때문에 불교의 생사관(生死觀)이나 유교(儒敎)의 대자연 융합(融合)의 도(道)가 접목된 것이다(김정행 외, 1997).

79) 일본의 무도는 구전이라는 전습방법에 의해서 전수되었는데, 이는 게이코(稽古)를 통해 가타(型)를 익히는 과정을 거쳤다. 이러한 전습된 과정의 정도에 따라 세부적으로는 단급제도와 아울러 포괄적인 의미로는 수파리(守破離)라는 독특한 수련 체계를 만들어 오늘날에 이르고 있다. 즉 게이코(稽古)는 가타(型)를 한없이 이어지는 연속된 형태라고 말하고 있는데, 이를 살펴보면 다음과 같다. 수련하는 내 제자는 자신을 버리고 가타(型)를 중심으로 반복적으로 수련하여 신체로 체득한다. 이는 일본 무도의 본질이며, 궁극적인 목적인 도로 귀결하기 위함이다. 이렇게 도에 이르고자 하는 가타(型)의 수련은 수파리(守破離)라고 하는 무형의 큰 상자의 틀 안에서 엄격한 순서를 가지고 수행하여야 할 것이다.

제1장 합기도의 신체지

1. 대동류 유술의 〈절차탁마〉

　근대 대동류유술(大東流柔術)[80]을 세상에 알린 인물은 중흥의 선조 다께다 소오가꾸(武田惣角, 1859~1943[81])이며, 합기도(合氣道)의 변천사는 우에시바 모리헤이(植芝盛平, 1883~1969[82])의 『대동류유술(大東流柔術)』, 『대동류합기유술(大東流合氣柔術)』, 『대동류합기무도(大東流合氣武道)』, 『합기무도(合氣武道)』, 『합기도(合氣道)』에 의해서 재정립되어 오늘에 이르고 있다.
　합기도(合氣道)의 근원인 ≪대동류유술계백십팔조(大東流柔術計百十八條)≫

---

80) 대동류유술(大東流柔術)의 기술들은 부드러움으로 강함을 제압하는 원·류·화 원리로 구성되어 있다.

81) 다께다 소오가꾸(武田惣角:)는 1859년 10월 10일 출생하여 유년시절 대동류, 스모, 창술, 검술을 배웠고, 1869년 오노하 잇토류(小野派 一刀流), 1873년 동경의 진심영류신 하라기길 도장의 직속제자로서 입문하면서 검, 봉, 창, 반궁 등의 무예 십팔기를 배운다. 1876년 9월 다께다 소오가꾸의 형이 사망하여 가문을 이어받고, 1877년 9월 무사수행의 길을 떠나 1879년 무사수행을 끝마치고 큐슈에 돌아온다. 또한 1903년 지도자의 생활과 경찰 부장 등을 역임하였으며, 1915년 합기도 창시자 우에시바 모리헤이가 입문하여 1922년 대동류118개조를 수료한다. 아야베의 우에시바 학원에서 근본교의 신자 및 해군사관들에게 5개월 간 대동류유술을 지도한다. 특히 1931년 3월~4월 우에시바의 황무관(皇武館)도장에서 대동류합기유술을 지도하고 1943년에 사망하였다.

82) 우에시바 모리헤이(植芝盛平)는 1883년 12월 14일 출생하였으며, 7살부터 중국고전을 공부하고, 1901년 기토류, 고류유술과 검술을 수련하였다. 20세는 군 복무를 하였으며, 1912년 일본 정부의 북해도 프로젝트에 의해 새로운 삶을 살게 되었다. 1915년 대동류유술의 계승인 다께다 소오가꾸가 북해도 지역에서 대동류를 수련 하였으며, 수련 중 1919년 부친의 위독하다는 소식을 전해 듣고, 다께다 소오가꾸에게 비전목록인 대동류유술118개조의 수료증을 받고 고향으로 귀환하였으나 부친은 이미 사망하였고, 1924년 중국유학을 하였으며, 1925년 창술과 자신만의 독특한 훈련법, 정신순환의 신체단련으로 훈련을 거듭했고, 대동류유술의 기술의 원리와 창술원리, 검술원리와 불교의 사상으로 합기무도 기술을 정립하였다. 1931년 4월 합기도 전문 도장인 황무관(皇武館)을 개관하였다. 특히 가노우 지고로우는 우에시바 모리헤이 기술을 보고 이것이 무도의 신무(神武) 경지라고 감탄하고 그의 제자들을 입문시켰다. 한편 1942년 이와마라는 도시에서 야외도장을 설치하여 마음과 기술이 한 단계(短計) 올라갈 수 있는 계기를 마련했다. 1948년 전쟁이 끝나고 미군 통치본부는 모든 무도의 종류를 금지하였으나 합기도만은 평화적 추구에 중점 두었기에 제외하였으며, 황무관(皇武館)은 합기회(合氣會)로 명칭이 바뀌고 아들 우에시바 기쇼마루(植芝吉祥丸)가 운영하게 된다. 1959년 합기도가 일반인들에게 뿌리를 내리고 우에시바 모리헤이는 미국 방송에도 출현하고 그의 명성은 세계인들에게 알려졌다. 1960년에는 합기도 창시의 공적으로 자수포장을 수상하고, 1964년 훈4등 욱일소수장을 수상 1969년 4월 26일 사망하였다.

의 수행 심법을 살펴보면 다음과 같은 가르침을 찾을 수 있다. "대동류유술기술(大東流柔術技術)들을 열심히 수행하고, 옛것을 상고하기를 나태함이 없이 한다면 승리를 쟁취할 수 있는 조건이 될 것이요. 지금 본 목록서에 따라서 의심 없이 서로 비전의 기술들을 전수하고 절차탁마(切磋琢磨)의 조건상에서 심법(心法)을 이기는 기술이 서로 합치되는 여건이다."83)

여기서 원래 원문(原文)은 여절여차여탁여마(如切如磋如琢如磨)로서 이는 ≪논어(論語)≫의 〈학이편(學而篇)〉과 ≪시경(詩經)≫의 〈위풍편(衛風篇)〉에서 나오는 문장이다. 이 문장은 수행에 수양을 쌓음을 뜻하고 있으며, 기예 따위를 힘써 갈고 닦음을 비유로서 제시하고 있다84). 여기서 말하고 있는 요지는 ≪비전계백십팔조대동류(秘傳計百十八條大東流)≫ 기술의 '절차탁마(切磋琢磨)'라고 할 수 있다.85)

한편 ≪대동류유술(大東流柔術)≫ 합기(合氣)의 "심법(心法)"을 저술한 다께다 소오가꾸(武田惣角)의 문하생 해군대장 타께시타 이사무(竹下勇: 1870~1949)의 『神武의 道(神武の道)』86)라는 서적이 있는데, 이를 살펴보면 다음과 같다.

---

83) "大東流柔術熱心不淺稽古無解怠勝利之働之有依今般本目錄令相傳候不疑心切磋琢磨之上心勝之術可相叶候仍如件"

84) 子貢曰貧而無諂富而無驕何如子曰可也未若貧而樂富而好禮者也子貢曰詩云如切如磋如琢如磨其斯之謂與子曰賜也始可與言詩已矣告諸往而知來者.

85) 『切磋琢磨』, 古い中国の書物「詩経 (しきょう) 」の中に西周から春秋時代にかけて'衛 (えい) の国を治めた武王 (ぶおう) をほめた詩があります' 彼 (か) の淇 (き) の川の奥贍 (くまみ) れば　緑の竹は猗猗 (いい) たり 有 (げ) にも匪 (あざや) かなる君子は 切 (せつ) する如く磋 (さ) する如く 琢 (たく) する如く磨 (ま) する如く 瑟 (しつ) たり? (かん) たり 赫 (かく) たりかんたり 有 (げ) にも匪 (あざや) かなる君子は 終 (つい) にわするべからず 切磋琢磨とはそれぞれ材料を加工する作業の事を表しています」「切」とは骨を加工する時の作業 「磋」とは象牙 (ぞうげ) を加工する時の作業 「琢」とは玉 (ぎょく) を加工する時の作業 「磨」とは石を加工する時の作業 これらを加工する作業というのは大変手間のかかるものであり' また' 丁寧にやらなければなりません° このことから' 勉強したり道徳に励んで人間を成長させることや' 友達どうし競い合い励まし合って自分をみがくことを「切磋琢磨」という様になりました° ちなみに「論語 (ろんご) 」の中で孔子 (こうし) もこの言葉について弟子と語っています.

86) 合気の心を説いたものとして' 武田惣角の門弟で' 海軍大将だった竹下勇に「神武の道」という文章がある° 「元来' 人間は天地の気をうけて生れ' 天地を貫いて生き通すものである' すなわち天地と人間とは' もと一物である° この気が人の呼吸に従って鼻口より入って体中をめぐり' 体中の気' 体外の気渾然としてその間

'원래 인간은 천지(天地)의 「기^氣」를 받고 태어나 다시 자연으로 돌아간다.' 이는 자연과 인간이 화합하는 동시에 천지와 인간은 하나의 우주법칙에 의해 합일된다는 내용을 담고 있다. 즉 「기」는 살아 있는 생명력이고 합기(合氣)는 몸의 교본이라고 할 수 있다. 이로 인하여 몸의 올바른 자세는 곧 대동류유술(大東流柔術)을 수련하는데 큰 도움을 주고 있다.

요컨대 대동류유술(大東流柔術)을 열심히 수련하여 정상에 이를 때, 비로소 무박자(無拍子) 진수의 경지에 이르게 된다는 것이요. 이 무박자(無拍子)의 진수를 체득하면 「기^氣」를 조절할 수 있으며, 이때에 어떠한 상대와 대적하더라도 싸움에서 승리를 쟁취할 수 있다는 것이다. 끝으로 대동류유술의 ≪합기심법(合氣心法)≫[87]을 살펴보면 다음과 같다.

1. 대동류유술의 합기(合氣) 핵심기법은 적을 완전히 자기 영역에 들이는 것이요.
2. 자신이 원하는 대로 공격받지 않는 안전한 위치에 설 수 있는 것이라.
3. 적이 전진하면 들어가 적을 대적하고, 적이 물러서려 하면 그대로 보내라.
4. 적을 약하게 하고자 한다면 기선을 잡아 과감하게 공격해라.
5. 수많은 창(創)으로 둘러 싸였을 때에는 자신의 마음을 방패로 이용해라.
6. 지배하는 검(劍)은 천의 자세로 취하고 신속히 들어가 치고 빠지면 무엇이든 벤다.

に区別のないものとなる。体の教といって正しい姿勢 正しい呼吸の修養から始めて修養の功を積んでゆくと、武道の方では無拍子の伝という境地が会得される。この無拍子の真髄を体得すれば分離の術が自ら自在になる。武道は剣でも槍でもその勝負は合離の二つにある。合とは あい気で陰 離とは合気をはなす陽 而して合も離も一に帰す」と.

87) 合氣의 이론과 실천을 살펴보자. 合氣는 실천과 이론을 한 脈으로 보고 있다. 그러므로 실천(테크네) 속에 이론(테오리아)이 존재하고, 이론 속에 실천이 존재하는 동시에 같이 공존한다. 合氣의 이론은 우주만물의 명칭들을 가지고 사용하는데, 이들 기법의 명칭은 天地, 四方, 呼吸, 合氣, 小手, 回轉, 地, 기법 등이 있다. 이렇듯 이론은 우주만물의 명칭들을 붙여 사용하고 있다. 이러한 이론에 대해 실천의 몸짓으로 설명해 보자. 즉 천지기법이라는 기술은 하늘과 땅을 빗댄 이론에서 실천이 나오는데, 각각의 손들은 땅(地)과 하늘(天)을 향하여 상대방을 던지게 되어 있고, 이 실천을 天地技法이라고 한다. 이미 천지라는 이론 속에 실천이라는 몸짓의 움직임이 자리 잡고 있는 것이 陰陽의 調和이다. 그래서 어떠한 것이 우선이 될 수 없다. 이는 동양의 사상은 실천과 이론이 우주만물과 一脈相通하는 법칙에 기본바탕을 두고 있다(송일훈, 2005).

7. 앞뒤가 적들에게 장창으로 둘러싸였을 때 적의 무기를 자신의 방패로 삼고 베어 들어가 승리를 쟁취하라.
8. 수많은 검(劍)과 맞닥뜨렸을 때에는 공격을 유도하라.
9. 상대의 마음을 방패로 이용하여 상대를 공격하라.
10. 한 무리의 적들이 나를 둘러싸고 공격할 때 그들을 한 명의 적이라고 생각하고 싸움에 임하라.
11. 앞의 적이 나를 보며 검(劍)을 들어 치려하나 그때 즈음 나는 이미 그의 뒤에 선다.
12. 상대의 검(劍)에 눈을 고정시킨들 무슨 소용이 있겠느냐 바로 상대의 손을 보면 어디를 치는 것을 알 수 있고, 흐트러진 상대로 하여금 내가 유도하는 쪽으로 치게 하여 그의 뒤로 빠져서 반격하라.
13. 중단에서 상대의 마음을 곧장 중심으로 옮기고 동작 시점을 적의 주먹에 맞서라.
14. 상단에서는 뛰어들어 적의 마음의 통제권을 빼앗고 음(陰)의 마음을 양(陽)으로 보라.

그러면 어떠한 적이라도 이길 수 있을 것이고 또한 신무(神武)의 경지 또는 대동류합기유술(大東流合氣柔術)의 달인(達人)이 될 것이다. 이러한 경지는 〈신체지론(身體知論)〉의 깨달음을 터득해야 비로소 구할 수 있는 것이다.

2. 합기론

합기도(合氣道)의 창시자인 우에시바 모리헤이(植芝盛平)에 의하면 무도는 힘과 무기로 상대방을 살생하기 위한 수단이 아니며, 또한 무기나 다른 불합리한 수단으로 세계를 파괴하기 위한 것도 아니다. 진정한 무도는 우주와 대자연의 힘을 기르는 것이며, 세계의 평화를 지키고 자연만물을 올바른 형태로 형성시키고 보존하기 위함이다.

무도수련은 몸과 영혼에 있어서 「신神」의 사랑을 강하게 하는 것이며, 아버지가 자식을 돌보듯이 자연의 모든 것을 보호하는 신성을 강하게 하는 것이다. 언제나 무도는 생명력을 지닌 힘으로 사랑을 만들어내며 창조적(創造的)이고 풍요로운 생활을 이끌어내야 한다.

합기도는 우주의 대자연을 사랑으로 보호하는 진정한 무도이다. 합기도는 모든 생명체(生命體)를 보호하며 그것에 의해 만물에 생명이 주어져 살아간다고 믿는다. 합기도는 무도를 행함에 있어서만이 아니라 만물을 대함에 있어서도 성장과 발전을 위한 창조적 근원의 정신을 가지고 있다. 이러한 정신은 무산합기(武産合氣)라는 단어에 잘 농축되어 있다.

합기(合氣)의 「신神」 그리고 무산(武産)이라는 단어는 고대언어(古代言語)이지만, 창시자는 그 단어를 심오한 예지를 통해 재해석하고 있다. 「기氣」는 「무武」에서 발생(發生)한 최초(最初)의 에너지이고, 합기를 통해 음기(陰記)와 양기(陽氣)를 혼합하여 무수한 형상들이 생겨난다. 또한 이는 생명의 원천이자, 곧 「신」이다.

원래 「신神」이라는 말은 정신을 상징하는 것으로 불의 성질을 뜻하는 것과 물의 성질을 뜻하는 것으로 이루어져 있다. 이 두 요소의 합으로 현상 세계가 나타나는 것이다. 「신」은 생명에 생명력을 주는 의식이나 호흡과 같은 기능을 한다. 이 두 생식력 있는 힘에 창시자는 무산(武産)을 첨가하였는데, 여기서 활동하는 존재의 용기를 뜻하는 「무^{武}」는 지칠 줄 모르는 근면함을 말하며, 「산^{産}」은 그 형성력을 뜻한다.

창시자의 우주에 대한 위대한 지각은 무산합기(武産合氣)이다. 최고의 단계인 무산합기는 다음과 같이 재해석할 수 있다. "「무^{武}」는 합기(合氣)로부터 탄생되었고, 「무」는 합기를 낳았다." 인간의 측면에서 보자면 "나는 부모로부터 태어났으나, 또한 나는 부모를 낳아 준 것이다."라고 할 수 있다. 즉 "합기는 동시에 우주(宇宙)이다." 합기도(合氣道)는 다른 무술에서 볼 수 없는 우주론(宇宙論)을 가지고 있다. 이것이 합기도의 모든 기법과 사상에 영향을 미치고 있는 것이다.

합기(合氣)의 몸짓은 환경에 따라서 여러 가지 물질로 변화하는데 이는 단단한 다이아몬드, 유연한 버드나무, 흐르는 물, 허공 같다. 합기의 몸은 삼각형(三角形)의 마음에 원이고, 「기^{氣}」를 발생하는 안정된 물리적 자세이다. 합기의 자세는 좌기, 반신, 반입기, 입기(坐技, 半身, 半立技, 立技) 등인데, 이러한 자세는 삼각형(三角形)이 되어야 한다. 합기의 원은 안전을 상징하며 무제한적인 기술의 근원이고, 사각형(四角形)은 견고함, 즉 통제를 의미한다.

합기(合氣)의 좋은 자세는 바른 마음이고, 좋은 기술의 자세는 손발과 엉덩이를 곧고 중심 잡힌 상태로 유지하는 것이다. 합기의 마음에 중심이 잡혀 있으면 몸의 움직임을 자유롭게 할 수 있다.

'1. 상대의 눈을 보지 말라.
  - <그러면 상대의 기(氣)에 흡수(吸收) 당해 버린다.>
2. 상대의 눈에 검(劍)을 고정시키지 말라.
  - <그러면 상대에게 위협을 받을 수 있기 때문이다.>
3. 상대에게 일체 집중하지 말라.

- <상대에게 기(氣)를 흡수(吸收) 당할 수 있다>
(植芝盛平의 合氣道1935, 제1편~제5편 合氣武道論, 日本合氣會).'

합기(合氣)는 우선 『신체(身體)』, 『정신(精神)』, 『기(氣)』의 세 가지 기능을 조화시키는데 응용된다. 다음으로 나의 합기를 기술로 사용할 때, 나의 움직임과 상대의 움직임을 혼합하는데 사용하며, 이 경우 합기는 『삼각형 원』과 『사각형, 즉 창조의 기본』의 유형으로 나타난다. 합기도(合氣道)의 동작들은 삼각형의 자세 원을 그리며 들어가서 사각형을 취하며 제어한다.

그러나 기술 자체가 곧 합기(合氣)가 아니라는 것을 명심해야 한다. 단지 기술을 통해 합기가 작동되는 것이다. 일단 조화된 동작들이 수행되면 나 자신과 환경과 조화를 이루고 환경의 변화에 자연스럽게 적응하는 과정이 필요하다. 그것이 도장에서 절대로 에어컨을 틀거나 난방을 하지 않는 이유이다. 마지막으로 우주(宇宙)와 조화한다. 그것의 힘을 나의 것으로 이용하며, 이 전체가 삶을 윤택하게 만드는 「기氣」의 생성과정인 것이다.

합기(合氣)는 『몸과 마음』, 『자아와 타인』, 『물질과 정신』, 『인간과 우주』를 하나로 만들어 준다. 왜냐하면 사랑은 가장 고차원의 조화형태이기 때문이다. 사랑은 모든 사물을 윤택하게 한다. "합기의 위대한 정신"은 창시자가 가장 높이 평가한 사상의 상징체인 것이다.

합기도(合氣道)는 기술의 수련을 통해 그 고양된 정신(精神)일 때 접근이 가능하며, 이때 자신은 「신神」의 완전한 인간(人間)이 될 수 있다. 「신」은 대자연적인 존재가 아니라, 끊임없는 수련을 통해 자신의 진정한 본질을 발현한 자아이다. 합기도는 「신」에 이르는 「도道」이고, 합기의 힘을 쌓는 것은 「신」의 활동력을 만드는 것이다. 「신」의 활동력은 바로 무산합기(武産合氣)이다(植芝盛平의 合氣道1935, 제1편 合氣武道論, 日本合氣會).

제2장 검도의 신체지

1. 오륜서의 독행도란?

검도란 사람을 이기는 검술의 위에 위치하는 심법(心法)이다. 무사가 죽고 사는 것을 분명히 한다는 것은 신체 기술 이전의 심법이다. 검술이 신체(身體)의 기술이라면 검도는 심법의 기술이라고 말할 수 있다(이진수, 2001).[88]

'독행도(獨行道)'는 홀로 가는 길 혹은 홀로 행한 「도^{道}」를 의미 한다. 이것은 미야모토 무사시(宮本武藏, 1584~1642)가[89] 사망 직전에 자신이 걸어온 「길^{道}」에 관한 기록 인데, 이를 살펴보면 다음과 같이 정리 해 볼 수 있다(이진수, 2000).

"1. 세상의 도를 거스르지 않았다.
2. 몸의 즐거움을 탐하지 않았다.
3. 여러 일에 자만하지 않았다.
4. 몸을 가볍게, 세상을 무겁게 생각하였다.
5. 일생 동안 욕심을 부리지 않았다.
6. 일함에 후회하지 않았다.
7. 선악으로 남에게 평계대지 않았다.
8. 어떤 길에도 이별을 슬퍼하지 않았다.
9. 나와 남에게 원한을 품지 않았다.
10. 연모(戀慕)하는 길에 마음을 멈추지 않았다.
11. 사물에 빠져 즐거워하지 않았다.
12. 사택에 있을 때 바라는 마음이 없었다.

---

[88] 에도시대(江戶時代)의 명도(名刀)라는 것은 칼날 끝이 예리한 것을 의미하는데, 이를 살펴보면 다음과 같다. 절대의 칼이라 함은 실용성을 떠나 미적 공간으로 들어간다. 유(有)에서 무(無)로의 수렴이라고 할 수 있다. 무심(無心)의 결정이라고도 할 수 있는 절대의 칼에는 미학(美學)적인 측면이 내재되어 있다(김영학, 1998).

[89] ≪五輪書≫〈地の卷〉師はゝり(針)弟子はいとゝなって˝たへず稽古有べき事也.

13. 몸을 위해 미식을 먹지 않았다.
14. 골동품을 가지지 않았다.
15. 몸에 꺼리는 것이 없다.
16. 병구(兵具)는 각별하게 나의 도구로 삼는 것이 없다.
17. 도(道)에서는 죽음을 슬프게 생각지 않았다.
18. 늙은 몸에 보물을 갖고픈 마음이 없다.
19. 몸은 버리되 명예는 버리지 않았다.
20. 언제나 병법의 도(道)에서 떠나지 않았다."

위 사항을 종합하여 볼 때 미야모토 무사시의 좌우명들은 본인 자신의 삶을 되돌아 본 자기반성의 지침이었다. 「도道」란 이 같은 평범한 자기반성 속에서 싹트고 자란다. 이는 형이상학적으로도 결코 어려운 것이 아니다. 이것이 어렵다면 매일 같이 반성하는 꾸준함을 견지하기가 어려운 것이다. 독행도(獨行道)는 '세상의 「도道」를 거스르지 않았다.'로부터 시작하여 언제나 '병법의 「도」에서 떠나지 않았다.'로 끝난다. 세상의 「도」란 일상의 생활규범을 말한다. 하루하루의 반성이 없다면 이 같은 문구가 죽음에 임박한 사람의 입에서 나올 수는 없는 것이다. 증자의 일일삼성(一日三省)이 여기에 해당된다. 병법의 「도」란 검술 수행을 뜻한다.

미야모토 무사시는 항상 검술을 생각하였고, 의문이 생기면 반드시 묻고 반성하기를 멈추지 않았던 것이며, 검술 이론은 실천 체험으로부터 유래하고 이것으로부터 나온 반성으로부터 완성된 것이라고 할 수 있다. 오륜서(五輪書)[90]의 서두에서 밝히듯이 더욱 깊은 도리(道理)를 깨닫기 위해 아침저녁으

---

90) 오륜서(五輪書)는 미야모토 무사시의 실전 검술의 체험으로부터 그 체계가 완성되었으며, 수행과정에서 깨달음을 통해 완성된 것이라 할 수 있다. 《오륜서》는 에도초기부터 쇼호2년 미야모토 무사시가 죽음에 이를 때까지 1년 반 정도 집필한 책이름으로 밀교의 오륜에서 유래했고 제1권 지, 제2권 수, 제3권 화, 제4권 풍, 제5권 공의 장으로 구성되어 있으며, 원본은 소실되어 그의 제자들에 의해 다섯 부분으로 된 서간집이다. 검투에서 이기기 위한 자기만의 방법을 전수시키기 위해서 쓴 것이다. 그러나 이 책은 '상대를 검으로 죽이는 방법'에 관한 교과서 이상의 내용을 담고 있다. 즉 한국도교문화연구의,『萬理一空에 관해』서의 내용 살펴보면(1) 공은 검술을 바른 마음으로 열심히 수련한 사람만이 도달할 수 있는 최고의 경지이다. (2) 공의 경지는 궁극(窮極)의 검술을 체득한 사람의 밝고 곧은 마음, 얽매임이 없는 자유로운 신심이다. 이를 미야모토 무사

로 수행해 저절로 병법의 「도(道)」에 맞게 된 것은 나이 50살이 되어서이다. 그는 그 때 이후부터 누구에게 물어본 적도 없이 세월을 보냈다. 병법의 「리(理)」에 맡게 여러 예능을 행하였지만 만사에 스승이 없었다고 술회한 것에서도 이를 짐작할 수 있다. 그만큼 검술(劍術)이라는 몸의 힘든 수련을 통해 검도(劍道)를 승화시키는 것은 자기 자신의 마음을 불 속에 태우는 일과 같다.[91]

2. 하찌(8)단, 무박자의 검(劍)

일본 검도의 하찌(8)단의 심사 내용을 보면 매우 심오한 면을 엿볼 수 있다. 그 내면에는 치열한 내·외면의 승부에 관련된 심사 규정이 있다. 아무리 사회적으로 지위가 있거나, 아니면 고령의 실력자라도 함부로 합격시키지는 않는다. 여기에서 제일 중요하게 생각하는 것은 부동심(不動心)의 검(劍)이 되어야 합격이 가능하다는 것이다.[92]

일본 검도의 하찌(8)단의 심사는 매년 5월과 11월 달에 열리며, 도쿄(東京)에서 실시한다. 이는 일본의 검도 심사 중에서 가장 어려운 시험으로 알려져 있는데 그것은 1%~3%의 지극히 낮은 합격률 때문이다. 그럼에도 불구하고 매번 전국에서 700여명이 응시하는데 일본의 각 지역에서 자격을 인정받은

시(宮本武藏)는 '주저함이 없으며, 조금의 흐림도 없어 어두운 구름이 활짝 갠 경지'라고 하였다. (3) 공의 경지에 도달한 사람은 제가 마음먹은 대로 검술을 행할 수 있으니 싸움에서 질 수가 없다

91) 武藏は晩年 霊巌洞にこもって坐禅に没頭した。それは春山和尚との親交を通じ '兵法の道' と '禅の道の究極を求めるためであった。 『五輪書』のなかで 「まよひの雲の晴れたる所こそ 実の空と知るべき也」 空を道とし 道を空と見る所也」 と述べ 『万理一空』という武蔵の禅の悟道があらわれている。 (中略) 武蔵が最後に見たのは空無であった。自ら筆にした 『寒流帯月 澄如鏡』 の風光であった。澄々として澄みきった天空に 鏡のような半月が咬々と輝いている光景であった。そこには仏もなく文殊もなかった。武蔵が一生求めきわめた兵法もなかった。そこに彼は 『万理一空』 を悟ったのである。講談社学術文庫本, 『五輪書』, 解説.

92) 『不動智神妙録』、 然は不動智と申すも人の一心の動かぬ所を申し候。我心を動転せぬ事にて候。動転せぬとは 物に心をとどめぬ事に候。物に心が留り候へば、色々の分別が胸に候て、的の中色々動き候。留ればうごき候。とまらぬ心は動かぬにて候。

검도 선생들이 응시한다.

현재 일본 검도의 인구는 2백만명 이상으로 추정된다. 그러나 2차 세계대전 이후의 8단은 고작 400명 정도이다. 하찌(8)단은 끊임없는 수련으로 얻는 사실상 최고의 높은 경지의 단이라고 말 할 수 있다. 500명 중 한 명만 이를 이뤄 내는 힘든 신체의 작업이다.

심사는 아침 9시부터 저녁 9시까지 장시간에 걸쳐 이루어진다. 후보들은 심사 합격을 위해 두 번에 걸쳐 시험을 친다. 시험은 검술과 필기, 그리고 4번의 경기로 이루어져 있다. 응시를 하기 위해서는 엄격한 자격조건이 요구되는데, 지원자는 46세 이상으로 7단으로서만 8년 이상의 경력이 필요하다. 인간적으로 성숙한 사람만이 하찌(8)단을 응시할 수 있는 것이다. 심사위원들은 상당한 검도 실력과 경력의 소유자이며, 모두 최소한 15년 이상의 하찌(8)단 경력을 보유하고 있어야 한다.

1차 심사에 통과하려면 7명중 5명의 표가 있어야 합격을 할 수 있다. 심사 기준은 승패 여부가 아니며, 심사위원들은 후보들의 정신적인 내면에서 나오는 기술적 면모를 꼼꼼히 살핀다. 그 이유는 강인한 정신력과 불굴의 투지를 소유한 수련자인지를 판단하기 위함이며, 우연히 획득한 점수는 인정되지 않는다.

하찌(8)단 시험에서는 단순한 공격은 인정되지 않으며, 상대의 평정을 깨트리는 공격을 가해야 인정 된다. 이것은 무박자(武拍子)의 검이라고 말한다. 검도에 있어서 상대의 다음 동작 간파는 매우 중요하다.[93] 그래서 검도(劍道)나 유술(柔術) 같은 무도종목은 젊음보다는 연륜이 더 중요한 것이다.

---

93) 『劍禪一如』, 差し当つて宮本武蔵が 兵法の究竟の極意を「万理一空」と称したことによって 極めて明瞭に理解することが出来るのである° 万理といふことは 千変万化の道理といふことである° (中略) その万理に対して一空といふのは 空とは仏教で云ふ無我といふことである° 無我とは我欲私利の心をなくした悟りの境地である° 即ち万理一空といふことは 心を総大将とし 手足胴体を臣下郎党として千変万化と何の淀みもなく 何の失敗もなく 立派に戦ふことの出来るのは 実に我欲私利の心を滅した悟りを得た者でなければ出来ない 兵法の根本は 私利私欲を滅する無我の悟りでなければならぬといふことを云つているのである° この点は 武蔵も沢庵も柳生宗矩も′ ともに主張を同じくし′ またともに同一無我の境地にまで達することの出来た人々であらうと思ふのである. 結城令聞 昭和15年.

동양무도의 <실천사상>

제3장 유도의 신체지

1. 술(術)과 도(道)란?

일본 유도의 창시자 가노 지고로(嘉納治五郎: 1860~1939[94])는 대학 시절을 통해 유학(儒學)과 서도(書道) 그리고 서양의 공리주의(功利主義)와 실리주의(實利主義)를 배웠다. 그는 실천신체학문도 배웠는데, 텐진신요류(天神眞楊流), 기또류(起倒流)를 습득하였다.

특히 가노 지고로는 메이지 22년 5월 대일본무덕회(大日本武德會)의 초청을 받아 강습회를 하였는데, 여기서의 핵심 주제는 유술(柔術)의 「술術」을 「도道」로 정립한다는 것이었다. 이에 유도(柔道)는 승부법으로서의 유도, 체육법으로서의 유도, 수신법으로서의 유도를 이론화여 발표하였다.[95] 또한 가노 지고로

---

[94] 가노지고로(嘉納治五郎)는 1860년 10월 28일 출생하였으며, 1870년 학당(쥬꾸)에서 유교와 서도를 배웠다. 1875년 4월 21일 동경외국어학교, 1875년 개성학교에 입학하였으며, 1877년 동경대학교 제2기생으로 입학하여 학문적 소양을 익혔다. 이와 같이 가노는 다방면으로 뛰어난 학생이었지만 당시의 사회는 강한 사람이 인정을 받는 풍조가 있었기 때문에 신체가 작았던 가노로서는 병은 없었지만 매우 허약해 보이는 체구 탓에 자신을 강하게 하는 방법으로 유술을 배우기 시작하였다. 따라서 후꾸다야스께를 스승으로 모시고 덴진신요류의 유술을 전수받고 후꾸다가에 전해져 오는 전서 일체를 물려받았으며, 덴진신요류의 이소마타우에이몬의 제자로서 유술을 수련하였으며, 이이꾸보고넹에 의해 기또류를 접하게 되었고, 덴진신요류와 기또류의 기술 차이에 많은 것을 배웠다. 기또류의 가타와 덴진시요류의 본은 서로 그 기술상 시각에서 차이가 있었다. 이이꾸보고뎅은 47세의 연령에도 불구하고 자유연습의 수준이 상당하였기에 가노도는 언제나 열세에 있었다. 그러나 가노는 포기하지 않고 언제나 열심히 성심을 다해 새로운 기술연구에 몰두하였으며, 가노의 일생에서 유술 습득은 초창기 학당에서 배운 유학과 대학시절 당시 서구교육의 영향을 받은 실리주의 사상을 바탕으로 유술의 기법인 덴진신요류의 자유연습과 기또류 본(形)의 습득으로 오늘날 유도의 초창기라 할 수 있는 고또깐 유도를 창시한 것이다.

[95] 『柔道の特色と目的』, 柔道は゛あらゆる年齢層の人々に親しまれています゛講道館でも゛6歳から80歳を超す高齢者まで゛年齢゛そして性別゛職業゛国籍に関係なく゛大勢の人々が柔道に励んでいます゛このなかには゛強くなりたい一心の人゛弱いからだを鍛えたい人゛自分の精神を練りたい人゛快い汗を楽しみたい人゛安全の能力を身につけたい人゛柔道の指導者になりたい人゛現に指導に熱中している人などさまざまな人がいます゛こんなにいろいろな年代の゛いろいろな目的を持った人たちを共通にひきつけている柔道とは一体なんなのでしょうか゛嘉納師範は゛一般に言いならわされていた柔術を柔道として単に技を修得するだけでなく゛天下の大道を学ぶものとし゛その教育場を「講道館」と呼んだのです゛講道という語には゛道を学び゛明らかに

는 승부에 목숨을 걸기보다는 승패를 떠나서 심신을 수련하는데 중점을 두었다. 이를 살펴보면 다음과 같다(김상철, 1999).

1. 술(術)에서 도(道)로 승화는 평화와 심신건강 및 신체지론의 원리를 의미 한다.
2. 술(術)은 적을 상대하기 위한 기술로서 힘의 과시를 위함이고, 최후는 승리가 그 목적이다.
3. 도(道)는 폭력을 부정하는 평화의 수단과 동시에 호신본(護身本)뿐만 아니라 자기 자신의 마음의 깨달음이 그 목적이다.

위 사항을 종합하여 볼 때 「도道」가 본체라면 「술術」은 부수(部隨)적인 것으로 들어가는 방법의 수단이다. 「술」로부터 지양(止揚)하여 인간의 전반에 통하는 대도로 되었다고 볼 수 있다. 또한 체육법(體育法)은 근육을 적당히 발달시키고, 신체를 강건하게 하고 힘을 키우는 것이다. 이는 신체사지(身體四肢)가 자유로움을 상징한다.

2. 술(術)에서 도(道)로 변천한 유도

당대 일본에서도 「도道」와 「술術」의 문제가 논의되고 있었다. 이는 유술(柔術)이라고도 하고 유도(柔道)라고도 하니 혼동 될 것이 자명하였다. 이에 수야(水野)는 다음과 같이 언급하였다(이진수, 1997).

"무릇 「도道」와 「술術」은 하나이다. 그러나 사리체용(事理體用)의 다름이 있다. 그럴 때마다 「술」이 「용用」이 되니 기예이다. 「도」와 「술」이란 닮되 닮지

し´実践するという意味があり´講道館柔道と名付けて柔道の本質を明らかにしているところに´嘉納師範が いかに道を重んじ´その修行を一生の大事としていたかを知ることができます" 嘉納師範は´柔道修行の目的は´攻撃・防御の練習によって身体を鍛錬して強健にし´精神の修養につとめて人格の完成をはかり´社会に貢献することであると示されています" 写真は´嘉納師範が´柔道の原理と理想を道標として揮こうされたものです"

않는 것이다. 하늘과 땅 차이니 함께 논의할 것이 아니다." 「도」와 「술」은 하나이지만 사리체용(事理體用)에 따라 「도」와 「술」로 구분되어진다는 것이다.

사리(事理)는 기술의 이치요. 체용(體用)의 「체體」는 만물의 본성이니 「용用」은 그 작용을 의미 한다. 인간이 마음을 놓고 체용을 논한다면, 적연부동하여 움직이지 않는 마음이 「체」이며, 마음이 움직여 나타나 보이는 것이 「용」이다. 유도(柔道)를 체용으로 본다면 유도를 구성하고 있는 각각의 기술들이 「용」이 된다. 그렇다면 유도의 「도」는 무엇인가?

「도道」는 직도(直道)요. 명덕지선을 수행케 하는 것이다. 직도는 바른 「도」요. 명덕은 「덕德」을 밝히는 것이며, 지선은 지극히 착함이다. 명덕지선이란 〈대학(大學)〉의 첫머리에 나오는 문헌이다. 그렇다면 바른 「도」란 바로 〈대학〉의 효·제·충·신(孝·弟·忠·信)이라 할 수 있다.

그럼 「덕德」이란 무엇인가? 「덕」은 내 마음에 홀로 얻는 것이다. 내 몸으로만 얻는 것은 「덕」이라 할 수 없다. 「도道」를 마음으로 얻고 몸으로 행했을 때 비로소 「도」를 얻는 것이다. 마음과 이치가 일관되는 것이 곧 「덕」이다. 수야(水野)는 유도(柔道)가 이것과 다르지 않다고 강조한다.

"유도(柔道)는 이것과 다르지 않다. 외체정직(外體正直), 내지무사(內志無邪)에 도달 할 때는 사리 일관하여 도덕의 지위에 도달하는 것이 분명하다." 외체정직(外體正直)이란 몸이 곧고 바르다는 뜻이며, 내지무사(內志無邪)는 마음속에 사(邪)가 없다는 뜻이다. 유도의 기술이 「용用」이며 「도道」가 「체體」라고 한다면 체용(體用)이 합쳐 하나의 본체(本體)가 될 것이다. 이에 수야(水野) 또한 「도道」와 「술術」은 그 근본에서 도술본일체(道術本一體)라고 하였다. 그렇다면 여기서 기술은 어떤 의미를 가지는 것인가?

「도道」와 「술術」은 본래 하나이다. 「예體」와 「용用」으로 나눌 수 있을 뿐이다. 앞에서 언급한 사리체용(事理體用)이라는 ≪주자학(朱子學)≫의 기본 논리에 의하면 「술」을 성취하는 것이 바로 「도」의 성취에 직결 되어야만 한다. 왜냐하면 「술」이 곧 「도」요. 「도」가 곧 기술일 테니 말이다. 그러나 수야(水野)는 단적으로 기술로 자웅을 결하는 것은 비열한 일이라 군자가 할 일이 아니라고 주장하였으며, 승부에 관한 일을 버리라고도 하였다.

도술본일체(道術本一體)라고 하여 「도^{道}」와 「술^{術}」이 한 몸이라고는 해도 「예^{體}」와 「용^{用}」의 구분이 있으니 수련에도 선후가 있고, 앞뒤의 차이가 있음은 당연하다. 그러나 〈유도우중문답(柔道雨中問答)〉을 저술한 수야(水野)의 의도가 「도」를 지나치게 언급하고 강하여, 기술을 소홀히 한 듯이 여겨지는 대목이 눈에 띄게 보인다. 그러나 그 기본을 잘 살펴보면 「술」을 먼저 수련하여야 한다는 신체사상을 찾아볼 수 있다(이진수, 1997).

그렇다면 유도(柔道)의 근본은 인간이 신체를 다루는 것이니 당연히 「기^{氣}」가 우선적으로 취급됨은 당연한 이치이다. 왜냐하면 「기」는 신체의 형질이고 형질은 「기」로 이루어진 것이기 때문이다. 유도의 「도^{道}」를 창조하기 위해서는 유교(儒敎)는 물론 불교(佛敎)의 심오한 이론까지를 망라하였다.

유·불(儒·佛)이 한데 어우러지는 시장터가 바로 일본 무도이다. 따라서 그들은 본체라는 형이상학적 개념을 몸의 사리(事理)로 풀어 버릴 수 있는 것이다. 무도의 극의(極意)는 본체를 '체지사리(體之事理)'로 해석하는 데 있다. '체지사리(體之事理)'의 「사^{事}」는 유도의 기술을, 「리^{理}」는 형이상학의 「도^{道}」를 의미한다. 기술을 성취한 다음에는 기술을 버리고 「리」를 배워 「리」를 다한 후에 「리」를 버려 무성무취(無聲無臭), 사무사(思無邪)하여 신무(神武)의 경지에 들면, 이때에 비로소 유도(柔道)를 성취하였다고 할 수 있을 것이다(이진수, 1997).

제4장 공수도의 신체지

1. 색즉시공·공즉시색(色卽是空·空卽是色)이란?

원래 공수도(空手道)의 공이 오늘날의 「공空」이 아니라 중국을 뜻하는 「당唐」이며, 우리나라에서는 「공」자는 '공'으로 발음하고 「당」자는 '당'으로 발음하나 일본에서는 「공」자나 「당」자 모두 '카라'라고 발음하므로 '공수(空手)'와 '당수(唐手)'가 모두 '카라테'로 발음되었다는 것은 이미 잘 알려진 사실이며, 같은 발음인 「당」자를 「공」자로 바꾸어 사용한 사람이 일본 근대 가라테(空手道)의 아버지인 "후나고시 기찐(船越義珍 : 1868~1957)"이었다는 것은 널리 알려진 사실이다(범수화, 2003).

'가라테(空手道)의 「도道」'라는 문헌을 살펴보면 다음과 같다. 불교경전에서 쓰이는 '색즉시공·공즉시색(色卽是空·空卽是色)'에서 빌「공空」자를 빌려 공수(空手)라고 지은 후 여기에 일본 고유의 무사도(武士道)와 유교철학(儒敎哲學)을 빌려 「도道」자를 붙여 공수도(空手道)가 탄생된다.[96]

---

[96] 『空手道二十訓』에 대해 1. 空手道は禮に始まり禮に終ることを忘るな 2. 空手に先手なし 3. 空手は義のたすけ 4. 先づ自己を知れ而して他を知れ 5. 技術より心術 6. 心は放たん事を要す 7. 禍は懈怠に生ず 8. 道場のみの空手と思ふな 9. 空手の修業は一生である 10. 凡ゆるものを空手化せよ其処に妙味あり 11. 空手は湯の如し絶えず熱度を与えざれば元の水に還る 12. 勝つ考は持つな負けぬ考は必要 13. 敵に因って轉化せよ 14. 戰は虚実の操縦如何に在り 15. 人の手足を剣を思へ 16. 男子門を出ずれば百万の敵あり 17. 構は初心者に後は自然体 18. 形は正しく実戦は別物 19. 力の強弱体の伸縮技の緩急を忘るな 20. 常に思念工夫せよ 船越義珍先師は「近代空手道の父」と言われる 沖縄尚武会の代表であった先師は 1922年5月 文部省主催の第1回古武道体育展覧会に招かれ 沖縄(琉球) 独特の体技「琉球拳法・唐手術」を初めて本土で公開した その演武を見学していた 嘉納治五郎先生(柔道の父) 中山博道(はくどう)先生(後に剣聖と謳われた) などの薦めもあって 東京に留まり 空手の普及に努めるようになる 各大学や警視庁などで指導を続け それまでまったく知られていなかった この武術を広く知らしめる傍ら 船越先師は 鎌倉円覚寺の慧訓管長のもとで参禅をする 修行の末 1929年頃に 沖縄にて元来「手」(て) もしくは「唐手(とうで)」と呼ばれていた その「唐手(からて)」の文字を「空手」に変更し かつまた「空手術」を「空手道」に変更をした そこに用いられた「空」(くう)の文字は「徒手空拳にして身を守り敵を防ぐ」武道の心を象徴すると共に「色即是空 空即是色」の思想に拠ったものである(自叙伝「空手道一路」より)。「西遊記」の三蔵法師のモデルとしても有名な中国僧

2. 극진(極眞)의 길(道)이란?

최배달(崔倍達: 1923~1994[97])이 미야모토 무사시의 〈오륜서(五輪書)〉를 접한 이후 변화한 삶의 철학을 살펴보면 다음과 같다.

'1. 나는 엄격하게 자신을 추구하는 인간을 언제나 존경한다. 가난해도 좋다.
2. 단지 하나의 목표에 목숨을 걸고 정진하는 인간은 정말로 훌륭하고 아름답다. 그런 인간은 진정 숭고하게 보인다.
3. 세상은 넓고 상수는 많다. 나 이외의 모든 사람이 내 선생이다.
4. 머리는 낮게, 눈은 높게, 입은 좁게, 삼가 마음을 넓게, 효(孝)를 원점으로 타인을 이롭게 한다.'

그리고 미야모토 무사시(宮本武藏)의 〈오륜서(五輪書)〉를 접하고 그 내용 중 만리일공(萬理一空)에 대한 최배달(崔倍達)의 깨우침이 현시대의 무도인들에게 주는 교훈의 구체적 내용은 다음과 같다.

玄奘が漢訳した「般若心経」は仏教のエッセンスといわれるが「色即是空 空即是色」の思想は その根幹をなすものだ 武具を持つことが禁止されていた沖縄で 武士のあいだに秘かに伝えられ研鑽されてきた 護身術かつ必殺技である唐手術は この時点で 精神修養の道にまで高められたのである 「空手道二十訓」はそれから数年後に 空手道を学ぶ者の心得 言い換えれば 空手道修業者の人生訓として完成したものである

97) 최배달은 1923년 출생하였으며, 용지초등학교(소학교)에 입학 택견, 각저 등의 전통 무술을 접하였으며, 군산을 통하여 나가사키로 도일의 야마나시 소년 공항학교에 재학하던 1939년 공수도(가라데)에 입문하여 1947년 전 일본 공수도 선수권대회를 제패했다. 1948년 키요즈미산에서 18개월 동안 수도생활을 하면서 몸을 단련하였는데, 폭포수 밑에서 좌선을 하고 야생동물과 싸우고 맨손으로 나무와 바위를 치는 고행 끝에 극진 공수도를 완성했다. 특히 47마리의 황소와 맨손으로 대결하여 4마리를 즉사시키고 나머지 소들의 뿔을 꺾기도 했다. 1961년, 극진회를 창립했으며 1959년과 1962년에 시카고 뉴욕 캘리포니아 등지에 분관을 설립, 30개의 기왓장을 박살내는 등 격파술 시범이 전파를 타면서 미국 대중의 지대한 관심을 이끌어 냈다. 최배달은 스페인 국왕, 요르단 왕실, 영화배우 숀 코넬리 등의 무술 사범을 역임하였으며, 국제가라테연맹의 총수, 극진회관의 관장이 되어 세계가 인정한 절대신화의 주인공이 되었다. 그러나 해방 후 어지러운 정국을 맞이한 조국이 그가 만든 극진 가라데가 태권도의 원조로 주장하고 일본에 협조한 변절자로 지목해 멸시를 보내기도 했다.

1. 무도는 예로 시작되어 예로 마무리되므로 항상 예의를 지켜야 한다.
2. 무도의 탐구는 절벽을 기어오르는 것과 같으므로 쉬지 말고 정진해야 한다.
3. 무도에서는 자세가 중요하므로 무슨 일을 하든 늘 자세를 단정히 해야 한다.
4. 무도는 천 일을 시작 단계로 하여 만 일을 연습 단계로 여기는 마음가짐으로 임해야 한다.
5. 무도에서 자기반성은 기예가 숙달되는 전기가 된다.
6. 무도는 팀워크에 의해 이루어지는 것이므로 수련할 때에는 사심을 버려야 한다.
7. 무도의 비법은 체험에서 나오므로 체험하는 것을 두려워하지 말아야 한다.
8. 세상은 넓고, 고수(高手)는 많다. 나 이외의 모든 사람이 내 선생이다.
9. 천일의 수련으로 초심이 되고, 만일 수련으로 극에 도달한다.
10. 실천이 없으면 증명이 없고, 증명이 없으면 신용이 없으며, 신용이 없으면 존경이 없다.
11. 머리는 낮게, 눈은 높게, 입은 좁게, 삼가 마음을 넓게, 효(孝)를 원점으로 타인을 이롭게 한다.

극진공수도의 최배달(崔倍達)의 좌우명은 현시대의 무도인들에게 진정한 고수는 무엇인가에 대한 진정한 무도인으로서의 삶에 대한 교훈을 주고 있다(송일훈, 2004).

제5장 동양무도의 <심법지침서>의 의미와 시사점

본 장에서는 동양무도의 사상연구를 통하여 「술^{術}」에서 「도^{道}」로 승화된 일본 무도 합기도·검도·유도·공수도(合氣道·劍道·柔道·空手道)의 각 무도 창시자들의 〈신체지론(身體知論)〉을 탐구하였다. 이를 바탕으로 진정한 「도」는 무엇인가를 살피고, 현대의 무도인들에게 〈심법지침서(心法指針書)〉의 진정한 의미를 전하고자 하였다. 나아가 각 「무^{武}」에서 승화된 「술」에서 「도」의 의미에 대한 몇 가지 시사점들을 확인할 수 있었는데 이를 정리해 보면 다음과 같다.

첫째, 동양무도의 사상은 유교(儒敎)와 불교(佛敎)의 특색을 가지고 있다.

둘째, 일본의 무도는 메이지 유신을 지나면서 유교(儒敎)와 불교(佛敎), 서도(書道), 그리고 서양의 공리주의(功利主義)와 실리주의(實利主義)를 통해 무도사상의 〈신체지론(身體知論)〉을 완성시켰다.

셋째, 일본을 대표하는 무도 중 합기도·검도·유도·공수도(合氣道·劍道·柔道·空手道)의 각 무도 창시자들은 무도사상의 〈신체지론〉의 깨달음을 통해 「술^{術}」에서 「도^{道}」로 승화시켰고, 이러한 깨달음은 오늘날에도 이르고 있다.

넷째, 일본을 대표하는 무도 중에 합기도·검도·유도·공수도(合氣道·劍道·柔道·空手道)의 각 무도 창시자들은 실천적인 학문과 정신적인 학문을 모두 정립하여 〈신체지론〉을 완성시켰다.

다섯째, 일본의 무도는 승부에 목숨을 걸기 보다는 승패를 떠나서 심신을 수련하는데, 그 목적이 있다.

여섯째, 「술^{術}」에서 「도^{道}」의 승화(昇華)는 몸과 마음의 평화와 심신의 건강을 낳고 이는 〈신체지론(身體知論)〉의 원리를 의미한다.

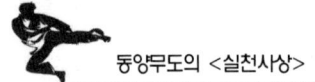

일곱째, 「술」은 적을 상대하기 위한 기술의 수단을 의미하며, 「도」는 폭력을 부정하는 평화의 수단이자 자기 자신의 마음의 깨우침을 의미한다.

여덟째, 일본을 대표하는 무도 중에 합기도·검도·유도·공수도(合氣道·劍道·柔道·空手道)의 각 무도 창시자들은 무도사상 〈신체지론〉의 깨달음을 기반으로 전 세계에 많은 제자들을 양성하고 전파하였다.

따라서 오늘날 무도인들에게 남기는 다양한 시사점을 찾을 수 있을 것이다. 그러므로 무도인들은 「술^{術}」에서 「도^{道}」로 승화된 각종 무도의 〈심법지침서(心法指針書)〉에 담긴 무도사상인 '〈신체지론(身體知論)〉'을 무도교육을 위한 기본 교과목으로 채택하여야 할 것이다. 더 나아가 무도인들은 「술」과 「도」의 의미에 대한 〈심법지침서(心法指針書)〉의 가르침을 반드시 가슴에 새겨야 할 것이다.

연구문제

　현대 무도학계나 학자들이 가지고 있는 고민의 대상은 과연 무도의 신비주의 또는 형이상학적인 「도^{道}」의 문제를 어떠한 과정을 통해 풀어갈 것인가에 대한 고민으로 오래전부터 등장한 가장 큰 화두였다. 현재의 많은 무도종목 중 국내에서 수련되고 있는 대표적인 무도종목은 유도, 태권도, 검도, 합기도 등이 있으며, 이들은 각자의 단체를 형성하고, 분파하여 그 나름의 역사성과 수련 사상을 제시하고 있다.

　그리고 한국 전통무도라고 주장하는 다양한 단체들 역시 그 나름의 수련 사상을 제시하고 있다. 하지만 이들 단체가 주장하고 있는 사상들의 근거는 매우 부족하고, 마치 자신의 무도를 수련하는 과정에서 〈실천사상〉을 자연스럽게 체득한다고 주장하지만 그와 같은 이론을 제시하지 못하고 있다.

　이와 같은 한국 무도의 〈실천사상〉의 정체성은 그동안 무도가 스포츠화를 지나치게 강조한 나머지 수련적인 측면의 상실이라는 문제를 직시하지 못하였기 때문이다. 특히 무도는 수련의 내면을 중요시하고 있지만 정신적 교육과 관련된 이론이 부족하였으며, 무엇보다도 수련의 내면을 표현할 수 있는 이론이 제시되지 못하였다.

　따라서 여러분들은 제3부에서 무도의 〈실천사상〉을 형성하는 과정에 대하여 의미 있는 사고를 펼칠 수 있는 기회를 문제로 생각할 필요가 있다. 즉 무도의 실천사상을 통해 형성되는 자아는 무엇인가? 그리고 무도수련을 통한 무아의 경지는 어떠한 과정을 통해 형성할 수 있는가? 또한 「술^{術}」과 「도^{道}」의 경지는 분리되어 존재하는가? 등의 다양한 질문에 대하여 깊이 있게 생각할 필요가 있다.

　특히 현재 여러분들이 수련하고 있는 종목의 실천사상을 명확히 인식할 필요가 있다. 이것은 무도의 긍정적 지향가치를 형성하는데 기초가 되기 때문이다. 따라서 본 연구의 문제를 토대로 앞으로 여러분들이 수련하고 경험하게 될 무도수련의 〈실천사상〉을 터득하기를 기대한다.

1. 동양철학의 근원은 무엇인가?
2. 무(武)를 통한 지행합일의 과정은 무엇인가?
3. 무아의 경지는 무엇인가?
4. 현대 무도의 실천사상은 무엇을 통하여 형성할 수 있는지에 대하여 어떠한 지론을 가지고 있는가?
5. 현대 무도종목이 지향하고 있는 신체지에 대하여 어떠한 지론을 가지고 있는가?
6. 술(術)과 도(道)의 경지에 대하여 어떠한 지론을 가지고 있는가?
7. 절차탁마의 심법은 무엇인가?
8. 독행도가 의미하는 심법은 무엇인가?
9. 왜 무도수련은 인고의 노력이 필요한가?
10. 무박자의 검에 대하여 어떠한 지론을 가지고 있는가?
11. 색즉시공과 공즉시색은 무엇인가?
12. 현대 무도 창시자들의 깨달음의 이치는 무엇인가?

이상과 같은 연구의 문제와 물음에 대한 질문은 너무나 어려운 난제일 것이다. 하지만 여러분들은 이와 같은 물음에 진지하게 고민하고 생각할 때 진정한 무도의 의미를 터득할 수 있을 것이라 생각된다. 그러므로 자신만의 독특한 무도사상을 잉태하여 자아를 형성하는 지표가 될 것이라 필자는 생각한다.

참고문헌

≪論語≫
≪大學≫
≪秘伝計百十八條大東流≫
≪五輪書≫
鎌田茂雄(2000),『五輪書』, 東京講談社.
富木謙治(1992),『武道論』, 大修館書店.
日本合氣會(1935),『植芝盛平의 合氣道』, 제1편 合氣武道論.
月刊大山倍達(2004),『特集: 1991~1994年의 大山倍達 第10号』, 月刊大山倍達出版社.
月刊大山倍達(2004),『特集: 1991~1994年의 大山倍達 第11号』, 月刊大山倍達出版社.
中林信二(1994),『武道のすすめ』, 東京, 島津書房.
극진공수도 창시자 최영의(2005),『최배달 홈페이지』, http://www.great-mountain.org/.
월간조선(2004),『新羅花郎道와 日本武士 道』, 4월호.
강유원, 김이수(2005),「東洋武藝에 보이는 守破離의 切磋琢磨的 解釋」, 한국체육학회지.
김상철, 김창룡(1999),『가노 지고로(嘉納治五郞)의 생애와 강도관 유도의 성립에 관한 연구』, 무도연구소지10(1) 용인대무도연구소.
김상철(2000),『유도론』, 교학연구사.
김영학 외5(1998),『검도의 이해』, 도서출판 무지개.
김정행·김상철·김창룡(1997),『무도론』, 대한미디어.
범수학(2003),『This is 최배달』, 찬우물 출판사.
송일훈(2003),「한·일 합기도 기술비교연구」, 대한무도학회지.
_____(2004),「미야모도 무사시(宮本武藏) 五輪書를 접한 최배달(崔倍達)의 깨달음에 언덕」, 한국체육사상연구회, http://cafe.daum.net.
_____(2005),「新羅時代에 花郎道에 나타나는 尙武精神과 日本 武士道 起源에 關한 研究」, 한국스포츠 리서치 학회.
_____(2005),「≪大東流柔術≫의 渡來人 起源에 關한 硏究 – 張保皐(新羅明神)를 중심으로 –」, 한국체육학회지.
_____, 김재우, 이황규(2005),「미야모도 무사시(宮本武藏)의 〈五輪書(萬理一空)〉를 접한 崔倍達의 〈極眞(Karate)〉에 관한 연구」, 한국체육학회지.
_____, 이황규(2005),「日本武道에 보이는 身體知에 관해 – 術에서 道로 昇華된 日

本武道의 創始者들의 身體知論을 중심으로 -」, 한국체육학회지, 44(5), pp. 99-111.

_____, 곽낙현(2006), 「忠武公 李舜臣의 〈弓術〉에 보이는 「武」의 身體知」, 한국체육학회지, 45(6), pp. 45-59.

이진수(1997), 「日本 武道의 硏究 - 柔道雨中問答 중심으로 -」, 한국체육학회지.

_____(1999), 『일본무도연구』, 서울:교학연구사.

_____(2000), 「일본무도의 연구 五輪書를 중심으로」, 한국철학회지.

_____(2001), 「일본무도의 연구 - 묘지묘술을 중심으로」, 한국체육학회지.

_____(2001), 『氣哲學의 理氣論』, 한국체육사상연구회, http://cafe.daum.net.

_____(2004), 「萬理一空에 관하여」, 한국도교문화학회.

_____(2004), 『동양무도연구』, 한양대학교 출판부.

_____(2005), 「일본 무도에 미친 도교의 영향」, 도교문화학회.

저자약력

김정행(金正幸)
    대한유도대학 유도학과 졸업(현, 용인대학교)
    일본대학교 이학박사
    용인대학교 총장
    대한유도회 회장
    대한무도학회 회장
    아시아유도연맹 회장
    대한체육회 부회장
    대한민국 체육훈장 청룡장 수상

김창우(金昌佑)
    대한유도대학 유도학과 졸업(현, 용인대학교)
    연세대학교 이학박사
    용인대학교 동양무예학과 교수
    대한무도학회 총무이사
    대한용무도협회 총무이사
    한국체육철학회 이사

이재학(李在鶴)
    대한유도대학 격기학과 졸업(현, 용인대학교)
    용인대학교 체육학박사
    대한무도학회 회원
    한국체육사학회 회원
    용인대학교 강사